PREPARAÇÃO
DE PROFESSORES DE FÍSICA

MARIA JOSÉ B. MARQUES DE ALMEIDA

PREPARAÇÃO DE PROFESSORES DE FÍSICA

– UMA CONTRIBUIÇÃO
CIENTÍFICO-PEDAGÓGICA E DIDÁCTICA

ALMEDINA

TÍTULO:	PREPARAÇÃO DE PROFESSORES DE FÍSICA – Uma contribuição científico-pedagógica e didáctica
AUTORES:	MARIA JOSÉ B. MARQUES DE ALMEIDA
EDITOR:	LIVRARIA ALMEDINA – COIMBRA www.almedina.net
LIVRARIAS:	LIVRARIA ALMEDINA ARCO DE ALMEDINA, 15 TELEF. 239 851900 FAX 239 851901 3004-509 COIMBRA – PORTUGAL livraria@almedina.net LIVRARIA ALMEDINA ARRÁBIDA SHOPPING, LOJA 158 PRACETA HENRIQUE MOREIRA AFURADA 4400-475 V. N. GAIA – PORTUGAL arrabida@almedina.net LIVRARIA ALMEDINA – PORTO RUA DE CEUTA, 79 TELEF. 22 2059773 FAX 22 2039497 4050-191 PORTO – PORTUGAL porto@almedina.net EDIÇÕES GLOBO, LDA. RUA S. FILIPE NERY, 37-A (AO RATO) TELEF. 21 3857619 FAX 21 3844661 1250-225 LISBOA – PORTUGAL globo@almedina.net LIVRARIA ALMEDINA ATRIUM SALDANHA LOJAS 71 A 74 PRAÇA DUQUE DE SALDANHA, 1 TELEF. 21 3712690 atrium@almedina.net LIVRARIA ALMEDINA – BRAGA CAMPUS DE GUALTAR UNIVERSIDADE DO MINHO 4700-320 BRAGA TELEF. 253 678 822 braga@almedina.net
EXECUÇÃO GRÁFICA:	G.C. – GRÁFICA DE COIMBRA, LDA. PALHEIRA – ASSAFARGE 3001-453 COIMBRA Email: producao@graficadecoimbra.pt JUNHO, 2004
DEPÓSITO LEGAL:	212813/04
	Toda a reprodução desta obra, seja por fotocópia ou outro qualquer processo, sem prévia autorização escrita do Editor é ilícita e passível de procedimento judicial contra o infractor

Aos meus amigos
Aos meus alunos
Aos meus colegas
Aos meus professores
À Universidade de Coimbra que, com os seus acertos
e os seus erros, me lançou nesta Aventura

RAZÕES PARA ESCREVER UM LIVRO

Os professores que leccionam Física nos Ensinos Básico e Secundário têm que adaptar os conteúdos da Física que aprenderam no Ensino Superior, de modo a poder ensiná-los aos seus estudantes. Todo um conjunto de conteúdos adquiridos sectorialmente nas várias disciplinas de Física tem de ser digerido e trabalhado no sentido de uma unificação global de conceitos e leis, da sua adaptação a determinados níveis etários, e da sua transposição para uma linguagem mais simplificada, ainda que necessariamente correcta. Nenhum professor pode dizer que "ensina (no Básico e/ou Secundário) da mesma forma que foi ensinado (no Ensino Superior)", pois isso implicaria uma desadequada repetição de métodos e técnicas de ensino para alunos em condições obviamente muito diferentes.

Este livro destina-se a auxiliar esta transição. O seu conteúdo está dividido em duas partes.

Na Parte 1 fazem-se algumas considerações sobre as razões que justificam a necessidade de uma preparação específica dos futuros professores de Física, dedicada a conteúdos científicos numa perspectiva da sua transmissão aos actuais alunos dos Ensinos Básico e Secundário.

Nunca esquecendo a realidade do que é ser um professor e de que é a alunos de níveis algo diferenciados que temos de ensinar Física, a Parte II deste livro dedica-se fundamentalmente ao tratamento de diversos temas específicos que fazem parte, com maior ou menor desenvolvimento, dos programas dos Ensinos Básico e Secundário. A escolha dos conteúdos e o modo como são abordados são o resultado do meu contacto com estes níveis de ensino, desenvolvido durante mais de vinte anos em que fui orientadora científica de Estágios Pedagógicos inseridos nos ramos de formação de professores dos cursos de Física e Química da Universidade de Coimbra.

Espera-se que os temas abordados – e o modo como o são – contribuam para uma formação científico-pedagógica e didáctica útil para a maioria dos futuros docentes de conteúdos de Física. Pretende-se habilitá-los a ensinar de uma maneira tal que os seus alunos aprendam Física como uma Ciência em evolução, que está presente no nosso quotidiano, e cujo conhecimento é fundamental para uma vivência segura e consciente dos bens ou males que se podem produzir ou minorar no Mundo em que vivemos.

PARTE I

NECESSIDADE DE UMA PREPARAÇÃO ESPECÍFICA DOS PROFESSORES QUE LECCIONAM FÍSICA

Introdução

A noção do que deverá ser o conteúdo específico da preparação de um professor, e, mais concretamente, de um docente que irá leccionar temas de Física nos Ensinos Básico e Secundário, tem evoluído ao longo do tempo, sendo objecto de muitas propostas e experiências realizadas a partir da segunda metade do século passado.

Resultados desta investigação sobre o ensino e a aprendizagem em geral, mas considerados particularmente no que diz respeito aos conteúdos da Física, apontam a conveniência de alertar os futuros professores para as diferenças que existem entre os três seguintes aspectos profissionais:

- a **prática de uma disciplina**:
  é o caso de alguém que tem como profissão ser um físico, seja o investigador que acrescenta novos conhecimentos à Ciência Física, seja o técnico que os aplica no seu domínio profissional;
- a **comunicação do conteúdo de uma disciplina**:
  neste caso estão especialmente considerados aqueles cujo trabalho envolve transmitir conhecimentos sobre o conteúdo da Física; estes conhecimentos podem ser transmitidos a colegas (investigador explicando as suas conclusões, professor dialogando com os seus pares ou alunos em trabalho de grupo) ou entre professores e alunos, sejam estes do Ensino Superior, do Ensino Secundário ou do Ensino Básico (como é óbvio, em todas estas situações há condições bastante diferenciadas, nomeadamente no que se refere aos conhecimentos anteriormente adquiridos, à idade, à capacidade de abstracção e ao interesse pela aquisição de novos conhecimentos da parte de quem está a receber a mensagem transmitida); e

- a **investigação sobre o ensino e a aprendizagem de uma disciplina** (como tal, pode dizer-se que esta vertente se iniciou apenas na década de 60 do século passado)

    Neste campo, exemplos de questões que podem colocar-se são: Qual a melhor metodologia de ensino? Será que existe uma metodologia ideal? Será que o método a utilizar depende do contexto a transmitir? Será o ensino de qualquer tema, e a sua consequente aprendizagem pelos alunos, uma ciência? Isto é, será possível estabelecer leis precisas de causa-consequência (ainda que estatísticas) que regulem o modo de ensinar qualquer assunto e a respectiva aprendizagem desse assunto por qualquer aluno?

Com frequência, os três domínios enunciados são por vezes confundidos. É verdade que todos envolvem os conhecimentos de determinada Ciência, neste caso a Física. No entanto eles tratam esses conhecimentos sob aspectos mais ou menos diferenciados.

A actividade de um professor de Física ou de Ciências Físico-Químicas insere-se especificamente no segundo ponto. É parte fundamental da sua missão transmitir aos alunos que tem os conhecimentos de Física e Química que aprendeu e que estão contemplados no programa da disciplina que está a leccionar. Além disto, cada professor partilha com os seus colegas docentes a responsabilidade de fomentar nos seus alunos o desenvolvimento de capacidades de raciocínio, de trabalho, de honestidade, de companheirismo e outras que farão dos jovens de hoje futuros cidadãos responsáveis pela sua parte na sociedade de amanhã.

Também o terceiro ponto não pode estar ausente das actividades de um professor. Naturalmente que o debruçar-se sobre a sua prática pedagógica, a dos colegas e a descrita em revistas de investigação, neste caso específico sobre o ensino da Física e da Química, faz parte do esforço que cada docente deve desenvolver para ensinar cada vez melhor.

Para que se atinjam estes objectivos, existem nos cursos de formação de professores de Física (e de Ciências Físico-Químicas) disciplinas em que os alunos, futuros professores, aprendem os conteúdos científicos básicos nestas duas áreas. Na sequência destas disciplinas fundamentais, ou por vezes em paralelo com elas, há outras especialmente dedicadas à formação de professores de Física e Química, nas quais os conteúdos a transmitir nas Escolas são tratados de modo reflexivo, cada vez com uma maior preocupação pedagógica. Finalmente os alunos têm um Estágio Pedagógico, que necessita ser devidamente orientado, e no qual se desenvolve por excelência, e no contexto adequado, a experiência prática de ensinar.

Papel dos professores de Física dos Ensinos Básico e Secundário

Na sua actividade profissional, os professores que leccionam Física nos Ensinos Básico e Secundário necessitam de adaptar os conteúdos da Física que aprenderam no Ensino Superior, de modo a poder ensiná-los aos seus estudantes. Este ensino tem de ser organizado de acordo com os níveis etários, os conhecimentos prévios e a capacidade de despertar o interesse destes estudantes.

Já quando alunos do Ensino Superior, os futuros professores não tiveram acesso directo aos conteúdos da Física "criados" pelos físicos (investigadores), tendo-lhes antes sido transmitidos conteúdos intermédios, também estes já reformulados por diversos autores de livros de texto e pelos próprios docentes universitários.

Nestas sucessivas reformulações há várias transformações e transposições de assuntos, efectuadas devido a diversas restrições – nomeadamente condições e objectivos dos vários graus de ensino e dos programas das disciplinas leccionadas.

Parece então óbvio que todo um conjunto de conteúdos adquiridos no Ensino Superior, de certo modo sectorialmente nas várias disciplinas de Física, deva começar a ser digerido e trabalhado pelo futuro professor do Ensino Básico e Secundário, no sentido:
- de uma compreensão profunda e unificação global de conceitos e leis da Física,
- da sua adaptação à transmissão para diferentes níveis etários,
- da sua inserção na realidade quotidiana dos alunos e
- da sua transposição para uma linguagem mais simplificada, ainda que necessariamente correcta.

Esta transformação deve iniciar-se nas disciplinas educacionais do último ano lectivo anterior ao Estágio Pedagógico. Qualquer professor com uma preparação sólida deve compreender que é completamente desadequado afirmar que "ensina (no Básico e/ou Secundário) da mesma forma que foi ensinado (no Ensino Superior)".

Afinal, o que é a Física?

É muito importante que os futuros professores compreendam "o que é a Física", que vão ter de ensinar.

A Física é uma Ciência experimental, desenvolvida como tal desde Galileu. Uma Ciência é um corpo estruturado de conhecimentos, assente numa definição unívoca de conceitos que se interligam por leis que estabelecem relações claras de causa-consequência. Naturalmente que implícito nestas relações está o facto dos conceitos serem objectivamente mensuráveis. Os conceitos envolvidos nas leis têm de ser univocamente definidos, permitindo que *todos* os membros da comunidade científica dos físicos *atribuam a cada conceito um significado único*. As leis que os interligam, expressas por fórmulas matemáticas, também têm de ter uma única interpretação correcta.

Ao longo de séculos, e em consequência de contribuições de diversos cientistas, foi-se construindo o corpo de conhecimentos que constitui a Física, e que tenta explicar o comportamento do mundo em que nos inserimos. Partindo de observações experimentais e da cuidadosa medição de variáveis, foram-se enunciando leis empíricas, normalmente traduzidas por expressões matemáticas. Exemplos são a lei de Ohm para a corrente eléctrica, as leis de Kepler para os movimentos dos planetas do sistema solar ou as leis da queda dos graves.

Numa tentativa de compreender o comportamento da natureza, que levava ao enunciado das leis experimentais, criaram-se modelos físicos generalizados e necessariamente aplicáveis a novas situações ainda não estudadas experimentalmente. Exemplo de um modelo fundamental é o constituído pelas leis de Newton, aplicável seja aos movimentos dos planetas, seja à queda dos graves, seja ao movimento de translação de qualquer corpo com dimensões muito superiores às atómicas e que se mova com velocidades muito inferiores à da luz. Outro exemplo é o do modelo atómico de Bohr.

Os modelos científicos só podem ser validados se os resultados experimentais por eles previstos puderem ser verificados. Aconteceu com o modelo de Bohr que alguns resultados por ele previstos e antes não detectados puderam ser verificados quando se realizaram as experiências adequadas. Essa foi uma das razões do seu enorme sucesso. No entanto ele só dava respostas adequadas a algumas verificações experimentais observadas com átomos de hidrogénio. Portanto, era forçoso que os seus pontos de partida fossem melhorados. Foi o que aconteceu com o desenvolvimento da Física Quântica e a consequente aplicação dos seus conceitos fundamentais ao estudo não só dos átomos, como ao das suas associações em moléculas ou em sólidos.

Em certos casos, nos quais é muito difícil a actividade experimental, os modelos prevalecerão se resistirem aos argumentos científicos contraditórios de outros cientistas, apresentados em reuniões internacionais ou em revistas de especialidade; mas mesmo assim, só enquanto não forem invalidados por eventuais experiências que contrariem as suas conclusões.

A Física começou por ser explorada em secções aparentemente dispersas (Mecânica, Termodinâmica, Electricidade, Óptica, Magnetismo, ...) mas tem-se progressivamente reduzido a um único corpo de conhecimentos aplicável a todos os comportamentos da Natureza. Um destes passos, extremamente interessante, foi dado por Maxwell quando unificou sob as mesmas leis os comportamentos eléctrico, magnético e óptico. É essa uma das grandes vantagens dos modelos científicos, explicando muitos conjuntos de fenómenos, aparentemente diferentes, através de uma única estrutura de conhecimentos.

Todo o corpo de conhecimentos da Física foi ao longo de séculos sendo desenvolvido, apresentado a colegas, criticado, defendido, comprovado, ... Deste modo se explica a validade da estrutura actual da Física. Sabemos que há modelos aplicáveis apenas em determinadas condições experimentais – por exemplo a chamada Física Clássica, cujas leis são apenas aplicáveis ao comportamento de objectos físicos com dimensões muito maiores que as atómicas e que se movem com velocidades muito menores que a da luz – mas, nas condições em que são válidos, têm validade absoluta. Na realidade, a Física Clássica é muitíssimo importante para quem se vai dedicar ao Ensino da Física nos níveis Básico e Secundário. Ela explica o comportamento de muitos fenómenos naturais com os quais convivemos no nosso dia a dia, e que serão o principal campo de aplicação da Física que se ensina nos níveis mais gerais – a Física do quotidiano, com os seus exemplos concretos e as suas explicações mais ou menos simplificadas.

A sala de aula e o triângulo didáctico

Como em qualquer processo de ensino e aprendizagem, há, numa situação de sala de aula em que se ensina Física, três vertentes necessariamente interligadas – os *professores*, os *alunos* e a *matéria que se pretende que os alunos aprendam*, neste caso a Física. Elas podem ser ilustradas através do chamado *triângulo didáctico*, aplicado ao ensino da Física, que está desenhado na figura I.1.

Figura I.1

Embora seja impossível considerar de modo disjunto cada um dos 3 vértices do triângulo didáctico, vamos sucessivamente debruçar-nos mais especificamente sobre cada uma das vertentes neles explicitadas. Faremos além disso uma breve referência ao desenvolvimento curricular, à avaliação e às situações de ensino e aprendizagem, colocados, por razões óbvias, no interior do triângulo didáctico.

Os alunos

As primeiras investigações sobre o ensino e aprendizagem da Física tiveram como objectivo compreender o modo como os estudantes aprendem os conceitos e leis da Física e com eles conseguem lidar, sendo capazes de os explicar e aplicar de modo coerente a novas situações. Considerando diversos capítulos da Física, procurou-se responder às questões: Quais as dificuldades de aprendizagem dos alunos? Haverá assuntos mais difíceis que outros? As dificuldades dos alunos são semelhantes para todos os alunos do mesmo nível etário? Dependem da idade? Dependem dos conhecimentos adquiridos anteriormente? São diferentes para alunos de países diferentes? Qual a verdadeira razão dessas dificuldades? Como se poderão ultrapassar?

Verificou-se que em todos os países onde se realizaram as investigações e praticamente para todos os níveis etários e diferentes graus de escolaridade (mesmo no Ensino Superior) muitos estudantes possuíam sobre os fenómenos físicos interpretações incoerentes com a explicação cientificamente aceite. Muitas dessas interpretações eram comuns a alunos de diferentes idades e diferentes países. Chamou-se-lhes *concepções dos estudantes*, *pré-concepções* ou *concepções alternativas*.

A palavra "alternativas" é uma palavra infeliz, pois a sua utilização já foi explorada por muitos detractores da validade científica da Física, que defenderam que a "ciência dos estudantes" era uma verdadeira alternativa à "ciência dos cientistas", portanto igualmente válida. Segundo esta corrente, os resultados experimentais podiam ser explicados de muitas maneiras diferentes, pelo que a explicação "alternativa" dos estudantes tinha exactamente o mesmo valor que a explicação dos cientista; era *apenas outra* interpretação. Além disso, diziam, "as explicações dos cientistas que hoje são válidas, amanhã já não o são…. foi exactamente o que aconteceu com a Física Clássica, que devido ao desenvolvimento da Física Quântica se provou ser incorrecta…".

Para quem sabe como se desenvolveu a Ciência Física é fácil pôr em evidência a falácia destas afirmações. Fá-lo-emos a seguir, mas é necessário estar atento e desmontar sempre este tipo de intervenções que, feitas muitas vezes por pessoas que não são físicos mas têm forte acolhimento na comunicação social, podem ser perigosas e perversas para a imagem da Física perante a opinião pública e os nossos eventuais futuros alunos...

Como já se afirmou:
- uma Ciência tem de ser baseada numa definição clara de conceitos, cada um apenas com um significado, que tem que ser o mesmo para toda a comunidade científica; ora é vulgar os estudantes utilizarem a mesma palavra com vários significados e palavras diferentes com o mesmo significado; indiferentemente podem referir-se, com o mesmo significado, à "força das águas do rio, velocidade das águas do rio, energia das águas do rio, intensidade das águas do rio" ou "brilho dos cabelos, força dos cabelos, energia dos cabelos, vida dos cabelos..."
- a mesma lei científica deve aplicar-se a uma generalidade de casos; mas para os estudantes cada caso é diferente e pode ter leis diferentes: "um corpo com movimento horizontal com velocidade constante está sujeito a um conjunto de forças com resultante nula; mas se o movimento for vertical, ainda com velocidade constante, por exemplo o de um elevador a subir nestas condições, as forças que o puxam para cima têm de ter maior intensidade que as que o puxam para baixo, caso contrário ele não podia subir!" ou "dois corpos que interferem um com o outro exercem um sobre o outro forças de grandezas iguais se tiverem a mesma massa, mas se tiverem massas diferentes, o que tiver massa maior exerce uma força de maior grandeza ..."
- uma Ciência tem de ser coerente com os resultados das experiências executadas com correcção e nas condições adequadas; mas os jovens alunos não se preocupam (nem se pode esperar que se preocupem antes de para isso serem alertados) com a necessidade de verificar experimentalmente as suas afirmações, nem com o cuidado que é necessário ter para realizar experiências apenas com uma variável; além disso, por vezes afirmam "ver" resultados que não se verificam na realidade; por exemplo, dizem frequentemente "a queda de um grave faz-se com velocidade constante" ou "a imagem de um objecto forma-se no espelho", ou ainda, depois de observar a formação do espectro da luz visível quando esta bate num alvo após ter passado através de um prisma de vidro, desenham-no com uma forma encurvada como a do arco-íris.

Por todas estas razões, as interpretações intuitivas dos estudantes não podem ser consideradas como uma Ciência, e muito menos como uma alternativa válida a qualquer interpretação com características científicas. Assim, no contexto deste livro os esquemas conceptuais prévios que os estudantes trazem para a sala de aula – baseados numa observação normal, sem cuidados científicos, e expressos, pelo menos no início da aprendizagem, através de uma linguagem sem preocupações de correcção científica – serão apenas designados pelo nome de *pré-concepções*.

Logo que uma criança nasce começa a desenvolver a sua estrutura conceptual. Esta assenta na interligação sucessiva dos conceitos que cada um vai adquirindo, com os que adquiriu anteriormente. À medida que cresce, a criança vai contactando com os fenómenos do dia a dia de um modo cada vez mais consciente e vai ouvindo novas palavras. Percebendo-as à sua maneira e em função das explicações que lhe vão sendo transmitidas, com os conceitos que vai associando a essas palavras vai desenvolvendo esquemas conceptuais cada vez mais alargados.

Pretende-se que na Escola os esquemas conceptuais dos alunos sejam, eventualmente, corrigidos, e comecem a ganhar estrutura e pontos específicos de apoio, no sentido de um entendimento da sociedade em que nos inserimos. No entanto, a abordagem de conteúdos elementares dos domínios da Física e da Química nos 1º e 2º ciclos do Ensino Básico nem sempre é feita com a devida correcção por parte dos docentes, que não têm muitas vezes uma preparação científica adequada.

Não é, portanto, de estranhar que, quando os alunos chegam às primeiras aulas de Física no 3º ciclo – onde se deverá estabelecer um primeiro contacto, já com alguma formalidade, com os conceitos físicos e com a sua interligação em esquemas conceptuais científicos – haja, em geral, uma colisão entre os esquemas conceptuais prévios dos alunos e os que agora lhes estão a ser explicados. Factores que contribuem para esta colisão são:
- o significado das palavras que utilizam no dia a dia é diferente do seu significado científico, principalmente sob a ponto de vista de rigor na sua utilização;
- para entender alguns conceitos da Física é necessário um certo grau de abstracção, muitas vezes incompatível com o nível de desenvolvimento intelectual do aluno;
- as mesmas leis físicas aplicam-se a uma variedade de situações; até então estas eram por eles "explicadas" de modo independente, partindo de premissas sem qualquer interligação possível.

Vê-se assim que não pode ser fácil nem rápida, a transição que tem, em geral, de ser feita por cada aluno entre os seus esquemas conceptuais prévios e os cientificamente aceites.

De facto, é extremamente importante na formação de um futuro professor alertá-lo para esta realidade: os estudantes trazem para a sala de aula concepções próprias – em geral, incompatíveis com as concepções científicas – sobre o comportamento da natureza, que observam desde a infância. Por outro lado, tendo--se verificado, através de investigações educacionais, que alunos muito diversos (vários países, diferentes idades) têm esquemas conceptuais prévios muito semelhantes sobre variados temas de Física, torna-se muito útil para os professores conhecerem, pelo menos, os mais comuns.

Na realidade, os resultados da investigação educacional mostram que muitos futuros professores de Física mantém ainda, na fase final da sua formação, algumas pré-concepções cientificamente incorrectas. Pontualmente estas poderão vir a sobrepor-se aos conceitos científicos que aprenderam (mal) e, num caso ou noutro, dificultarão a sua missão de serem capazes de esclarecer dúvidas de alunos... Assim, o debate sobre a existência e conteúdo das pré-concepções incorrectas sobre diversos assuntos de Física é uma componente muito importante na formação dos futuros professores.

Muito mais é necessário saber sobre os alunos, os seus comportamentos e as suas especificidades. As disciplinas de Psicologia Educacional fornecerão aos futuros professores muita informação, que permitirá um melhor entendimento dessa componente, também fundamental, da formação de qualquer professor dos Ensinos Básico e Secundário.

Como conclusão, não podemos deixar de realçar o que parece óbvio: para entender as concepções cientificamente incorrectas dos *alunos* e encontrar o caminho para as ultrapassar, possibilitando aos jovens uma aprendizagem útil, é necessário que o *professor* tenha os *conhecimentos científicos da Física* muito bem percebidos e fundamentados.

Os professores

Só muito recentemente (décadas 80/90 do século passado) se começaram a investigar directamente as dificuldades sentidas pelos próprios professores ao tentar fazer com que os alunos compreendam os conteúdos da Física. Verificou-se ser enorme a influência que têm as crenças e atitudes de cada docente (em relação ao que entende ser a Física e ao que cada um pensa sobre a validade dos processos utilizados e as implicações das actividades de ensino e de aprendizagem) na eficácia da sua tarefa profissional. Será mesmo necessário ensinar Física? Qual deverá ser a principal finalidade do ensino da Física nos níveis básico e secundário? O seu ensino poderia ser substituído pelo ensino de outras disciplinas e/ou outras práticas, eventualmente mais úteis? A que nível etário deverá ser iniciado o ensino da Física? Deverá transmitir-se conteúdo científico aos alunos desde muito novos ou é mais conveniente usar o tempo de aula para uma formação profunda destinada a fomentar o respeito pelos outros, pela sociedade em que vivemos e pela preservação do ambiente?

Como compatibilizar as atitudes dos professores com as finalidades do ensino estabelecidas pelo Governo e pela Sociedade, com os possíveis modos de avaliação e com as atitudes dos estudantes?

Num esforço de planear o que vai ensinar, o professor tem de pensar sobre a forma como vão decorrer as suas aulas, qual vai ser o conteúdo específico de cada uma, quais os exemplos de aplicação que vai referir, quais os problemas que vai debater, quais as demonstrações experimentais que vai desenvolver, quais os trabalhos de laboratório que vai solicitar que os seus alunos façam... Tem, além disto, de ter uma noção prévia – ou programar estratégias para a obter – sobre o que os alunos já sabem e de que ponto poderá partir.

Que estrutura deverá ser dada a uma aula? Será que as actividades lectivas se devem basear na noção que o aluno é o principal (quase único) promotor da sua própria aprendizagem? Será que o professor deve evitar dar qualquer informação, a não ser que solicitada, deixando ao aluno o caminho livre para que ele construa, como entender, o seu próprio conhecimento? Pode dizer-se que nesta perspectiva o aluno constrói (quase) sozinho o seu conhecimento e nada (ou quase nada) recebe do professor, a não ser a disponibilização de meios que utiliza se desejar – ou seja, o conhecimento dos alunos desenvolve-se através de um *construtivismo "solitário"*, que se pode considerar implícito nos primeiros trabalhos de Piaget.

Ou, pelo contrário, deverá o professor preocupar-se em preparar, o melhor possível, os conteúdos que acha mais úteis para o aluno, e que lhes devem ser transmitidos de modo claro, para que o aluno, atento, quieto e calado, aprenda tudo o que o professor lhe transmite? Esta perspectiva baseia-se na premissa do aluno "receber" exactamente o conhecimento que o professor lhe fornece – do mesmo modo que com um jarro se pode verter água para um copo vazio – base de quase todo o ensino praticado até aos anos sessenta do século XX, muitas vezes apelidado de "ensino tradicional".

É óbvio que, como em muitas situações da nossa vida, no meio é que deve estar a virtude. Vygotsky, na sua defesa de um *construtivismo social* como fundamento para o processo de ensino e aprendizagem, atribui um papel fundamental aos professores, e, de um modo geral a toda a sociedade, na construção do conhecimento pelos jovens. Mas reconhece que os obreiros fundamentais dos seus esquemas de conhecimento são os próprios jovens. Isto é, não se consegue ensinar a quem não *colabora activamente* na construção da sua aprendizagem.

Parece mais que evidente que no desenvolvimento dos seus esquemas conceptuais os jovens precisem de negociar as suas compreensões com os seus pares e com os mais velhos. Para os mais variados assuntos, é o que muitos jovens fazem quando tentam explicar as suas ideias e discuti-las, quer com os pais, quer com os colegas ou os irmãos. No sentido de um desenvolvimento equilibrado e passível de transmitir segurança aos jovens em formação, mesmo em relação a assuntos do dia a dia esta discussão construtiva deverá ser fortemente encorajada.

Mas quando o que se pretende dos jovens é que passem dos seus esquemas conceptuais simples, desenvolvidos desde crianças sem demasiadas preocupações de rigor e validade, para os esquemas conceptuais científicos da Física – extremamente exigentes em termos de rigor, ao ponto de se exprimirem através de relações matemáticas e utilizando frequentemente conceitos abstractos, aos quais os alunos só podem aceder através de analogias apropriadas – é evidente que o papel do professor, como mediador de compreensões, é fundamental. Ao professor cabe contribuir para o desenvolvimento das capacidades dos alunos, disponibilizando-lhes os conceitos e teorias da comunidade científica, organizando demonstrações elucidativas de conteúdos de leis e conceitos, desafiando-os para que expliquem o que pensam estar a perceber, forçando-os a aplicar os conceitos e leis em causa a contextos diferentes, encorajando-os a discutir situações físicas diferentes, ou seja, guiando-os na utilização da Física para a compreensão dos fenómenos do dia a dia. Na continuidade deste processo, os jovens devem sentir que vão conseguindo os seus objectivos de um modo cada vez mais independente da ajuda do professor.

Uma preocupação importante para um futuro professor deverá ser a *avaliação* dos seus alunos. É fundamental que o professor esteja consciente que os seus alunos irão aprender numa perspectiva muito próxima do modo como esperam vir a ser avaliados. Assim, se o professor deseja que os seus alunos aprendam a Física apenas como um conjunto de factos e leis estabelecidas e resumidas em fórmulas, a respectiva avaliação de conhecimentos poderá reduzir-se à resolução de exercícios rotineiros e matemáticos. Caso deseje que os alunos aprendam a Física como uma construção humana de um modo de perceber o mundo que os rodeia, as avaliações deverão ser dirigidas às capacidades de raciocínio baseadas na utilização dos conhecimentos adquiridos e na sua interligação, focando sempre que possível situações do quotidiano.

Como vemos, também no tratamento específico deste vértice do triângulo didáctico temos de concluir que em qualquer situação de sala de aula de Física não pode ser esquecida a interacção dos *estudantes* com os *professores*, sendo fundamental que estes dominem o *conhecimento e a compreensão de todo o conteúdo da Física*.

O conteúdo da Física

Analisando os dois pontos anteriores, verifica-se que o aprofundado conhecimento do conteúdo da Física e a capacidade de com ele lidar – no sentido de explicar correctamente, por palavras próprias e a alunos de diversos níveis etários e com dificuldades mais ou menos variadas, o significado dos conceitos e leis da Física – é fundamental para a formação de um futuro professor de Física.

Quanto ao conteúdo científico a aprender, ele é focado nas disciplinas de Física dos primeiros anos de formação: não apenas em uma, mas num conjunto razoável que lida, com dificuldades sempre acrescidas, com os vários campos da Física, começando pela Física Clássica e estendendo-se à Relativista e à Quântica. Como já se referiu, todos estes campos estão interligados, muitas vezes servindo--se de conceitos fundamentais comuns, os quais vão assim sendo sucessivamente melhor apreendidos pelos futuros professores que deverão leccionar Física. Os cursos de formação de professores também contêm algumas disciplinas de Física pós-quântica, necessárias para a compreensão da própria matéria e de muitos dispositivos e aparelhos desenvolvidos na segunda metade do século XX, e que de um modo tão significativo contribuíram para melhorar a qualidade de vida do cidadão comum.

Mas estará um bom cientista de qualquer centro de investigação de Física preparado para ser um bom professor de Ciências Físico-Químicas dos Ensinos Básico e Secundário? Isto é, bastará uma sólida formação científica em Física para que se exerçam bem as actividades lectivas de Física para alunos que estão a ter os primeiros contactos com esta ciência?

Nalguns casos bastarão, principalmente se esse cientista tiver filhos ou jovens amigos com quem lida com frequência e que lhe pedem que lhes explique, de modo a que eles compreendam, os conteúdos da Física focados nas aulas destes níveis de ensino. Mas creio que em geral, mesmo com uma boa preparação científica que se admite ser a de um cientista, se ele pretender ensinar Física a alunos dos níveis iniciais sentirá a necessidade de uma preparação complementar. Em muitos casos, ela é muitas vezes concretizada através de uma auto-formação. Esta terá que incidir especificamente na transformação dos conteúdos que domina facilmente em determinados contextos avançados, em conceitos simples, veiculados através de analogias correctas e adequadas, que possam ser transmitidas de modo útil para alunos muito jovens, inseridos numa sociedade eventualmente já bastante diferente da sua aquando aluno desse nível etário.

Professor-aprendiz

A formação de um professor nunca está completa. É fundamental que um docente, no exercício da sua profissão, se assuma como um eterno aprendiz – aprende com os formadores de cursos de pós-graduação que nunca deve deixar de frequentar, aprende com os seus colegas, e, principalmente, deverá aprender com a necessidade de procurar respostas adequadas às perguntas dos seus alunos.

Não esquecendo a realidade do que é ser um professor e de que é a alunos de níveis algo diferenciados que temos de ensinar conteúdos científicos diversos, a Parte II deste livro será fundamentalmente dedicada ao tratamento de assuntos específicos da Física que em geral um professor dos Ensinos Básico e Secundário é solicitado a fazer. A escolha dos conteúdos e o modo como são abordados é resultado de muitos anos de orientação de Estágios Pedagógicos inseridos nos 5os anos dos ramos de formação de professores dos cursos de Física e Química na Universidade de Coimbra.

Desenvolvimento curricular, avaliação, situações de ensino / aprendizagem

Sobre estes assuntos específicos têm sido feitas, desde as décadas de 60/70 do século passado, propostas de projectos mais ou menos inovadores que foram sendo aplicados nos Estados Unidos e em diversos países, nomeadamente na Europa. Em geral estas propostas tiveram como fundamento teorias educacionais próprias de quem foi encarregado pelos Governos de as propor, não tendo (nem podendo ter, uma vez que a investigação educacional ainda não existia como tal) qualquer fundamento experimental.

A utilidade de muitas destas inovações é agora posta em causa, em função dos resultados que (não) produziram passados já mais de 30 anos: os seus efeitos num aumento da eficácia do processo de ensino e aprendizagem parecem ter sido diminutos.

A verdade é que os actores principais em qualquer processo de alteração estrutural nas situações de ensino e aprendizagem têm de ser os próprios professores. Estes, muitas vezes formados num determinado contexto, podem sentir dificuldades em adaptar-se a contextos diferentes. Frequentemente abandonados a si próprios, sentem-se desmotivados para iniciar alterações no tipo de ensino que praticam.

Em Portugal, com a expansão enorme do número de alunos a frequentar os Ensinos Básico e Secundário no último quarto do passado século, foram contratados muitos professores que não tinham sido explicitamente formados para exercer profissões docentes, muitos deles com algumas lacunas nos conhecimentos do conteúdo da Física que deveriam ensinar. Uma posterior "formação complementar", em geral sem a adequada qualidade científica, não melhorou a situação.

Na realidade, quando os conhecimentos de Física de um professor de Ciências Físico-Químicas são reduzidos, ele

- é incapaz de usar analogias apropriadas para que os seus alunos compreendam e assimilem conceitos abstractos (o próprio professor não os entende muito bem...)

- evita trabalhos de laboratório (tem medo que algo possa correr mal, e que não perceba o que deve alterar...)
- desencoraja a apresentação de dúvidas pelos alunos (receia não compreender as dúvidas dos alunos, sendo assim incapaz de as esclarecer...)
- não usa exemplos da ligação da Física à realidade do dia a dia, ou apenas repete, mecanicamente, as situações indicadas no livro de texto...
- abusa das fórmulas matemáticas, fazendo apenas exercícios directos de aplicação das mesmas.

Como consequência, o ensino da Física praticado por um docente nestas condições não pode ser atractivo para os seus alunos, os quais, assim que possível, tenderão a abandonar as áreas científicas. Será essa uma das razões que leva tantos alunos a não optar pelas áreas científicas no 10º ano de escolaridade?

Utilização das palavras no ensino e na aprendizagem da Física

Nas aulas de Física deverá haver tempos mais expositivos, outros em que é solicitada a opinião dos alunos sobre determinados assuntos, outros mais dedicadas à resolução de problemas de aplicação de conceitos e a demonstrações experimentais e outros haverá dedicados à realização de trabalhos de laboratório ou ao desenvolvimento de projectos pelos próprios alunos. Mas seja qual for o tipo de aula, em todas elas se utilizam *palavras*: elas são utilizadas pelos docentes para transmitir e explicar aos alunos novos conteúdos de matéria, que eles terão de compreender; elas são utilizadas pelos próprios alunos, para exporem, perante o professor e os colegas, o que pensam, as dúvidas que têm e o que percebem, ou não, do que lhes foi ensinado.

Estando então o processo de ensinar e aprender baseado na comunicação de ideias, as palavras e o que cada um entende como o seu significado têm uma importância primordial no sucesso escolar.

A Física, ciência que recorre muito à matemática por ser esta a linguagem que menos se presta a interpretações com significado duplo, usa, para nomear os conceitos de que se serve, palavras que necessariamente têm de ter um significado único.

Mas muitas das palavras utilizadas na ciência física, são-no também no dia a dia. São exemplos os vocábulos: posição, força, energia, intensidade, potência, capacidade, frequência, ruído, calor... Para já não falar de outro tipo de palavras, como fonte, conservar, transferir, transformar... que não sendo exactamente conceitos físicos, são palavras muito usadas no discurso de que nos servimos para a explicação desses conceitos.

No dia a dia a utilização das palavras e os respectivos significados é muito liberal, no sentido em que se podem usar várias palavras com significado idêntico. Por exemplo, se formos ao dicionário procurar o significado da palavra *energia* encontramos: força, potência, actividade, eficácia, firmeza, vigor...; para a palavra *temperatura* encontra-se como significado: grau de calor ou frio de um lugar...

Em Física, um aluno que atribui o mesmo significado aos termos *força*, *energia* e *potência*, ou aos termos *calor* e *temperatura*, está a cometer incorrecções graves, que podem ter como consequência uma impossibilidade de compreensão de partes importantes da Mecânica e da Termodinâmica.

Além da possível confusão entre o significado científico e o significado do dia a dia de uma mesma palavra utilizada nos dois discursos, há alguns conceitos propostos em modelos explicativos do comportamento da natureza, cujo significado é tão abstracto que envolve dificuldades acrescidas na sua compreensão. Como exemplo temos os conceitos de: onda, campo, potencial... Por exemplo, para esta última palavra, *potencial*, o dicionário aponta os seguintes significados: relativo a potência, virtual, que não actua senão depois de um certo tempo, quantidade de electricidade de que um corpo está carregado...

Assim, uma das primeiras responsabilidades de um professor que quer ensinar Física é estar alerta para as confusões que pode criar, ou alimentar, nos seus alunos, quando as palavras que utiliza ao apresentar ou discutir os conceitos da Física são por eles interpretadas com significados diferentes. Esta é uma preocupação que deve estar presente desde os primeiros níveis de ensino da disciplina, embora com uma adaptação adequada à idade e estado de desenvolvimento de cada aluno.

Em face destas razões propõe-se que se inicie o ensino de qualquer tema de Física pela definição muito clara do significado dos termos físicos que se vão utilizar, desenvolvendo em seguida estratégias para verificar se os alunos os interpretam do mesmo modo que o professor. Neste processo deve procurar-se que os alunos exprimam por palavras suas os conteúdos apreendidos. Simultaneamente tem de estar-se atento (promovendo de imediato qualquer pequena correcção linguística julgada necessária) ao que os alunos dizem quando tentam explicitar as suas ideias, muitas delas construídas ainda antes do contacto com a escola e que se pretende que estejam a ser corrigidas de acordo com a mensagem que o professor ou os colegas estão a tentar transmitir-lhes.

Na realidade deve fomentar-se, por escrito ou oralmente, a expressão das ideias que os alunos vão criando sobre o que aprendem. Só tentando transmitir o que estão a aprender é que os alunos se apercebem se aprenderam ou não, e só ouvindo o que os seus alunos transmitem sobre o que aprenderam é que os professores se apercebem se a mensagem foi correctamente apreendida.

O professor deve fazer passar para o aluno a noção da necessidade desta correcção de linguagem, escrita e oral, para a compreensão da Física. Foi precisamente este cuidado na utilização dos termos científicos, aliada à utilização frequente da linguagem matemática, que permitiu o desenvolvimento da Física ao longo dos últimos cinco séculos. Como sabemos, este foi feita por cientistas nas mais variadas partes do mundo, relatando em Congressos ou escrevendo em Revistas de especialidade o resultado das suas experiências ou dos modelos explicativos que defendiam. Deste modo, toda a comunidade científica, por mais distante que estivesse, os podia compreender e discutir, e, no caso das experiências, repetir para verificar as suas consequências.

Estando alerta para esta necessidade, o aluno esforçar-se-á por ter uma linguagem científica correcta e considerará positivo que o professor, sempre que necessário, intervenha para o corrigir. Mas o maior esforço de correcção terá de ser do próprio professor, uma vez que os alunos são muito atentos e não perdoarão incorrecções de quem tem maior obrigação de ser correcto...

Por todas estas razões o ensino de qualquer assunto de Física deve começar pelo esclarecimento das ideias que se vão associar às palavras a utilizar. Principalmente há que ter cuidado nas aulas em que os assuntos são abordados solicitando aos alunos que se pronunciem sobre o que entendem ser um conteúdo novo do programa de Física. Neste tipo de aulas podem ser variadíssimas as interpretações dadas às diferentes palavras utilizadas tanto pelo docente como pelos alunos. Mas este tipo de aulas pode precisamente ser utilizado por um bom professor de Física para pôr em evidência as diferentes interpretações a que as palavras do dia a dia se prestam.

É preciso atender a que também não basta que os alunos saibam a definição mais ou menos matemática, ou mais ou menos decorada e "papagueada", de um novo conceito introduzido. É preciso que interiorizem o seu significado e as suas eventuais relações com conceitos anteriores. É preciso que consigam explicar por palavras próprias o conteúdo conceptual da nova palavra do seu vocabulário científico. Só quando o conseguem – e é claro que não o conseguem no primeiro contacto com cada conceito, mas apenas depois de com ele lidarem em várias situações de aplicação, seja em problemas, em situações discutidas oralmente ou no laboratório – é que os alunos o aprenderam.

Por exemplo, o conceito de *força* só se aprende cabalmente quando se interiorizou o conceito de interacção, seja de contacto seja à distância, e se conhecem e compreendem bem as três leis de Newton. Para chegar a este ponto, não basta ao aluno estar atento nas aulas e tentar compreender o que o docente lhe diz e os comentários dos colegas; tem de, primeiro em grupo (na aula) e depois sozinho (na aula e/ou em casa) treinar o tratamento das noções apreendidas, relacionando-as com conceitos físicos anteriormente adquiridos e aplicando-as nas situações mais diversificadas.

O aluno tem de sentir as dificuldades da aplicação a contextos diferentes de conceitos físicos apreendidos num determinado contexto, e tem de tentar exprimi--las por escrito ou oralmente. Tem de se esforçar por explicar ao professor o que lhe parecia lógico numa determinada situação física e as razões que tornam difícil aplicar os mesmos conteúdos a situações diferentes.

Como exemplo, a um aluno não deve apenas ser pedido que desenhe as forças aplicadas num corpo em repouso num plano horizontal. Deve-lhe também ser solicitado que as desenhe para um corpo que desce um plano inclinado, ou para o que descreve um movimento pendular ou um movimento de looping, ou outros.

Uma outra questão, de importância fundamental no ensino e aprendizagem da Física, está relacionada com o facto de muitos conceitos fundamentais da Física serem definidos a partir de conceitos anteriores. Há, portanto, uma *forte hierarquia* na sequência normal da aprendizagem em Física, que deve ser respeitada principalmente no Ensino Secundário, no qual já se requer um espírito bastante racional da parte dos alunos. É difícil exigir este espírito racional quando, por exemplo, se discute no 10º ano o conceito de *trabalho realizado por uma força* e o conceito de *energia cinética* e sua variação, sem se ter ainda feito considerações sobre os movimentos dos corpos nem ter estudado as leis de Newton.

A noção de deslocamento vectorial é fundamental para o estudo dos trabalhos realizados por forças que actuam em corpos; não tendo os alunos conhecimentos suficientes sobre a cinemática e não sabendo exactamente o que devem entender por força, não tendo ainda discutido e praticado o desenho de esquemas de forças que em circunstâncias diversas actuam sobre os corpos, muito menos lidado com as suas projecções, como fazê-los compreender qual é de facto o ângulo que lhes vai surgir no trabalho realizado pelo peso no plano inclinado? E porque é que por vezes aparece o seno de um ângulo e por vezes aparece um cosseno? E como pedir aos alunos que desenhem forças sem as relacionar com interacções entre corpos? Como explicar neste nível a um aluno que a noção que muitos têm de "força do corpo" não é, em termos científicos, uma força? Como ultrapassar a confusão frequente entre força e velocidade? Muitas destas questões estão, de facto, na base das dificuldades de aprendizagem dos alunos do Ensino Secundário. Mas, muito mais grave, elas são muitas vezes abordadas de modo confuso pelos próprios professores. Só não se apercebe disto quem não tem contacto directo com os alunos e, indirectamente, com o que alguns professores das nossas escolas lhes ensinam.

Dizer que os conceitos cinemáticos e dinâmicos, necessários ao conteúdo dos programas de 10º ano, já foram tratados no Ensino Básico, é uma justificação esfarrapada, pois o seu tratamento só é feito a sério (sem ser numa base fundamentalmente qualitativa e obviamente pouco formal, como tem de ser no Ensino

Básico) no ano lectivo seguinte. Como se explicaria a necessidade da sua repetição no 11º ano se esse tratamento já tivesse sido convenientemente feito antes?

Assim, embora por vezes se diga que o processo de ensino e aprendizagem é razoavelmente independente do conteúdo de qualquer programa curricular, há que ter determinados cuidados nas sequências prescritas por estes programas, principalmente se dizem respeito a anos lectivos diferentes.

Pré-concepções cientificamente incorrectas dos alunos: como conhecê-las? Como tentar corrigi-las?

A partir de resultados da investigação educacional sabe-se que os alunos, mesmo antes do primeiro contacto formal com o ensino das ciências na escola, têm modos mais ou menos ingénuos de explicar os acontecimentos do dia a dia. Em geral pouco há de comum entre as explicações dadas pelas crianças e as explicações científicas. Sabe-se no entanto, que muitos destes pré-conceitos ou pré-esquemas de explicação (que já existem antes da aprendizagem formal das ciências, mas muitas vezes são potenciados por um ensino escolar deficiente) são comuns a muitos alunos, de diversas idades e de países diferentes. Enfim, está provado que mesmo numa primeira aula de Física (ou de outra ciência qualquer) um estudante não é um caderno novo, apenas com folhas em branco, onde podemos escrever o que quisermos...

As explicações prévias, anteriores a um tratamento científico correcto e desenvolvidas pelas crianças nos seus contactos com os fenómenos do dia a dia, são pontuais, ou seja, podem naturalmente admitir-se explicações diferentes para fenómenos cientificamente semelhantes, como por exemplo a queda de uma pedra, a subida de um balão ou o movimento de um planeta. Tais explicações resistem às tentativas normais de coerência nos raciocínios. A utilização de palavras com significados fluidos – podendo a mesma palavra significar coisas diferentes em contextos diferentes, ou sendo várias palavras utilizadas com o mesmo significado – também é um factor prejudicial na construção e explicação dos esquemas conceptuais construídos pelos alunos em idades pré-escolares.

No entanto é a partir desta realidade – que é o modo como são entendidos por cada aluno os fenómenos naturais com os quais já convive – que se vão tentar desenvolver esquemas de raciocínio científico nos estudantes. Se a Física que se ensina na Escola, e que se afirma ter por finalidade a compreensão do mundo em que vivemos, não evidencia uma ligação clara com os acontecimentos que os rodeiam – e para os quais eles já organizaram as sua explicações ingénuas – os alunos não serão atraído pelos estudos da disciplina e abandonarão, se não a Escola, pelo menos a ideia de seguir áreas de estudo relacionadas com a aplicação das Ciências Físicas.

Infelizmente acontece também que muitos alunos, no seu trajecto escolar pelo 3º ciclo, passam por aulas de professores com conhecimentos insuficientes sobre o modo de ensinar os conteúdos da Física. É vulgar que, nestes casos, o tempo para leccionar a Física, uma das duas unidades da disciplina de Ciências Físico-Químicas, sofra tantas reduções que se torna quase inexistente – havendo apenas uma transmissão, à pressa e atabalhoada, de uma parte reduzida de um conteúdo sobre o qual muitos professores possuem algumas dificuldades de compreensão, tendo consequentemente muito pouco gosto para o ensinar.

Podemos então concluir que seja no Ensino Básico, seja no Ensino Secundário, é sempre necessário que no início de qualquer actividade lectiva um professor organize processos de ter acesso ao nível de conhecimentos prévios dos seus novos alunos.

Um modo de o fazer é disponibilizar uma ou mais aulas para que cada aluno, ou apenas os alunos que o pretendam, indique perante a turma o que pensa já conhecer sobre o assunto cujo estudo se vai iniciar. Seguir-se-lhe-ão comentários e outras explicações apresentadas por outros alunos e, eventualmente, pelo professor...

Este tipo de abordagem da Física não pode ser feito sem que o professor tenha profundos conhecimentos científicos para além de uma já bem desenvolvida experiência pedagógica, sob pena de perder o controle da turma e provocar situações de grande confusão, com utilização incorrecta de termos científicos e afirmações incorrectas que na altura não pode corrigir e das quais poucos ou nenhuns alunos aproveitam. Com frequência acontece que os professores saem frustrados e os alunos desinteressados deste tipo de sessões. Ainda outros factores, como a dimensão das turmas, o tempo que se pode dedicar a cada um dos assuntos do programa, a conveniência de ter uma informação escrita identificada (a qual se poderá depois citar correctamente e discutir em grupo ou pontualmente), o esforço racional extra, positivo em termos de consciencialização da resposta, imposto a alguém que está a escrever para explicar o que pensa (em comparação com alguém que apenas se exprime oralmente) e o facto de haver sempre alunos menos participativos em sessões orais (o que nem sempre significa um maior desconhecimento dos assuntos) torna preferível fazer uma avaliação de pré-conhecimentos através de respostas escritas, dadas por todos os alunos a um pré-teste de avaliação. É evidente que estas respostas têm de ser avaliadas pelo professor e consequentemente preparadas aulas de discussão sobre as variadas interpretações incorrectas nelas reveladas.

Assim, a finalidade destes pré-testes é dupla. Através da sua realização:
- o professor toma conhecimentos do que os alunos sabem e com que profundidade o sabem e em função das respostas organiza as aulas que se lhe seguem;

- o aluno apercebe-se do que pensa saber e, principalmente, das dificuldades que eventualmente sente ao tentar especificar, por escrito, as diferenças, semelhanças ou inter-relações entre conceitos.

Em função dos objectivos que se pretendem alcançar, os testes de avaliação de pré-conhecimentos têm as suas especificidades:
- devem ser sobre Física qualitativa (sobre ideias e sua interligação) e não sobre Física quantitativa (resolução de problemas numéricos ou aplicação de fórmulas);
- devem conter situações do quotidiano, embora para níveis mais avançados possam conter também "situações de laboratório";
- podem ser de escolha múltipla, justificada. Como se conhecem muitas das pré-concepções cientificamente incorrectas que muitos alunos têm sobre os mais variados assuntos da Física, é possível elaborar testes com opções de escolha múltipla nos quais cada possível resposta está directamente relacionada com uma das eventuais confusões descritas na literatura de investigação educacional. Deve, no entanto, solicitar-se sempre ao aluno que, em poucas linhas, indique a razão da sua escolha, ou seja, justifique a resposta. Poderá, além disso, facilitar-se ao aluno um espaço para ele dar uma resposta eventualmente diferente das propostas apresentadas na questão em causa.

Uma vantagem dos pré-testes bem elaborados é a consciencialização que provocam nos alunos que a eles respondem das suas dificuldades em escolher a opção correcta ou em justificar as opções seleccionadas.

Os resultados da investigação educacional indicam que os esquemas racionais que o aluno tem antes de frequentar uma disciplina são arreigados, o que significa que o aluno não vai facilmente substitui-los por outros, só porque são os apresentados pelos professores. É frequente os alunos pensarem como que na existência de duas "ciências" paralelas: a que o professor ensina e a que de facto se cumpre nos acontecimentos do dia a dia. "As leis dizem uma coisa, mas as experiências nunca dão certas...", "a professora diz que um corpo continua a mover-se com velocidade constante se nenhuma força actuar sobre ele, mas no supermercado o carro de compras pára se eu deixar de o empurrar"...

Assim, é fundamental que o aluno se aperceba por si que os esquemas que construiu não lhe dão bagagem suficiente para escolher a resposta adequada no teste proposto, sendo-lhe especialmente difícil conseguir justificar as suas opções. Além disso os testes devem conter situações do quotidiano, para que o aluno verifique que, de facto, as leis da Física, bem compreendidas, lhe permitem analisar uma variedade imensa de situações reais.

Na investigação educacional, a *teoria construtivista*, de acordo com a qual *cada aluno vai construindo a sua aprendizagem*, indica as fases pelas quais o aluno deve passar para que possa haver uma alteração conceptual significativa:

- o aluno deve verificar que o esquema explicativo que possui nem sempre funciona, isto é, falha numa determinada situação A que tem de ser explicada;
- o aluno deve conseguir perceber o novo esquema explicativo apresentado (o esquema científico desenvolvido pelo professor);
- o aluno deve verificar que aplicando o esquema científico proposto, consegue explicar correctamente a situação A;
- o aluno deve verificar que o esquema científico não só explica a situação A, como explica muitas outras situações, mesmo que aparentemente não parecidas com a situação A. Por exemplo, as leis de Newton explicam tanto o movimento de um planeta como a queda de uma maçã.

A realização do pré-teste é equivalente ao primeiro passo deste esquema, indicado como condição para que haja alteração conceptual. Nas aulas que se seguem compete ao professor desenvolver os passos seguintes: apresentar o conteúdo científico proposto no programa da disciplina e aplicá-lo a situações referenciadas no teste e a outras inseridas em contextos diferentes.

A introdução de conceitos ou leis e a prática dos conteúdos científicos podem (e devem) ser concretizadas:
- em aulas de exposição e discussão de situações físicas, sejam estas introduzidas sob a forma de exploração de exemplos do dia a dia, seja sob a forma de demonstrações experimentais;
- recorrendo à resolução de problemas, em grupo mas também quando o aluno está sozinho, na aula ou em casa, no sentido de desenvolver o seu raciocínio e capacidade de esquematizar situações problemáticas, chegando por si à resolução dos exercícios. Estas actividades devem ser frequentes, pois nelas o aluno estará, decerto, em situação muito parecida com a de avaliação final, durante a qual apenas pode recorrer a si próprio para resolver as suas dificuldades. Com este treino o aluno sentir-se-á mais confiante e serão reduzidas as consequências de stress psicológico dos exames;
- em aulas de laboratório, nas quais o aluno trabalha em grupo realizando experiências mais ou menos orientadas por um guião proposto, mas que antes da própria realização experimental deve conter perguntas sobre possíveis acontecimentos e justificação das respostas dadas. Por exemplo, numa aula de laboratório em que se estudam as forças elásticas pode perguntar-se ao aluno o que acontecerá quando se altera o ponto de suspensão da mola; ou quando se suspende o corpo por um fio mais comprido. E quando se associam duas molas em série? E em paralelo? E quando se altera o comprimento da mola? Depois de efectuadas estas experiências o aluno comparará os resultados experimentais com as suas previsões e, com a

ajuda do professor, verificará a racionalidade das suas respostas anteriores à realização experimental.

As aulas de laboratório e os trabalhos de investigação

Embora seja indispensável para uma boa aprendizagem da Física que um estudante tenha aulas num laboratório, este tipo de aulas não é uma panaceia universal, como parece estar implícito no discurso de algumas entidades com responsabilidades educacionais. Está mesmo provado, através de resultados da investigação educacional efectuada em países diversos, que há muitos estudantes, principalmente do sexo feminino, que não valorizam os resultados das aulas de laboratório para a sua aprendizagem.

É claro que podem organizar-se boas aulas de laboratório e más aulas de laboratório. Mas não se confunda um estudante num laboratório com um investigador científico. Nem se pense que a investigação científica apenas se faz em laboratórios. Por um lado, todos temos de entender que os alunos dos Ensinos Básico ou Secundário, quando executam trabalhos num laboratório, não se estão a comportar como pequenos investigadores, ou seja, os estudantes não utilizam na sua aprendizagem os mesmos métodos que um cientista utiliza na sua investigação. Por outro lado, há muitas investigações feitas por cientistas sem que seja necessário utilizarem um laboratório.

Um investigador, possuindo conhecimentos bem fundamentados em temas científicos que já se encontram desenvolvidos e que domina cabalmente, procura novos desenvolvimentos da ciência, tentando analisar cuidadosamente situações que ninguém ainda resolveu.

Um estudante estuda para consolidar conhecimentos que ainda não estão bem compreendidos, cujas bases deve adquirir em contacto com o professor e com os seus colegas. O estudante tem como pressuposto que o seu professor já possui esses conhecimentos, e sabe que ele o guiará na aprendizagem que se propõe fazer.

Espera-se, em geral, de um estudante, que aplique os conhecimentos que lhe ensinaram a situações que apenas são novas para ele, com a finalidade de os dominar melhor e verificar as suas interligações. Para isso ele ouve o professor e lê textos onde os conteúdos são debatidos de modo sistemático e onde, em geral, se desenvolvem numa estrutura de crescente dificuldade. O estudante sabe que pode discutir as suas dúvidas com os seus professores, nos quais espera sempre encontrar conhecimentos mais aprofundados.

Só nos últimos anos dos cursos universitários, em trabalhos de Seminário ou de Monografia, se pode eventualmente comparar o trabalho de um estudante ao de um potencial investigador ou técnico científico-pedagógico. Espera-se que ao atingir um estado de desenvolvimento universitário quase final, o estudante já possua bases suficientes para elaborar por si só estruturas racionais que lhe permitam realmente aplicar técnicas de desenvolvimento científico ou educacional a um determinado problema. Nesta altura ainda não se dedicará, em geral, à solução de um problema que ninguém ainda resolveu; mas o nível de complexidade dos problemas cuja solução lhe poderá ser solicitada, a necessidade de pesquisa adequada de dados, eventualmente a realização de experiências cujos prós e contras e condições experimentais e de medição já terão de ser por ele propostas e analisadas com base científica e a consequente análise dos resultados das medições, já permitem estabelecer semelhanças entre este processo e o de uma verdadeira investigação.

É óbvio que é impossível que este trabalho seja efectuado por um aluno do Ensino Secundário e muito menos por um aluno do Ensino Básico, por mais que alguns sejam tentados a chamar *investigação* a uma eventual pesquisa na Internet com base em determinadas palavras, tendo como consequência uma amálgama mal construída de frases mais ou menos incoerentes quando tal não é feito pelos encarregados de educação.

Também um trabalho realizado num laboratório em que um protocolo tipo receita solicita aos alunos que façam algumas medições e efectuem algumas operações aritméticas com os resultados das medições, não pode ser apelidado de investigação. Nem sequer poderá ser muito útil para qualquer aprendizagem.

Mas mesmo quando os protocolos e as realizações experimentais são correctamente preparados, apelando:
- à exposição prévia das ideias dos alunos que vão efectuar as experiências;
- à discussão dos tipos de montagens experimentais utilizados e dos cuidados a ter nessas montagens, com vista aos resultados esperados e às aproximações efectuadas;
- à abordagem consciente dos conceitos envolvidos na experiência;
- à consequente realização experimental – efectuada nas condições e com os cuidados que lhe são indicados pelo professor;
- aos cuidados a ter nas medições e à noção de erro experimental;
- à compreensão das observações efectuadas, sejam estas as previstas ou diferentes das previstas;
- à consolidação de esquemas conceptuais correctos ou às eventuais alterações a introduzir nos seus esquemas prévios de entendimento das leis e dos conceitos físicos envolvidos na experiência em causa;

(ou seja, quando o aluno tem uma compreensão fundamentada sobre a finalidade da realização experimental, percebe o que é uma variável e como controlar variáveis secundárias e compreende como se recolhem dados válidos e como se assegura essa validade e a confiança nos resultados) mesmo nestas condições o aluno *não está a investigar*. Está apenas, e espera-se que muito bem, a *aprender*.

Como se disse no início desta secção, as realizações experimentais são indispensáveis para uma correcta aprendizagem da Física, uma ciência por excelência experimental. São de facto tão indispensáveis como todas as outras realizações anteriormente descritas, e que no seu todo permitem ao professor dispor de uma panóplia de possibilidades a utilizar para fazer os seus alunos aprender correctamente a Física. Assim os professores tenham capacidades para as utilizar.

PARTE II

CONTRIBUTOS PARA A PREPARAÇÃO ESPECÍFICA DE PROFESSORES DE FÍSICA

Introdução

O nível de desenvolvimento dos potenciais utilizadores deste livro decerto lhes permite já compreender que a Física não pode ser estudada estritamente em compartimentos separados, do tipo da cinemática, dinâmica, etc.

Numa situação de sala de aula, para que um professor possa conscientemente abordar com os seus alunos o estudo de um qualquer movimento real de um corpo – por exemplo o movimento de um automóvel – tem de saber se, nas condições em que o movimento se efectua, o poderá ou não considerar como o de um ponto material. Para fazer esta análise tem de compreender as razões que justificam a opção que vai escolher.

Ora, envolvidas neste tipo de raciocínio estão simultaneamente considerações que se podem identificar com a dinâmica de sistemas – nomeadamente sobre movimentos de rotação e de translação, sobre o conceito de centro de massa e, eventualmente, sobre as possíveis contribuições para a energia de um sistema e o modo de as alterar – mas também outras que pertencem à dinâmica do ponto material. Por outro lado, quando se fala de um aumento ou de uma diminuição do módulo da velocidade do automóvel, não tem muito sentido que não se faça qualquer referência às forças – exteriores – que, para que tal aconteça, é necessário que sobre o carro se exerçam. Como sabemos, nestas têm um papel fundamental as forças de atrito.

Assim, qualquer que seja o exemplo que o professor escolha para ligar os conceitos que se aprendem em Física a casos reais da nossa vida quotidiana, é muito provável que na sua explicação estejam associados conceitos de cinemática e dinâmica, do ponto material e de sistemas, ou mesmo considerações de energia.

No entanto, preocupações de ordem pedagógica apontam para a necessidade de não se abordarem todos os conceitos da Física quase em simultâneo, sob pena dos seus significados distintos não serem apreendidos pelos alunos. Pelo contrário, atendendo à sua hierarquia, alguns conceitos deverão ser abordados e sedimentados antes de se considerarem outros, cujo entendimento pressupõe o dos primeiros.

Assim, na Parte II deste livro, dedicada à abordagem científico-pedagógica de temas vulgares no ensino da Física nos níveis Básico e Secundário, os vários assuntos são propostos em secções com uma estrutura bastante sequencial em termos de conceitos focados. No entanto, para potenciar a utilidade das abordagens feitas e dos exemplos reais considerados, há por vezes uma certa mistura de temas, podendo estes ser pontualmente focados em situações anteriores à sua discussão formal, ou mesmo aparecer de certo modo repetidos em diferentes secções.

A verdade é que se defende mesmo que um professor deve praticar, nas suas aulas, uma certa repetição pontual de assuntos chave. Entende-se que não se pode esperar dos alunos que apreendam, quase de imediato, o significado físico de todas as leis e conceitos que lhes estamos a ensinar. Por isso se advoga que, todas as vezes que se possam fazer associações entre os conceitos que se estão a introduzir de novo e outros que já foram alvo de estudos anteriores, essas repetições, com um conteúdo cada vez mais rico, sejam feitas. Entende-se que se ganha sempre, em termos de aprendizagem dos alunos, se os desafiarmos a repetir raciocínios anteriores, alargando a sua aplicabilidade e interligando todas as variáveis já consideradas. Por outro lado, repetir, em contextos diferentes, raciocínios físicos correctos, contribui para melhorar a linguagem científica dos alunos – não decorada, mas compreendida – e a sua compreensão dos esquemas conceptuais da Física.

Os diferentes temas abordados nesta parte do livro nem sempre supõem preocupações pedagógicas idênticas. A secção 1., **Movimentos,** desenvolve-se numa estrutura que reflecte a necessidade de clareza no significado dos vários conceitos envolvidos, quase todos fundamentais para a compreensão das características de qualquer movimento de um corpo e, mais tarde, dos efeitos das forças que influenciam essas características. Na secção 2., **Interacções e movimentos,** faz-se um resumo de algumas confusões existentes nos esquemas conceptuais prévios dos alunos, que dificultam a aprendizagem da dinâmica, e propõem-se algumas estratégias para a sua correcção. A secção 3., **Efeitos de atritos,** explora os efeitos dos atritos de deslizamento entre corpos sólidos, tanto em situações de movimentos de translação como em situações de movimentos de rotação. Faz-se ainda uma abordagem aos efeitos dos atritos de rolamento. Todo o estudo é desenvolvido com base em situações do quotidiano, focando-se especificamente os movimentos dos automóveis. A secção 4., **Efeitos do campo gravítico,** tem por base o conceito de peso de um corpo, interpretado como o resultado da atracção que sobre ele se exerce quando colocado num campo gravítico. Relaciona-se este conceito com os valores indicados em balanças, em situações diversas, e discutem-se situações de imponderabilidade. Na secção 5., **Considerações sobre energias**, com base no princípio da conservação da energia analisam-se as várias maneiras de alterar as diferentes contribuições para a energia própria de um corpo. Discute-se a aplicabilidade do modelo do ponto material a alterações de energia de corpos reais. Como exemplos da generalidade das abordagens propostas, discutem-se com pormenor variadas situações do dia a dia. Na secção 6., **Forças e movimentos de sólidos em fluidos**, estudam-se as influências dos fluidos, especificamente o ar e a água, sobre qualquer corpo sólido no seu interior. São consideradas situações de repouso e de movimento relativo. A secção 7., **Fenómenos eléctricos: correntes contínuas**, debruça-se sobre os movimentos de cargas eléctricas em circuitos metálicos, sujeitas a campos eléctricos constantes. Debate-se especificamente o papel do gerador de corrente contínua, tanto sob o ponto de vista dos invariantes nos circuitos a que estão ligados, como sob o ponto de vista das trocas e transferências de energia entre os vários elementos do circuito. Na secção 8., **Fenómenos eléctricos: correntes variáveis. Electromagnetismo**, abordam-se novamente as correntes eléctricas, mas em regime de corrente alternada. Debatem-se as especificidades das correntes variáveis sob o ponto de vista de indução electromagnética. Considera-se especificamente o funcionamento de um gerador de corrente alternada, de um motor e de um transformador. Na sec-ção 9., **Ondas mecânicas. Som e audição**, numa abordagem baseada nas ideias dos alunos sobre determinados acontecimentos do dia a dia e em demonstrações simples realizadas no laboratório, estudam-se as características fundamentais das ondas mecânicas. A consideração das especificidades do som e audição surgem como um exemplo, razoavelmente simples, dos conceitos antes abordados. A secção 10., **Luz e visão. Óptica geométrica**, propõe uma abordagem a este tema com base num tratamento empírico, quase todo fundamentado na óptica geométrica, no qual são utilizados como ponto de partida os conhecimentos mais ou menos intuitivos dos alunos sobre diversos fenómenos do dia a dia. Finalmente na secção 11., **Campos de forças. Ondas electromagnéticas**, com o fim de estudar a luz como fenómeno ondulatório propõe-se um modo de introduzir o conceito de ondas electromagnéticas através de experiências simples sobre a generalização do conceito de campo de forças.

1. MOVIMENTOS

Introdução

É muito possível que o primeiro contacto que temos com o mundo que nos rodeia nos transmita logo a noção de movimento. Será essa a razão que fez com que os primeiros estudos de Física – ciência cuja estrutura e conteúdos tentam explicar racionalmente o comportamento da natureza – se desenvolvessem sobre conceitos que hoje localizamos na cinemática e na dinâmica. De facto, no nosso dia a dia estamos rodeados de movimentos (não só nos fenómenos explicados pela mecânica, pois, por exemplo, uma *corrente eléctrica* é uma situação de *cargas em movimento*, a *temperatura* de um corpo pode ser relacionada com o *estado de movimento dos átomos* que o constituem e a *luz propaga-se* entre o Sol e a Terra).

As *palavras* científicas utilizadas para descrever qualquer movimento são comuns ao discurso do dia a dia, o que cria confusões nos alunos quando as ouvem pela primeira vez nas aulas. Infelizmente algumas destas confusões mantêm-se em muitos futuros professores, quando já alunos de disciplinas específicas da sua formação. Por essa razão é necessário um grande cuidado quando se definem as variáveis físicas, quando se explicitam as diferenças entre os conteúdos que exprimem e, principalmente, na sua utilização pelos professores, quer nas aulas de introdução de novos conceitos, quer nas aulas de aplicação desses conceitos em problemas ou no laboratório.

Por exemplo, um professor que tão depressa fala em "rapidez" como em "rapidez média", palavras que só podem ter *exactamente o mesmo significado físico*, perde a autoridade de exigir dos seus alunos que distingam os conteúdos dos conceitos "velocidade" e "velocidade média", que, como sabemos, têm significados físicos distintos. Quando o professor não tem o cuidado devido na utilização das palavras "velocidade", "velocidade escalar" e "módulo da velocidade", e não explica convenientemente aos alunos as diferenças entre valores escalares e valores vectoriais, focando exemplos de movimentos rectilíneos e de movimentos curvilíneos, é impossível que consiga que os seus alunos aprendam convenientemente os conceitos fundamentais da Física dos movimentos.

A hierarquia das definições das variáveis físicas justifica a sequência de introdução de conceitos que se propõe a seguir.

Posição

Quando se fala em movimentos, logo nos ocorre a noção de *velocidade*. Mas não se pode entender o significado físico da palavra velocidade sem se perceber o de *posição*.

Quando pela primeira vez se fala aos alunos em "posição de um corpo" é possível que a sua primeira associação de ideias seja sobre a possibilidade do corpo (humano) estar sentado ou de pé... Por outro lado, um corpo (qualquer corpo) em geral tem dimensões apreciáveis, mas em Fisica é normal indicar a sua posição através da localização de um único ponto. Então é conveniente alertar os alunos para o facto de, nesta fase inicial, se poder caracterizar a posição (localização) de um corpo rígido através da localização de um qualquer dos seus pontos.

Por exemplo, quando dizemos que um automóvel está a cinco metros de um portão, aproximando-se dele, estamos possivelmente a localizar um ponto no párachoques da frente do automóvel. Se ele se deslocar 5m para a frente, bate no portão. Deste modo deverá ficar entendido que quando se fala da "posição de um corpo" se deve entender a "localização de um dos seus pontos". Neste contexto, vamos aceitar que, para caracterizar o movimento do corpo, basta caracterizar o movimento de um determinado ponto desse corpo que (por conveniência) se escolheu desde o início.

Para um futuro professor é importante saber que é possível fazer este tipo de análise quando, numa primeira abordagem, apenas se estudam *movimentos de translação dos corpos rígidos*. Nestas condições pode afirmar-se que todos os seus pontos descrevem movimentos com características exactamente iguais. De facto está a usar-se o *modelo do ponto material*, justificado pelos teoremas do movimento do centro de massa, mas não é preciso dar esta informação aos alunos, que, neste nível, não a poderão compreender. Basta informar os alunos que *apenas se irão considerar movimentos de translação de corpos rígidos*, explicando o significado destas palavras.

A posição de um ponto, sempre definida em relação a um referencial, pode ser indicada por um vector, o *vector posicional* representado na figura 1.1, ou por um escalar indicando uma *posição sobre uma trajectória* pré-definida. Por exemplo, um comboio que se pode movimentar apenas sobre os seus carris, ou um automóvel que apenas se movimenta percorrendo uma pista de Fórmula 1 ou uma calha rectilínea numa mesa de laboratório, têm trajectórias pré-definidas. Sobre essa trajectória, a posição do corpo tem de ser sempre indicada em relação a uma origem arbitrária. Estas situações estão ilustradas na figura 1.2 para uma trajectória curvilínea qualquer e na figura 1.3 para uma trajectória rectilínea, que se toma arbitrariamente como coincidindo com um eixo *OX*.

Para que a posição do corpo sobre a trajectória fique completamente definida é necessário arbitrar sobre esta um *sentido considerado como positivo*, e indicar o sinal do *escalar que caracteriza a posição escolhida*. Este sinal será positivo se o corpo se encontrar, em relação à origem, para o lado arbitrado como positivo, e

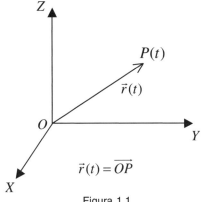

Figura 1.1

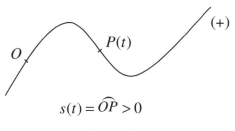

Figura 1.2

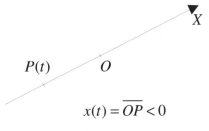

Figura 1.3

será negativo no caso contrário. O facto de uma posição de um corpo ter de ser sempre definida em relação a uma origem ou a um referencial, é um conceito fácil de explicar a qualquer aluno.

Deslocamento

Uma extensão do conceito de posição é a noção de *deslocamento*.

Parece-nos que a noção de *intervalo de tempo* é bastante intuitiva, não necessitando de um tratamento específico nos estudos de mecânica clássica realizados no ensino secundário. Assim, um deslocamento é devido a uma mudança de posição do corpo, ocorrida durante um determinado intervalo de tempo compreendido, por exemplo, entre os instantes t_1 e t_2. Em condições gerais o *deslocamento* é um vector, $\Delta \vec{r} = \vec{r}_2 - \vec{r}_1$, calculado através da diferença dos dois vectores posicionais, $\vec{r}_2$ e $\vec{r}_1$, que indicam, respectivamente, as posições final e inicial do corpo. O (vector) deslocamento está representado na figura 1.4.

Quando se conhece a trajectória sobre a qual o corpo se vai deslocar, podemos considerar o *deslocamento escalar* ou *deslocamento sobre a trajectória*, dado por $\Delta s = s_2 - s_1$ ou $\Delta x = x_2 - x_1$ (comprimento de trajectória desde uma posição inicial a uma posição final, afectado de um sinal, dependendo este do deslocamento sobre a trajectória se ter efectuado no sentido arbitrado como positivo ou no sentido contrário). Na figura 1.5 representa-se um deslocamento escalar negativo sobre uma trajectória curvilínea qualquer e a figura 1.6 representa um deslocamento escalar positivo sobre uma trajectória rectilínea, cuja direcção se considera coincidente com a de um eixo *OX*.

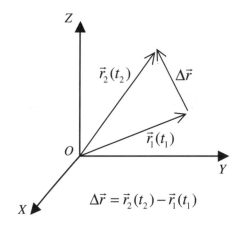

Figura 1.4

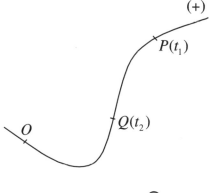

$$\Delta s = s_2(t_2) - s_1(t_1) = \widehat{PQ} < 0$$

Figura 1.5

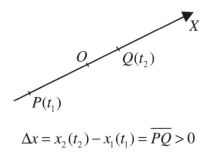

$$\Delta x = x_2(t_2) - x_1(t_1) = \overline{PQ} > 0$$

Figura 1.6

Velocidade média

Uma mudança de posição, ou deslocamento, realiza-se durante um determinado intervalo de tempo. Em função destas duas variáveis define-se a *velocidade média*, $\vec{v}_m$, como a razão entre o deslocamento e o intervalo de tempo durante o qual se deu essa variação de posição. Recordando as considerações anteriores, podemos dizer que, em geral, a velocidade média é um vector, mas pode ser indicada por um valor escalar nos casos em que são conhecidas as trajectórias possíveis para os corpos. Neste caso a *velocidade escalar média*, v_m, é definida a partir do deslocamento sobre a trajectória. Então

$$\vec{v}_m = \frac{\Delta \vec{r}}{\Delta t} = \frac{\vec{r}_2 - \vec{r}_1}{t_2 - t_1} \quad \text{ou} \quad v_m = \frac{\Delta s}{\Delta t} = \frac{s_2 - s_1}{t_2 - t_1} \quad \text{ou} \quad v_m = \frac{\Delta x}{\Delta t} = \frac{x_2 - x_1}{t_2 - t_1} \quad (1.1)$$

Espaço percorrido

Mas um deslocamento é apenas uma diferença entre vectores posicionais (ou valores escalares no caso do deslocamento escalar) que caracterizam a posição final e a posição inicial do corpo. Mesmo quando está definida a trajectória do corpo, o movimento sobre a trajectória entre duas determinadas posições do corpo, uma inicial e outra final, pode ter sido efectuado directamente entre essas duas posições ou através de um movimento em que o corpo se deslocou até outro ponto mais à frente e depois voltou para trás.

Como exemplo, considere-se um comboio a mover-se nos carris. Para um deslocamento do comboio que se inicia na estação A e termina na estação B, ele pode ter ido directamente de A a B ou ter ido de A a C, uma estação um pouco mais à frente, voltando depois para trás até B. Nos dois casos a posição inicial e a posição final são as mesmas, pelo que o deslocamento escalar é o mesmo. Mas o comprimento total da linha constituída pelas sucessivas posições do corpo (este comprimento vai sempre aumentando, ainda que o sentido do movimento do corpo se tenha invertido ou ele tenha percorrido várias vezes a mesma trajectória fechada, como um carro num circuito de Fórmula 1, no qual passa sucessivamente pelo ponto de partida) não é o mesmo. A este comprimento de percurso total, um valor sempre positivo, chama-se *espaço* percorrido durante o intervalo de tempo em consideração. Esta variável é, em geral, designada por e. Por exemplo, a variação do valor indicado no conta-quilómetros de um automóvel de alguém que sai de casa para se dirigir ao local de trabalho, resolve voltar atrás pelo mesmo caminho, para buscar qualquer coisa (inverte o sentido da marcha, mas o valor indicado no conta-quilómetros continua sempre a aumentar) e parte novamente para o local de trabalho, é o espaço percorrido pelo automóvel durante todo esse percurso. Neste caso o espaço percorrido, e, é maior que o módulo do deslocamento escalar, $|\Delta s|$ (comprimento medido sobre a linha curva normalmente descrita sobre a estrada desde casa até ao local de trabalho, independentemente de ter ou não voltado atrás) ou que o módulo do deslocamento, $|\Delta \vec{r}|$ (comprimento da linha recta que une o ponto onde se encontra a casa e o ponto onde se encontra o local de trabalho). Este último valor é igual à *distância* (sempre medida em linha recta) desde a posição inicial do corpo à sua posição final.

Quando não há inversão do sentido do movimento e este é realizado sobre uma trajectória aberta, o espaço percorrido coincide com o módulo do deslocamento escalar (ou com o próprio deslocamento escalar se este for efectuado no sentido arbitrado como positivo sobre a trajectória). Mas se houver inversão do sentido do movimento, o espaço percorrido é igual à soma dos módulos dos sucessivos deslocamentos escalares referentes aos percursos efectuados entre sucessivas inversões do movimento.

Nos percursos fechados, o espaço percorrido é igual a um múltiplo do perímetro do percurso, indicado pelo número de voltas completas, adicionado ao módulo do deslocamento sobre a trajectória. Consideremos o exemplo anterior em que um automóvel efectua uma corrida de Fórmula 1. São dadas muitas voltas, mas a prova termina num ponto muito pouco para lá do local de partida. É óbvio que, neste caso, o espaço percorrido é muito maior que o módulo do deslocamento ou o módulo do deslocamento escalar.

Já se percebeu decerto que numa trajectória curvilínea o espaço percorrido nunca pode coincidir com o módulo do vector deslocamento, $|\Delta \vec{r}|$.

Nota: É necessário ter cuidado com o termo "distância" cujo significado não é definido sempre da mesma maneira em todos os livros. Neste livro a definição de *distância* é a que apresentamos acima, que é coerente, por exemplo, com a definição de distância entre um ponto e uma recta ou entre duas rectas paralelas – sempre o comprimento da menor linha que une o ponto à recta ou pontos das duas rectas. Com esta definição não tem qualquer significado a frase "distância percorrida".

Rapidez

Nos casos em que está pré-definida a trajectória, o intervalo de tempo que corresponde a um determinado deslocamento escalar, e que portanto levaria ao cálculo de uma determinada velocidade escalar média, pode corresponder a diversos espaços percorridos (nomeadamente em trajectórias fechadas ou quando há inversão do sentido do movimento). Assim, é necessário introduzir uma nova variável, a *rapidez*, definida como a razão entre o espaço percorrido e o intervalo de tempo que o corpo demorou a percorrê-lo. Vê-se assim que o módulo da velocidade média, $|\Delta \vec{r}|/\Delta t$, ou da velocidade escalar média, $|\Delta s|/\Delta t$, de um movimento pode ser bem diferente da sua rapidez, $e/\Delta t$.

Como exemplo, podemos tentar relacionar a rapidez com o módulo da velocidade média, $|\vec{v}_m| = |\Delta \vec{r}|/\Delta t$. Pode acontecer que estes dois valores sejam iguais num movimento rectilíneo (isso acontece sempre que não haja inversão do sentido do percurso sobre a trajectória), mas nunca o serão num movimento curvilíneo.

Velocidade, velocidade escalar

Passemos agora aos valores instantâneos. A *velocidade* de um corpo é obtida através do limite da velocidade média (vectorial) tomado quando o intervalo de tempo considerado tende para zero. Um intervalo de tempo que tende para zero transforma-se, no limite, num *valor temporal instantâneo*, t. De modo semelhante, quando se considera o limite da velocidade escalar média tomado quando o intervalo de tempo tende para zero, obtém-se a *velocidade escalar no instante t*.

E a "rapidez instantânea"? Terá sentido falar nesta variável? Não tem, uma vez que num intervalo de tempo infinitamente pequeno não pode haver inversão do movimento nem várias voltas dadas a um percurso. Então, *o espaço percorrido durante esse intervalo de tempo que tende para zero não é mais que o módulo do deslocamento*. Assim, o que poderia ser o "valor instantâneo da rapidez" não é mais do que o módulo da velocidade. Note-se ainda que, no limite em que o intervalo de tempo tende para zero, o módulo do deslocamento vectorial, $|\Delta \vec{r}|$, é igual ao módulo do deslocamento escalar, sobre a trajectória, $|\Delta s|$ ou $|\Delta x|$, de modo que o módulo da velocidade também é, neste limite, igual ao módulo da velocidade escalar.

Funções variáveis e funções constantes

Quanto aos valores variáveis (em relação à variável tempo) em contraposição aos valores constantes de uma qualquer função com significado físico [por exemplo a velocidade, $\vec{v}(t)$, de um corpo ou a força, $\vec{F}(t)$, que lhe está a ser aplicada por outro corpo] é fundamental ter em atenção o facto de nenhum valor *num determinado instante* poder ser considerado constante ou variável. Só poderemos considerar como constante ou variável o valor de uma função *durante um intervalo de variação da variável independente*, neste caso o tempo. Assim, por exemplo, dizer que "o módulo da velocidade do pêndulo é constante ou variável no ponto mais alto da sua trajectória", não tem qualquer significado, pois ele só está nesse ponto durante um instante – não fica lá durante qualquer intervalo de tempo finito. No entanto é correcto dizer-se que uma variável tem *valor máximo ou mínimo num determinado instante*, ou *quando o corpo ocupa uma determinada posição*. Por exemplo, no caso do pêndulo, o módulo da sua velocidade é máximo no ponto mais baixo da trajectória e mínimo (instantaneamente igual a zero) no ponto mais alto da trajectória. Mas *no movimento pendular a velocidade nunca é constante*, seja qual for o intervalo de tempo considerado. Isso leva-nos a poder afirmar desde já que *no movimento pendular nunca se tem uma resultante nula para as forças aplicadas no corpo*.

Escalares e vectores

Uma palavra sobre *escalares* e *vectores* e a respectiva importância na caracterização de movimentos. Por vezes um movimento é executado sem uma trajectória pré-definida; é o caso, por exemplo, do voo de um pássaro. Para indicar em cada instante a localização do pássaro escolhe-se uma origem de um sistema de eixos fixos na Terra – por exemplo, uma pedra na estrada – e, em relação a essa origem, define-se o vector posicional que indica a posição do pássaro em cada instante. Se forem conhecidos todos os vectores posicionais que, ao longo do tempo, indicam as várias posições pelas quais o pássaro vai passando, fica conhecida a trajectória e a velocidade com que o movimento foi descrito, isto é, conhecem-se as características do movimento da ave. Este é um exemplo em que a trajectória não está pré-definida, o que leva à necessidade de descrever o movimento através de características vectoriais.

Mas suponhamos que queremos analisar o movimento de um comboio, no seu trajecto de Lisboa ao Porto. Sabemos que ele se tem de movimentar sobre os carris. Em qualquer instante a sua posição pode ser definida pela porção de arco que une uma origem pré-definida, por exemplo a estação de Pombal, à posição do comboio nesse instante, necessariamente sobre os carris. Para explicitar de modo unívoco a posição do comboio através de um valor deste arco é necessário definir um sentido positivo sobre a trajectória. Consideremos que se arbitra como sentido positivo o sentido Porto-Lisboa. Nestas condições, dizer que o comboio se encontra no ponto $s = -23$km da sua trajectória define exactamente a sua posição: ele (um dos pontos do comboio escolhido para caracterizar a sua posição) está (nos seus carris) a 23km de Pombal, entre Pombal e o Porto. É uma posição diferente da que corresponderia ao ponto $s = 23$km, caso em que o comboio se encontraria a 23km de Pombal, entre Pombal e Lisboa. Vemos assim que, quando é pré-determinada a trajectória, basta um valor escalar para indicar qualquer posição de um corpo.

Continuando com o desenvolvimento do raciocínio, ver-se-ia que nestas condições também basta um valor escalar, denominado a sua *velocidade escalar*, para definir totalmente a velocidade do comboio, uma vez que é possível provar, de modo mais ou menos simples, que a *velocidade* (vector) é sempre tangente à trajectória. Sendo a trajectória pré-determinada, pode ver-se em cada ponto qual é a direcção da velocidade; por outro lado, conhecida a velocidade escalar, o seu módulo é igual ao módulo da velocidade e o seu sinal indicará se o movimento tem o sentido arbitrado como positivo sobre a trajectória (neste caso a velocidade escalar é positiva) ou o sentido contrário (caso em que a velocidade escalar tem sinal negativo).

Quando nos Ensinos Básico e Secundário, no início do estudo dos movimentos, se consideram apenas *movimentos rectilíneos*, a primeira simplificação a fazer é explicar aos alunos que, como a trajectória destes movimentos é uma linha recta, está pré-definida a direcção do movimento. Nestes casos podem estudar-se todas as características do movimento do corpo apenas através da utilização de escalares, usando-se em geral o eixo *OX* e a abcissa $x(t)$ para indicar a posição do corpo em qualquer instante. Trabalhar com vectores é muito mais complicado que fazê-lo apenas com escalares, pelo que considerar as variáveis vectoriais no estudo dos movimentos rectilíneos é, em geral, um preciosismo que apenas contribui para confundir desnecessariamente os alunos.

Pontos materiais e corpos com dimensões

Ainda uma palavra final sobre movimentos de *pontos materiais* e de *corpos com dimensões*. Falámos até aqui sem qualquer preocupação sobre movimento de um corpo ou velocidade de um corpo, atribuindo estas variáveis a qualquer um dos seus pontos. Como já dissemos, isto só pode ser feito sem ambiguidade se apenas se estiverem a estudar *movimentos de translação de corpos rígidos*. Estes movimentos caracterizam-se por todos os pontos do corpo descreverem trajectórias idênticas, com a mesma velocidade. Portanto ao falarmos, nestas condições, de posição ou velocidade de um corpo, referimo-nos à posição ou velocidade de qualquer um dos seus pontos. Estamos de facto a aplicar o modelo do ponto material. E este pode ser usado em estudos de movimentos, sempre que o único movimento permitido para o corpo, *independentemente das suas dimensões ou das dimensões da sua trajectória*, seja o de translação. É tão correcto aplicar o modelo do ponto material ao estudo do movimento de um planeta na sua órbita em torno do Sol, como ao estudo do movimento de um bloco, grande ou pequeno, que desliza sobre um plano inclinado, que pode ter dimensões muito semelhantes às do próprio bloco.

Na realidade o que se está a fazer é a caracterizar o movimento do corpo através do movimento do seu centro de massa, o que nos é permitido em consequência de estudos efectuados no âmbito da mecânica de sistemas, quando se consideram corpos rígidos e apenas se estão a estudar os seus movimentos globais de translação. Lembremo-nos, por exemplo, que quando se diz que a velocidade de um automóvel tem determinadas características, de facto está a caracterizar-se a velocidade do seu centro de massa, $\vec{v}_{CM}$, desprezando qualquer outro tipo de movimento, como o das rodas em torno dos seus eixos.

Como a história do desenvolvimento da Física nos ensina, deverá começar-se o estudo dos sistemas físicos pelos casos mais simples, aumentando gradualmente o seu grau de complexidade. Aos alunos pode ser transmitido que numa primeira abordagem não vão ficar com um conhecimento final sobre os problemas em estudo. Pelo contrário, os mesmos assuntos de Física terão mais tarde de voltar a ser considerados numa perspectiva cada vez mais geral e completa, mas que será sempre fundamentada nas primeiras noções agora a ser transmitidas.

Gráficos e análise de resultados experimentais

A frequente utilização de gráficos de funções no estudo dos movimentos rectilíneos representa mais uma dificuldade para os alunos e para muitos futuros professores. Uma técnica que deve ser entendida como um modo de facilitar a apreensão do significado e da interligação entre os conceitos físicos envolvidos na caracterização dos movimentos, torna-se assim apenas em mais um obstáculo que os alunos têm de ultrapassar sem perceber de todo a sua utilidade.

A abordagem deste tema nos livros de texto nem sempre ajuda a sua compreensão.

Consideremos então um movimento efectuado sobre uma trajectória rectilínea e suponhamos que conhecemos em cada instante as posições ocupadas por um ponto material sobre essa trajectória. É óbvio que essas posições são referidas a uma origem O sobre a trajectória (que se pode considerar coincidente com um eixo OX) sendo indicadas pelos valores $x(t)$ que caracterizam em cada instante t (variável independente) a posição $x = \overline{OP}$ (variável dependente). Esta posição é indicada por um valor escalar, positivo ou negativo consoante o ponto material se encontra na porção da trajectória (eixo OX) a que se atribuiu o sentido positivo ou na porção negativa.

Conhecidas todas as posições ocupadas no decorrer de um determinado intervalo de tempo, pode traçar-se o gráfico $x(t)$, por exemplo o desenhado na figura 1.7.

Num exemplo muito utilizado nas aulas, efectua-se uma experiência em que um carrinho desce um plano inclinado ou se move num plano horizontal puxado por um pequeno corpo no extremo de uma linha que passa numa roldana, como se ilustra na figura 1.8. Nesta montagem, o carrinho no seu movimento arrasta uma fita de papel na qual, através de um marcador electromagnético, a intervalos de tempo iguais é marcado um ponto, de modo que a sucessão de pontos na fita indica de modo fiel a sucessão de posições do carro no seu movimento efectuado no intervalo de tempo considerado.

O movimento é rectilíneo, pelo que, como já discutimos, pode ser caracterizado por variáveis escalares. Então, como calcular em qualquer instante, t_1 por exemplo, o valor da função velocidade escalar, $v(t_1)$, a partir do gráfico anterior ou a partir da fita obtida na experiência?

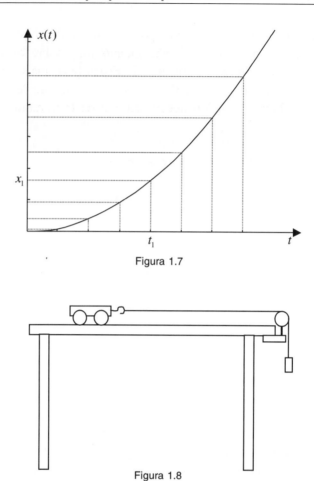

Figura 1.7

Figura 1.8

Por definição, a velocidade escalar em qualquer instante t contido dentro de determinado intervalo de tempo Δt é o limite para que tende $\Delta x/\Delta t$ quando Δt tende para zero. Então localize-se no gráfico ou na fita o instante t_1 e a posição x_1 ocupada nesse instante; considerem-se sucessivamente intervalos de tempo cada vez mais pequenos que contenham t_1 e, para cada um deles determine-se $\Delta x/\Delta t$. No limite em que Δt tende para zero obter-se-á o valor da velocidade escalar no instante t_1. Verifica-se que o valor obtido é igual ao da inclinação da recta tangente à curva $x(t)$ no ponto $x_1(t_1)$.

Matematicamente, o modo como se define o intervalo de tempo dentro do qual se encontra o instante t_1 e a escolha da sucessão de intervalos de tempo cada vez menores são perfeitamente arbitrários, desde que t_1 esteja contido dentro dos vários intervalos de tempo considerados. Mas o objectivo deste cálculo detalhado é mostrar aos alunos que, de facto, a sucessão de valores calculados para a velocidade escalar média à medida que o intervalo de tempo considerado diminui (que corresponde à sequência indicada anteriormente), descreve uma tendência para um valor limite, o da velocidade instantânea no instante t_1. No estudo com base no gráfico, as inclinações das várias secantes à curva $x(t)$ deverão tender para a inclinação da tangente à curva no ponto correspondente ao instante $t = t_1$.

No entanto, quando os exemplos utilizados são baseados em dados de movimentos uniformemente variados e quando se mantém t_1 como o ponto médio de todos os intervalos de tempo considerados (o que é frequente ser feito nas aulas e nos livros de texto) esta tendência, seja na montagem experimental seja no gráfico, não é óbvia. Devido às características específicas deste tipo de movimentos, quando o ponto médio dos vários intervalos de tempo sucessivamente mais pequenos é o mesmo, os valores obtidos no gráfico $x(t)$ para a inclinação das várias secantes deverão ser exactamente os mesmos, a não ser devido a erros intrínsecos à experiência. É o que está ilustrado na figura 1.9, na qual as secantes correspondentes a intervalos de tempo sucessivamente menores estão indicadas pelos números (1), (2) e (3).

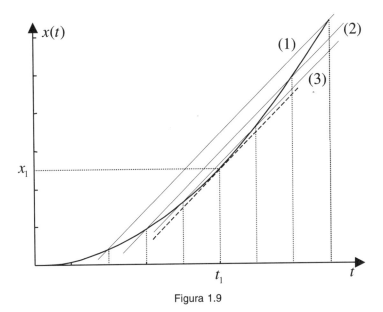

Figura 1.9

De facto, é pedagogicamente aconselhável escolher intervalos de tempo em que o instante inicial é sempre o instante t_1, estando o instante final t_f, e consequentemente a posição ocupada nesse instante, sucessivamente mais próximos do inicial quando $\Delta t \to 0$, ou seja, $t_f \to t_1$, como ilustra a figura 1.10.

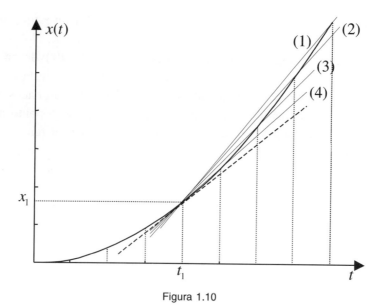

Figura 1.10

Nos casos em que se dispõe dos resultados gravados numa fita de papel obtida numa realização experimental do tipo da ilustrada na figura 1.8, mais uma vez a escolha feita nalguns livros de texto, com sucessivos intervalos de tempo sempre centrados no instante t_1 no qual se quer determinar o valor da velocidade escalar, leva a resultados decerto inesperados para alguns autores.

Por exemplo, se com base nessa fita se pretende determinar a velocidade escalar (de um corpo com movimento uniformemente acelerado) num instante $t = 0,50$ segundos, ao considerar a sucessão de intervalos [0,30;0,70], [0,40;0,60], [0,45;0,55] e [0,48;0,52], todos expressos em segundos, poderão obter-se, e decerto se obterão, valores diferentes para as velocidades escalares médias nos quatro intervalos de tempo. Mas esses valores diferentes apenas evidenciam o erro experimental, que sempre afecta as medições. De modo que, com base nos resultados e nas medições efectuadas, apenas se poderá concluir que o valor da velocidade escalar instantânea é a média estatística dos valores obtidos, e não qualquer tendência ou limite aparentemente evidenciado na descrição dos resultados da experiência.

Se a sucessão de posições gravadas na fita forem utilizadas considerando, por exemplo, os intervalos de tempo [0,50;0,80], [0,50;0,70], [0,50;0,60] e [0,50;0,55], em segundos, o aluno poderá verificar claramente uma tendência para um valor bem determinado da velocidade escalar no instante $t = 0,50$ segundos, que poderá obter através da extrapolação dos valores anteriores para um intervalo de tempo a tender para zero.

Trajectórias e gráficos x(t)

Um erro, que também aparece em livros de texto, consiste em confundir o modo de desenhar a *direcção da velocidade*, que se pode provar ser sempre *tangente à trajectória* [a qual, no caso de ser plana, se pode representar *num gráfico y(x)*] com o modo de calcular o *valor escalar da velocidade*, dado pela *inclinação da tangente à curva num gráfico x(t)*. Não é de crer que os autores dos livros em que aparece esta incorrecção a tenham detectado, sendo decerto apenas devida a uma falta de atenção. Mas, mais grave, parece que muitos professores também não a detectaram, não tendo, de imediato e com uma certa ênfase, procedido à sua correcção. De facto, a influência deste tipo de erro deve ser muito forte, visto que muitos alunos chegam à Universidade dizendo que "a grandeza (módulo) da velocidade pode ser calculada pelo declive da tangente à trajectória".

Perante um gráfico, os alunos não se lembram que o primeiro cuidado a ter é verificar quais as indicações nos eixos que representam a variável independente e a variável dependente. Neste aspecto é muito importante o papel do professor na ênfase que deve pôr sobre a distinção entre as duas informações fornecidas em gráficos de tipos diferentes, $y(x)$ e $x(t)$, mas que podem formalmente parecer muito semelhantes.

Um gráfico $x(t)$ indica *as abcissas das várias posições que um corpo ocupa nos vários instantes* contidos no intervalo de tempo que dura o seu **movimento rectilíneo** sobre um eixo OX (ou as *da projecção segundo um eixo OX dessas mesmas posições*, como por exemplo no caso do movimento geral de projécteis em trajectórias curvilíneas). Este gráfico tem, em geral, uma forma curva, embora se refira sempre ao movimento rectilíneo do corpo (ou ao da *projecção sobre o eixo OX das posições* ocupadas pelo corpo num movimento curvilíneo). Através deste gráfico apenas se pode determinar a velocidade escalar do corpo (ou a componente da velocidade do corpo segundo *OX*) fazendo o cálculo da inclinação da tangente à curva $x(t)$ em cada ponto. Se o movimento é rectilíneo, a direcção da velocidade é sempre a do eixo *OX*, escolhido precisamente com a direcção da trajectória. (Se o movimento for curvilíneo, a projecção da velocidade segundo *OX* tem obviamente a direcção deste eixo).

Por vezes são indicadas as *características de uma trajectória* que, no caso de ser plana, se pode considerar descrita num plano *XOY* e se pode desenhar num gráfico $y(x)$ ou $x(y)$ [nestas situações qualquer das duas variáveis pode ser considerada variável dependente ou variável independente. De facto o que temos são pontos *P*, de coordenadas (*x,y*), de uma trajectória descrita pelo corpo no seu movimento]. Exemplos vulgares são os das trajectórias de um corpo com movimento circular, ou de um projéctil lançado com velocidade inicial não vertical, ou de um automóvel num determinado circuito de competições, ou de um comboio nos seus carris. Nestes casos, através das tangentes em cada ponto às curvas $y(x)$ em questão, que representam as *trajectórias* possíveis para cada movimento, determina-se a *direcção* da velocidade do corpo quando passa nesse ponto. Pode verificar-se que num movimento curvilíneo qualquer, esta direcção vai variando de ponto para ponto. O *sentido* da velocidade é o do movimento e o seu *módulo* só pode ser calculado se for indicado o modo como a posição do corpo sobre a trajectória, definida em relação a uma origem arbitrária, varia com o tempo, ou seja, se for conhecida a função $s(t)$ (lembremo-nos que a trajectória não é rectilínea). Caso $s(t)$ seja conhecida, pode obter-se a velocidade escalar em cada instante, $v = ds/dt$, através do cálculo das inclinações das várias tangentes à curva $s(t)$, representada num gráfico posição em função do tempo.

Movimentos acelerados e movimentos retardados: "velocidades negativas?!"

O conceito científico de *velocidade* mistura-se no espírito de todos, alunos e, pelo menos, jovens professores, com o conceito comum de velocidade (conceito do dia a dia). É natural que esta "mistura" seja muito mais pronunciada no espírito dos alunos, nos quais (ainda) dominam as ideias intuitivas. É apenas no 11º ano que se considera de facto, e se aplica, a noção de velocidade como um vector, pois o primeiro contacto que os alunos têm com este conceito no Ensino Básico refere-se "a um espaço, d, percorrido por unidade de tempo". Por exemplo, no contexto de velocidade de propagação da luz ou do som, estão habituados a calcular a velocidade como $v = d/\Delta t$. Assim, não podemos achar estranho que, para os alunos, "a velocidade apenas possa admitir valores positivos". "Um automóvel pode andar muito depressa, por exemplo a 160km/h. Pode andar mais devagar, a 100km/h, ou ainda mais devagar, a 60 ou até a 20km/h, ou, estar quase a parar, deslocando-se a 5km/h. Mas o que é andar com velocidade negativa? Andar a -20km/h?!"

Este tipo de raciocínio pode fazer parte de um esquema conceptual de bases sólidas, desenvolvido por alunos já com alguns conhecimentos científicos (os do 8º e 9º ano) habituados a pensar. No entanto, tal como é enunciado parece incompatível com a noção científica de velocidade escalar, que, como sabemos, pode ser positiva ou negativa.

Por isso, ao iniciar o estudo das alterações de velocidade – como primeiro passo para levar os alunos a entender gráficos de variações de velocidades escalares em função do tempo, e, consequentemente a serem capazes de abordar correctamente as características dos movimentos acelerados e dos movimentos retardados – o professor tem de estar alerta para estas eventuais confusões, que podem ser muito graves para os alunos que estão com menos atenção às aulas. Sem compreender bem o que se entende por velocidade escalar negativa, o aluno poderá apenas decorar respostas que o professor afirma estarem correctas na interpretação de gráficos de velocidade.

Muitas vezes o que acontece é que os próprios professores ainda não interiorizaram bem o que são velocidade escalares negativas, confundindo eles próprios as designações de conceitos diferentes, o que provoca muita confusão em quem está a aprender.

Vejamos então. Fisicamente a *velocidade* de um corpo é um vector. *Aponta sempre no sentido do movimento*. Em cada movimento um corpo descreve uma trajectória. Sobre essa trajectória (linha recta ou curva) podemos sempre definir um sentido positivo. Um movimento pode ser efectuado no sentido que se definiu como positivo (ver figura 1.11-a) ou no sentido contrário (ver figura 1.11-b). É relacionado com este facto que se diz que, por vezes a *velocidade* aponta no sentido positivo da trajectória (figura 1.11-a) e por vezes aponta no sentido negativo (figura 1.11-b). Ou seja, a *velocidade escalar* é, no primeiro caso, positiva, sendo no segundo caso negativa. Então o que é um movimento com velocidade escalar negativa? É apenas um movimento que se faz no sentido contrário ao escolhido como positivo sobre uma trajectória. Portanto, um carro que se desloca na auto-estrada A1 de modo que o seu velocímetro indica o valor de 80km/h, pode estar a deslocar-se com velocidade escalar positiva ou negativa. Considere-se que

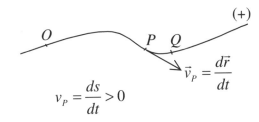

Figura 1.11-a

Figura 1.11-b

se definiu o sentido Lisboa-Porto como sentido positivo sobre essa auto-estrada. Nestas condições, a velocidade escalar do automóvel é positiva se ele for no sentido sul-norte. Será negativa se ele se estiver a deslocar no sentido norte-sul.

Então, toda esta questão se reduz a um *problema de linguagem*. Os alunos, habituados no dia a dia a chamar "velocidade" ao valor numérico (sempre positivo) que aparece no velocímetro do automóvel, têm de perceber (e isso não é difícil, quando é convenientemente explicado) que *o velocímetro apenas indica o módulo da velocidade* (instantânea), que coincide com o módulo da velocidade escalar.

Por vezes, no fim de uma aula fica-se com a noção que a aula até correu bem – os alunos entenderam, pois até participaram com respostas adequadas... – verificando o professor apenas no final da unidade lectiva, nas provas de avaliação, que, afinal, muitos dos alunos não entenderam os conceitos explicados. Na realidade há, em geral, alguns alunos mais participativos nas aulas, os que por qualquer motivo têm mais interesse na matéria. A participação destes pode criar a ilusão de que todos compreendem. A melhor maneira de se comprovar se isso acontece, ainda a tempo de "acudir" aos mais confusos, é fazer frequentemente pequenas provas de avaliação escritas durante as aulas, verificar as respostas dadas pelos alunos e corrigir atempadamente algum conceito que ficou menos correctamente apreendido. Como os conceitos da Física se vão construindo com base nos conhecimentos anteriores, se o aluno não compreende bem as matérias à medida que vão sendo tratadas, perde o fio à meada e, daí em diante, só se poderá desmotivar e ... abandonar assim que puder. Será, eventualmente mais um motivo a contribuir para tantos abandonos escolares...

Aceleração

A partir do conceito de velocidade é fácil chegar ao conceito de aceleração. Passando por um conceito de *aceleração média*, $\vec{a}_m$, definido como

$$\vec{a}_m = \frac{\Delta \vec{v}}{\Delta t} = \frac{\vec{v}_2 - \vec{v}_1}{t_2 - t_1} \tag{1.2}$$

a *aceleração*, $\vec{a}$, é definida como o valor do limite da aceleração média quando $\Delta t \to 0$.

Para o **movimento rectilíneo** está correcto e é útil definir uma *aceleração escalar média*, a_m, calculada a partir da variação da velocidade escalar. Assim

$$a_m = \frac{v_2 - v_1}{t_2 - t_1} \tag{1.3}$$

sendo a *aceleração escalar* (instantânea), a, o limite deste quociente quando $\Delta t \to 0$.

É fácil e útil treinar os alunos solicitando-lhes que façam representações esquemáticas de velocidades de corpos que se movem com movimentos rectilíneos, quer em casos em que as velocidades escalares são positivas quer em casos em que são negativas. Poderão também, seja em situações em que os módulos das velocidades escalares aumentam seja em situações em que os módulos diminuem, calcular variações de velocidades escalares, Δv, e verificar se são positivas ou negativas. Assim, chegarão com facilidade aos valores das acelerações escalares, nuns casos positivas e noutros negativas.

Movimentos acelerados e retardados

Exemplifiquemos estes conceitos com um movimento rectilíneo. Considere-se a figura 1.12, na qual se fez coincidir o eixo *OX* com a linha da trajectória. Como sabemos, qualquer que seja a posição do corpo, a sua velocidade no instante em que ocupa esse ponto, bem como a sua aceleração, têm a direcção do eixo *OX*, caso contrário o movimento não podia ser rectilíneo. Os sentidos de cada um destes vectores podem ser ou positivos ou negativos. Como consequência, as velocidades escalares podem ser positivas, o que significa que o movimento é feito no sentido arbitrado como positivo para a trajectória, ou negativas, no caso contrário. E as acelerações escalares? Não há razão para que não possam ser positivas ou negativas. Mas qual a ligação entre os sinais das acelerações escalares e o facto dos movimentos serem *acelerados* ou *retardados*? E o que significa um movimento ser acelerado? Poderão movimentos com aceleração escalar positiva ser retardados? Como fazer os alunos entender estas ligações entre conceitos?

Consideremos um exemplo concreto. Na figura 1.12 um carro desloca-se no sentido negativo do eixo e o condutor trava durante todo o trajecto do carro entre *A* e *B*. Dizemos que o movimento é *retardado*, devido ao efeito provocado pelo facto de o condutor carregar no travão, e com isso provocar (através do atrito entre os pneus e a estrada) uma *diminuição do módulo da velocidade* do carro. Até aqui, as noções científicas são coincidentes com os conhecimentos intuitivos. O único cuidado a ter é *não dizer* que "a velocidade diminui", o que está fisicamente incorrecto, mas *dizer que o módulo da velocidade diminui*, o que está correcto. De facto, no exemplo considerado a velocidade escalar aumenta durante este movimento, pois sendo sempre negativa neste caso, o seu módulo vai diminuindo o que a torna menos negativa. Se os alunos forem alertados para isto e se o professor for correcto e cuidadoso na linguagem científica que utiliza, exigindo também correcção da parte dos alunos, as aulas funcionam bem e alguns alunos até "adivinham" as situações que se vão seguir: casos em que o movimento é feito com o sentido negativo da trajectória, mas durante o qual o condutor carrega no acelerador do carro (aumenta o módulo da velocidade), e casos em que, movendo-se no sentido positivo da trajectória, ele carrega no acelerador (aumenta o módulo da velocidade) ou trava (diminui o módulo da velocidade).

No exemplo ilustrado na figura 1.12 representa-se a aceleração média, $\vec{a}_m = \Delta\vec{v}/\Delta t$, no intervalo de tempo Δt que dura o movimento, tendo-se suposto que $\Delta t > 1$. Os vectores $\vec{a}_m$ e $\Delta\vec{v}$ correspondem a todo o intervalo de tempo Δt, devendo, portanto, ser desenhados entre A e B e não em qualquer destes dois pontos.

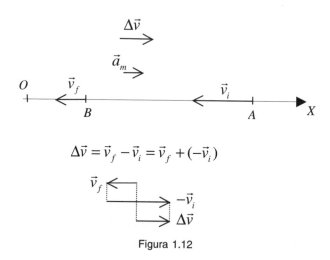

Figura 1.12

Resumindo, durante o desenvolvimento dos estudos sobre movimentos acelerados e retardados é necessário dar ênfase à distinção entre os seguintes conceito:
- *velocidade*, que, sendo um vector sempre com o sentido do movimento, pode apontar no sentido escolhido como positivo da trajectória, ou no sentido contrário;
- *velocidade escalar*, que caracteriza totalmente um movimento rectilíneo desde que seja conhecida a trajectória. A velocidade escalar pode ser positiva (se o deslocamento for efectuado no sentido positivo do eixo) ou negativa (caso o deslocamento seja feito no sentido negativo do eixo);
- *módulo da velocidade*, que, naturalmente, tem de ter um valor sempre positivo, mas pode, em qualquer movimento, aumentar, diminuir ou manter-se constante. *Se o módulo da velocidade aumenta, o movimento é acelerado. Se o módulo da velocidade diminui, o movimento é retardado*. Se o módulo da velocidade se mantém constante, o movimento é uniforme: nestas condições, se for rectilíneo, é rectilíneo uniforme, sendo a acele-

ração nula. Um movimento rectilíneo é acelerado (o módulo da velocidade aumenta) se o sinal da velocidade escalar coincidir com o da aceleração escalar, ou seja, quando a aceleração tiver o sentido da velocidade. Caso contrário é retardado.

Movimentos curvilíneos

E se o movimento for curvilíneo? O que se entende por um movimento curvilíneo acelerado ou retardado? O estudo que se fez até aqui para movimentos rectilíneos, pode facilmente ser generalizado para um movimento curvilíneo. Sabemos que, tal como num movimento rectilíneo, num movimento curvilíneo a velocidade é um vector tangente à trajectória, sempre com o sentido do movimento, podendo esse sentido ser o que se escolheu como positivo sobre a trajectória ou ser o contrário (negativo). No primeiro caso, a velocidade escalar, $v = ds/dt$, é positiva, sendo negativa no segundo caso. Até aqui há muitos aspectos comuns aos movimentos rectilíneos e curvilíneos.

Quanto à aceleração o mesmo já não se pode dizer, embora se possam recuperar algumas das conclusões anteriores desde que se tenham alguns cuidados.

Sabemos que a *aceleração* é definida como a derivada da velocidade em ordem ao tempo, isto é, é o limite da razão entre $\Delta \vec{v}$ e Δt quando o intervalo de tempo tende para zero. Não é difícil provar que a aceleração pode ser escrita sob a forma de duas componentes:

$$\vec{a} = \frac{dv}{dt}\hat{t} + \frac{v^2}{\rho}\hat{n} = a_t \hat{t} + a_n \hat{n} \qquad (1.4)$$

ou seja, a aceleração de qualquer corpo tem, em geral, uma componente tangente à trajectória descrita, a aceleração tangencial $a_t \hat{t}$, e outra perpendicular (ou normal) à trajectória, a aceleração normal $a_n \hat{n}$. ρ é o raio da trajectória em cada ponto (elemento infinitamente pequeno desta). O valor escalar da aceleração tangencial, a_t, é a derivada da velocidade escalar, v, em ordem ao tempo, ou seja, o limite para que tende $\Delta v / \Delta t$ quando Δt tende para zero. Num movimento rectilíneo é nula a componente normal da aceleração, visto que $\rho = \infty$, e a aceleração tangencial coincide com a aceleração escalar definida na secção anterior.

Um movimento curvilíneo pode ser efectuado no sentido escolhido como positivo sobre a trajectória ou no sentido contrário, ou seja, pode ter velocidade escalar positiva ou negativa. Essa velocidade escalar pode ir aumentando ou diminuindo, sendo no primeiro caso a aceleração tangencial positiva e no segundo negativa. Será o movimento acelerado ou retardado? Será acelerado se o módulo da velocidade escalar aumentar, isto é, se o sentido da aceleração tangencial coincidir com o da velocidade (ou seja, se a aceleração tangencial e a velocidade escalar tiverem o mesmo sinal); será retardado se o módulo da velocidade escalar diminuir, o que se verifica quando o sentido da aceleração tangencial é contrário ao da velocidade (neste caso a aceleração tangencial e a velocidade escalar têm sinais contrários).

A eventual variação da velocidade escalar não depende do valor da aceleração normal. Verifica-se que a componente normal da aceleração apenas contribui para a alteração da direcção do movimento, indicando portanto qual é a alteração da direcção da velocidade do corpo. De facto, todos sabemos, por exemplo, que no caso do *movimento circular uniforme* há aceleração não nula, que esta tem uma direcção perpendicular à trajectória (apenas aceleração normal) e que a velocidade escalar de um corpo com este tipo de movimento se mantém constante.

Podemos dar um exemplo de aplicação das considerações que acabámos de fazer a um caso relativamente vulgar de movimento curvilíneo. Consideremos um corpo a executar um movimento de looping numa calha, representada na figura 1.13 (estes dispositivos podem ser vistos nalgumas feiras). Sobre a trajectória analisemos as situações do corpo quando passa nas posições A, B, C, D e E. Uma vez percebidas as condições em que se diz que um movimento é acelerado ou retardado, qualquer aluno diria que enquanto o corpo sobe o arco até ao ponto D o movimento é *retardado*, isto é, *o módulo da velocidade está a diminuir*; em D a velocidade escalar passa por um valor mínimo (logo $dv/dt = 0$) e a partir de D o movimento é *acelerado*, pois *o módulo da velocidade está a aumentar*.

Considerações dinâmicas sobre o movimento de looping

Embora até agora tenhamos estado apenas a fazer considerações sobre as características do movimento de um corpo, independentemente da análise das relações que existem entre essas características e as forças que actuam sobre o corpo (análise que só será efectuada na próxima secção deste livro) para um futuro professor é útil desde já estender o estudo do movimento de looping a considerações dinâmicas.

Será que as conclusões sobre a velocidade e aceleração do corpo que descreve o movimento de looping são coerentes com as que se alcançariam ao fazer uma análise das forças que estão a actuar no corpo que descreve este movimento?

Estas forças são o peso, $\vec{P}$, do corpo e a força $\vec{N}$ que sobre ele exerce a calha. A força $\vec{N}$ é uma força de ligação sempre perpendicular à calha e o seu sentido aponta para o centro da trajectória. Como para qualquer força de ligação, o seu módulo adapta-se à restrição imposta pelo facto do corpo ter de efectuar o movimento em contacto com a calha. Esta condição implica determinados valores para as possíveis velocidades escalares. Nos movimentos de looping podemos, em geral, desprezar quaisquer efeitos de forças de atrito.

Lembremos a expressão da 2ª lei de Newton:

$$\vec{R} = m\,\vec{a} \qquad (1.5)$$

em que $\vec{R}$ é a resultante de todas as forças que actuam no corpo, m é a massa do corpo e $\vec{a}$ é a aceleração que essas forças comunicam ao corpo.

Se em cada posição do corpo se desenharem as forças $\vec{P}$ e $\vec{N}$ (ver figura 1.13), verifica-se que nas posições B e C a componente tangencial da aceleração aponta no sentido contrário ao da velocidade – portanto o movimento terá de ser retardado. Na posição D não pode haver componente tangencial da aceleração (a componente tangencial da resultante das forças aplicadas tem um valor nulo) – o que é coerente com o facto da velocidade escalar ter, nesse ponto, um valor mínimo, logo $dv/dt = 0$; e na posição E esta componente aponta no sentido da velocidade – o que está de acordo com o facto do movimento ser acelerado em todo o trajecto de descida.

Assim, as conclusões a que se chegou no estudo de movimentos acelerados ou retardados, efectuados sobre trajectórias rectilíneas, são aplicáveis a qualquer tipo de movimento, sendo apenas necessário ter o cuidado de se falar em aceleração tangencial em vez de aceleração escalar quando se consideram casos gerais de movimentos curvilíneos.

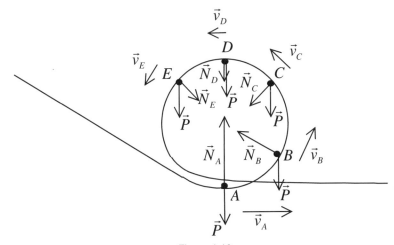

Figura 1.13

2. INTERACÇÕES E MOVIMENTOS

Introdução

Nesta secção faz-se uma abordagem dos conceitos físicos envolvidos na ligação racional entre as interacções a que os corpos estão sujeitos e os movimentos que executam. São considerados os movimentos de translação de corpos rígidos, tendo por base o modelo do ponto material. É feita uma análise à validade da aplicação deste modelo ao estudo destes movimentos.

Faz-se um apanhado de aspectos fundamentais da dinâmica que têm de ser entendidos pelos alunos, para que possam começar a perceber os esquemas conceptuais científicos sobre a ligação entre os movimentos dos corpos e as interacções a que estão sujeitos. Com frequência os esquemas conceptuais prévios e a confusão de significado das palavras utilizadas dificultam esta aprendizagem. Fazem-se propostas para a orientação dos professores na transmissão desses conhecimentos. São debatidos vários exemplos do dia a dia de aplicação dos conteúdos transmitidos. É feita alguma análise crítica a conteúdos de alguns livros de texto.

Depois de uma breve visita ao estudo de movimentos de rotação, fazem-se algumas considerações sobre a existência?... necessidade?... conveniência?... de "forças fictícias".

Movimentos de translação de corpos rígidos

Todos os corpos têm dimensões, por muito pequenas que sejam. Consideremos, por exemplo, uma pequena caixa. Podemos dizer que, num certo instante, ela ocupa uma determinada posição no espaço. Esta posição não pode, em geral, ser reduzida apenas a um ponto. No entanto, muitas vezes caracteriza-se o movimento de um corpo indicando uma *trajectória*, isto é, *uma sucessão de "pontos" pelos quais o corpo vai passando durante o intervalo de tempo em que tem o movimento que desejamos estudar*. Ou seja, muitas vezes ao estudar movimentos de corpos com dimensões tratamo-los como *pontos materiais* (aos quais atribuímos uma certa massa) que se movem, eventualmente sujeitos a forças.

Isto pode ser feito se apenas desejarmos estudar o movimento de translação de um sólido indeformável. Nestas condições, todos os pontos do sólido descrevem trajectórias com as mesmas características, exactamente com as mesmas velocidades e sujeitos às mesmas acelerações. Assim, o movimento do corpo tem as características do de qualquer um dos seus pontos. Quando estudamos um movimento de translação de um corpo com dimensões indicando as sucessivas posições de um ponto ao longo do tempo, apenas estamos a caracterizar a sucessão de posições de qualquer um dos seus pontos, por exemplo, no caso da caixa, a de qualquer um dos seus vértices.

Através das leis de Newton relacionamos o movimento deste ponto (e, como se disse, de qualquer outro ponto do sólido macroscopicamente indeformável) com o da resultante das forças que actuam sobre o corpo. Temos garantias que isso pode ser feito?

A resposta à pergunta anterior é afirmativa. Está provado matematicamente que isso pode ser feito para qualquer corpo com dimensões, macroscopicamente indeformável, que apenas tenha movimento de translação. O que nos garante esta afirmação são as consequências da definição de *centro de massa* de um corpo e do estudo dos *movimentos do centro de massa*. Pode, de facto, provar-se que:

- É possível para qualquer sistema de partículas (e um corpo pode sempre ser considerado como um sistema de partículas, os seus átomos ou moléculas, por exemplo) considerar um ponto matemático, o *centro de massa do sistema*, cuja posição em qualquer instante é dada por um vector posicional $\vec{r}_{CM}$ definido, em relação a uma origem O, através da expressão:

$$\vec{r}_{CM}(t) = (\frac{1}{M}) \sum_{k=1}^{N} m_k \vec{r}_k(t) \qquad (2.1)$$

em que m_k é a massa de cada uma das N partículas que compõem o sistema, cada uma com vector posicional $\vec{r}_k(t)$ em relação à mesma origem O, e sendo M a massa do sistema, $M = \sum_{k=1}^{N} m_k$. Num sistema indeformável o centro de massa ocupa sempre a mesma posição dentro do sistema. Portanto, se o corpo (sistema macroscopicamente indeformável) se mover com movimento de translação, o seu centro de massa move-se solidário com ele e descreve exactamente o mesmo movimento de qualquer um dos seus pontos.

- É possível provar que o centro de massa de qualquer sistema de partículas se move *como se fosse um ponto material* de massa igual à do sistema, sujeito à resultante de todas as forças que estão aplicadas no sistema por agentes exteriores a ele. Assim, caracterizando o movimento deste ponto (que se move solidário com o corpo rígido, executando um movimento igual ao de qualquer outro dos seus pontos, se o corpo tiver movimento de translação) caracteriza-se o movimento de translação do corpo.

Consideremos então, numa primeira abordagem, apenas as relações que existem entre as forças aplicadas num determinado corpo rígido e os consequentes movimentos de translação desse corpo. Como se justificou nesta introdução, neste contexto é possível pensar no corpo como se se tratasse apenas de um ponto (com massa igual à do próprio corpo) que se move sujeito à resultante de todas as forças exteriores que actuam sobre o corpo. O estudo que iremos fazer insere-se, portanto, no chamado *modelo do ponto material*.

Velocidade e aceleração

Já se conhecem as relações matemáticas que existem entre as variáveis posição, velocidade e aceleração. Então, uma vez conhecido o movimento de translação de um corpo num determinado intervalo de tempo – seja através do modo como (qualquer um dos seus pontos) descreve uma trajectória previamente definida, indicado ou pela função $s(t)$ ou pela função $x(t)$, seja através do conhecimento do seu vector posicional $\vec{r}(t)$ em cada instante contido no intervalo de tempo que dura o movimento – podemos matematicamente determinar a maneira como variam nesse intervalo de tempo a sua velocidade e a sua aceleração. Assim, muitas vezes se indicam indiscriminadamente as variáveis $\vec{r}(t)$, $\vec{v}(t)$ ou $\vec{a}(t)$ para caracterizar um determinado movimento de translação de um corpo (ou os correspondentes valores escalares, quando são conhecidas as trajectórias sobre as quais o corpo se tem de deslocar). Apenas há que ter em conta que, ao utilizar $\vec{v}(t)$ ou $\vec{a}(t)$ para descrever o movimento de um corpo é necessário conhecer as chamadas *condições iniciais do movimento*: no caso de ser dada a função $\vec{v}(t)$, é necessário conhecer a posição do corpo no instante em que se inicia o movimento; no caso de ser dada a função $\vec{a}(t)$, além da posição inicial teremos de conhecer a velocidade do corpo no mesmo instante inicial do movimento.

É verdade que a velocidade de um corpo num determinado instante é uma das características do movimento de translação desse corpo. No entanto a aceleração a que qualquer corpo está sujeito já não deve ser considerada *exclusivamente* como uma característica do movimento desse corpo, embora determine o modo como ele varia. De facto, a aceleração depende de propriedades do corpo cujo movimento se está a estudar (especificamente da sua massa de inércia) mas, para além disso, depende fundamentalmente das interacções a que o corpo está sujeito, isto é, dos efeitos que outros corpos (agentes exteriores) produzem sobre o corpo em causa.

De um instante para o outro, as interacções a que um corpo está sujeito podem variar bruscamente, mas a sua velocidade não. É, por exemplo, o que acontece com uma caixa que executa um movimento pendular suspensa de um fio, quando, por qualquer motivo, o fio é cortado. Antes e depois do fio ser cortado, os valores da aceleração da caixa são completamente diferentes, mas o valor da sua velocidade no instante imediatamente antes do fio ser cortado é igual ao seu valor no instante imediatamente depois do corte do fio.

Vemos então que a aceleração de um corpo pode variar bruscamente, não havendo qualquer modo de deduzir o seu valor num instante $t_1 + dt$ a partir do seu conhecimento no instante t_1. Neste contexto, dt é uma variação temporal muito pequena. Contudo a velocidade inicial da 2ª fase do movimento de qualquer corpo (depois da alteração das interacções a que está sujeito) é exactamente igual à velocidade que o corpo tinha no instante final da 1ª fase. Matematicamente, a função velocidade nunca é descontínua, mas a função aceleração pode sê-lo.

É neste sentido que, embora tenha sentido estudar por si o conceito de velocidade de um corpo, o que se faz muita vez na Cinemática, é pedagogicamente mais correcto fazer o estudo do conceito de aceleração associado ao de forças e resultantes de forças a que o corpo está sujeito.

Compreensão do conteúdo das leis de Newton

As leis de Newton fazem parte de um esquema, ou modelo físico, proposto por Newton (com base em estudos de outros cientistas, nomeadamente Galileu e Kepler) para relacionar os tipos de movimento (de translação) de todos os corpos macroscópicos com as interacções a que estão sujeitos. Este modelo é aplicável desde que os corpos tenham dimensões bastante superiores a 10^{-10}m, e executem movimentos de translação com velocidades de módulo bastante inferior a 10^8m/s. É evidente que estas condições são aplicáveis à maioria dos movimentos que observamos no nosso dia a dia.

Um aluno só compreenderá o conteúdo das leis de Newton – e poderá em consequência ser capaz de o aplicar a situações variadas, necessariamente diferentes das tratadas nas aulas – se:
- entender o conceito de força como interacção, algo *que actua sobre o corpo mas é provocado por um agente exterior ao corpo* cujo movimento se estuda; este entendimento é dificultado pelo facto de no dia a dia se falar

constantemente em "forças *dos* corpos", como, por exemplo, "a força *do* vento, a força *da* raquete de ténis e a força *das* barras de suspensão de uma ponte". Sugere-se que os professores tenham o cuidado de evitar este tipo de construção de frase, dizendo antes *a força que o vento pode aplicar sobre os ramos das árvores*, a *força que é possível aplicar com a raquete de ténis sobre uma bola* ou as *forças exercidas pelas barras de suspensão da ponte sobre o tabuleiro da mesma*, etc;

- perceber que não são apenas os seres vivos ou os corpos em movimento que conseguem aplicar forças. Por exemplo, é vulgar dizer-se que "um menino tem força", podendo portanto aplicar forças sobre outros corpos, que "um automóvel vai com muita força", podendo bater violentamente numa árvore num despiste, mas "uma mesa não tem força, apenas pode ser mais ou menos resistente", não sendo possível que aplique forças sobre outros corpos. São *conceitos animistas*, que atribuem a capacidade de exercer forças apenas a seres vivos ou a corpos em movimento como um automóvel, o vento ou as águas de um rio;

- entender que *dois corpos, exactamente os mesmos, podem exercer forças com características muito diferentes uns sobre os outros*, isto é, a força que, em determinadas condições, um corpo exerce sobre outro não é propriedade desse corpo. Por exemplo, uma mesa pode exercer forças diferentes sobre um livro que se coloca sobre ela, dependendo o seu valor do de outras forças devidas a outras interacções a que o livro possa estar sujeito, ou até do seu estado de movimento quando as forças são aplicadas. Como exemplo, considere-se a força que uma mesa exerce sobre o mesmo livro, no caso em que ele está simplesmente colocado sobre a mesa, ou quando cai sobre a mesa. Ou no caso em que ele está colocado sobre a mesa com e sem outro livro por cima;

- entender *que as forças existem aos pares*, isto é, nunca há apenas uma força que um corpo exerce sobre outro, mas, simultaneamente os dois corpos exercem, cada um sobre o outro, forças de módulos iguais, com a mesma direcção e sentidos opostos. Assim, quando se indica uma força a que um corpo está sujeito tem de saber-se exactamente a que *interacção* (qual o outro corpo) a que ela é devida. Isso evita que os alunos "inventem" forças a actuar durante determinados movimentos;

- entender que *um corpo parado pode estar sujeito a forças não nulas*, isto é, entender que as forças são vectores podendo anular-se os efeitos de duas ou mais forças que actuam sobre o corpo, o que não significa que elas não existam; os alunos poderão verificar que, se forem criadas as condições para que uma se anule, o corpo passará, eventualmente, a estar apenas sujeito à outra, e, consequentemente, o seu estado de movimento vai alterar-se. (Note-se que um estado de repouso é apenas um estado de movimento com velocidade constante e nula). É o que acontece, por exemplo, se um corpo está parado suspenso de um fio. Há neste caso, duas forças a actuar sobre ele, que se anulam. Cortando o fio o corpo fica apenas sujeito a uma dessas forças e cai;

• entender que *um corpo pode estar em movimento sem que qualquer força actue sobre ele*. Este conceito é muito difícil e contra-intuitivo; quando, por exemplo, no supermercado empurramos o carro de compras, se deixarmos de exercer força sobre ele, o carro pára. Daí ser intuitivo o **aluno pensar** que, para *manter o movimento* de um corpo é necessário que sobre ele esteja a actuar uma força ou várias forças com resultante diferente de zero. As razões que levam ao desenvolvimento destes esquemas conceptuais cientificamente incorrectos têm a ver com as observações (naturalmente sem preocupações científicas) que fazemos no nosso dia a dia. O que acontece em geral é que, como vivemos na Terra, todos os corpos são atraídos para baixo (para o centro da Terra, devido à atracção gravítica) de modo que nas condições vulgares em que os deslocamos, eles estão em contacto com uma superfície horizontal sólida. Nestas condições, o seu movimento é, em geral, de deslizamento, que, em determinados casos, pode ser mediado através da rotação de rodas. Como consequência, praticamente todos os movimentos dos corpos envolvem efeitos de atrito, seja cinético seja estático, seja de deslizamento seja até mesmo de rolamento. Nem sempre uma criança, ou mesmo o cidadão comum, está alerta para essa interacção quase omnipresente, e que, como tal, tem de ser considerada para o cálculo da resultante das forças a actuar sobre o corpo cujo movimento se quer estudar. Quando estamos a mover o carro de compras no supermercado com velocidade constante, exercendo uma força constante sobre ele, apenas estamos a compensar os efeitos de atrito, de modo que, no caso do movimento ser efectuado com velocidade constante, a *resultante de todas as forças que actuam sobre o carro é nula*.

• entender que *um corpo pode ter movimento num determinado sentido quando sujeito a forças de sentido contrário*. A capacidade de entender este ponto está relacionada com a do ponto anterior. Se compreender que o valor da velocidade de um corpo se mantém constante quando a resultante das forças que nele actuam for nula, o aluno tem facilidade em perceber que para diminuir o módulo da velocidade do corpo será necessário aplicar--lhe uma força de sentido contrário ao do movimento. No entanto, mesmo assim, é vulgar pensar-se que neste caso os corpos pararão de repente, não podendo haver qualquer intervalo de tempo (apreciável) durante o qual ainda se movam para a frente, quando sujeitos a uma força que aponta para trás. É, de facto, o que parece acontecer na experiência do dia a dia de cada um, nomeadamente com o carrinho de compras no supermercado, que pára assim que deixamos de exercer força sobre ele, ou com um armário que empurramos.

Neste contexto, é especialmente difícil para os alunos interiorizarem que um corpo lançado ao ar possa mover-se para cima apenas sujeito ao seu peso, uma força que aponta para baixo. Para uma melhor compreensão desta situação, os alunos devem ser exercitados no desenho das velocidades do corpo em posições diferentes durante a subida e verificar que a aceleração (relacionada com a alteração de velocidade) aponta para baixo, embora o corpo esteja a subir;

- entender que existem *forças impulsivas*, isto é, forças que apenas actuam durante determinados *intervalos de tempo relativamente breves*. Em geral consideram-se apenas os *valores médios* (constantes) dos módulos destas forças, quando se analisam os seus efeitos, e estes são previstos através da aplicação do teorema do impulso. Como exemplos de situações em que actuam forças impulsivas temos o caso em que se dá uma tacada numa bola de bilhar, ou o do efeito da mão que atira uma bola ao ar, ou o de um automóvel que choca com uma parede, ou o de uma caixa que cai no chão. Quando se estuda qualquer destas situações é conveniente fazer com que os alunos estejam conscientes que as condições de interacção do corpo em questão com o que o rodeia se alteram durante o movimento, de modo que as forças (e consequentes acelerações ou alterações de velocidade em intervalos de tempo pequenos) a considerar não são sempre as mesmas. Por exemplo, consideremos a situação da caixa que cai, parando em contacto com o chão. Quando uma caixa vem no ar, está apenas sujeita ao seu peso (se for desprezável a resistência do ar); durante esta parte do movimento (1ª fase) a sua velocidade aumenta. Quando toca no chão, com uma determinada velocidade, e até que a sua velocidade se anule (2ª fase), está sujeita ao peso e à força que o chão exerce sobre ela, uma força impulsiva. A intensidade da força exercida pelo chão no intervalo de tempo que corresponde à diminuição da velocidade da caixa não é constante, podendo considerar-se apenas o seu valor médio. Para provocar a alteração de velocidade descrita, o valor médio da força impulsiva exercida pelo chão tem de ter um módulo maior que o módulo do peso da caixa. Só nestas condições a resultante das forças aplicadas na caixa tem sentido ascendente. Finalmente, depois da caixa parar (3ª fase), a força exercida pelo chão terá um módulo igual ao do peso da caixa. No estudo destes movimentos é então conveniente utilizar o conceito de *fases do movimento*, de modo que durante cada fase se mantêm as forças que actuam, ou se consideram valores médios de forças quando elas são impulsivas, mudando-se de fase do movimento quando se alteram as interacções presentes. Como vemos, as acelerações variam bruscamente de fase para fase, mas a velocidade do corpo no instante final da 1ª fase é igual à velocidade inicial da 2ª fase, e assim sucessivamente.

- entender que há tipos de interacções entre corpos que só existem se os corpos estiverem *em contacto* (por exemplo, só conseguimos exercer uma força sobre um livro se houver contacto, directo ou indirecto, entre a mão e o livro), havendo outros tipos de interacção que se concretizam *à distância* (para um corpo ser atraído pela Terra não necessita de estar em contacto com ela, como é o exemplo óbvio de um pedaço de giz que cai, ou da Lua na sua órbita devido à atracção da Terra).

- entender que, como resultado de *interacções à distância*, existem (com actuação a nível macroscópico, portanto podendo provocar ou alterar movimentos observáveis em condições normais no nossos dia a dia – o que permite, neste contexto, não considerar explicitamente a existência das interacções nucleares forte e fraca) apenas 3 tipos de forças: *as forças gravíticas* (atracção entre corpos com massa, das quais apenas têm intensidade não desprezável as correspondentes a interacções com corpos de massa muito elevada, como a Terra e os corpos celestes), *as forças eléctricas* (atracção ou repulsão entre cargas eléctricas) e *as forças magnéticas* (atracção ou repulsão entre magnetes ou entre correntes eléctricas, efeitos que, como veremos, se podem atribuir à atracção ou repulsão entre cargas eléctricas em movimento).

- entender o que se pretende exprimir quando se fala de *inércia*. Neste ponto alguns livros de texto ajudam pouco. Para alguns deles, "a inércia traduz a tendência que um corpo tem a não mudar de velocidade", ou "é a oposição dos corpos a mudar o seu estado de repouso". Esta frase alimenta as *ideias animistas* de muito alunos, isto é, "forças são tendências", ou "os corpos resistem a efeitos de forças". Outros livros indicam que "um corpo pesado tem mais inércia que um corpo leve". Esta frase levará decerto os alunos a identificar os efeitos de inércia com o peso dos corpos e, eventualmente num nível mais avançado, com os efeitos de forças de atrito. Também se diz que "o cinto de segurança contraria a inércia" e que "a massa de um corpo é uma medida da sua inércia". Será que estas frases e outras semelhantes pretendem explicar a lei da inércia ou 1ª lei de Newton? Com estas frases todas, o que pensarão os alunos que é a inércia? Entende-se que quando um aluno percebe bem as leis de Newton, incluindo naturalmente o conceito de *massa de inércia* e o de *variação do momento linear*, envolvidos na 2ª lei de Newton (aplicada a corpos de massa constante, os únicos casos tratados até ao fim do 11º ano), tem bases para compreender porque é que, por exemplo, um passageiro num automóvel se desloca para a frente em relação ao carro se este travar bruscamente, ou porque é que quando se desligam os motores de um petroleiro (ficando portanto apenas sujeito ao efeito de resistência do meio em que se move) passará algum tempo até ele parar. Comparar a duração deste intervalo de tempo com a do intervalo de tempo necessário para que uma canoa pare quando se retiram os seus remos da água, fazendo um raciocínio simplista com base em "inércias" diferentes, é um exemplo de como se pode "tentar fazer passar conceitos de Física de modo absolutamente incorrecto". Mais à frente abordaremos a análise destas duas situações.

Publicidade confusa

Os professores também devem estar alerta para o cuidado que é necessário ter com a aprendizagem dos alunos, sujeitos às informações confusas, para não dizer incorrectas, contidas nos anúncios dos jornais e da televisão, por vezes até feitos com intenções pedagógicas. Por exemplo, dizer-se que o peso de uma criança que viaja num automóvel sem cinto de segurança aumenta até ao valor do peso de um elefante se o pai travar, é, no mínimo, anedótico. Mas, eventualmente, é muito prejudicial para a compreensão do valor das leis físicas. Como o cidadão comum sabe, ou intui, que isso não pode ser verdade, ou, pelo menos, que não é toda a verdade – uma vez que o carregar num travão de um automóvel não pode aumentar o peso de ninguém – e como a linguagem utilizada é (pseudo) científica, este tipo de afirmação poderá levar a pensar que "lá estão os cientistas a dizer coisas estranhas, só para nos fazerem andar mais devagar...". Quanto aos alunos que estão a iniciar os seus estudos de Física, ou não ligam a anúncios, ou não estão com atenção nas aulas, ou deveriam pedir esclarecimentos aos professores sobre as afirmações contraditórias que lhes chegam. Talvez não o façam precisamente devido à criação nos seus espíritos de dois mundos distintos: o real (do anúncio e da vida do dia a dia) e o científico (cujas "regras" de comportamento o professor lhes ensina, que pouco tem a ver com a realidade e que apenas precisam de aprender para fazer as provas de avaliação e os exames). Esta situação está descrita em resultados de investigação educacional, pelo que as suas consequências devem ser conscientemente enfrentadas pelos professores.

Uma proposta para fazer o estudo dos movimentos de translação dos corpos e das forças que os influenciam

Estando alerta para todas as confusões que a maioria dos alunos faz acerca dos movimentos de translação dos corpos e das causas das suas alterações, penso que uma vez explicado o conceito de força como traduzindo interacções entre corpos, e analisadas situações variadas do dia a dia em que há efeitos de forças, deve solicitar-se ao aluno que desenhe esquemas de forças que representam as várias interacções em jogo em situações reais simples. Deverão fazer-se esquemas independentes para cada um dos corpos que interactuam, isto é, por exemplo quando se estão a considerar as forças aplicadas num livro em repouso sobre uma mesa, que por sua vez está no chão, deverão fazer-se pelo menos dois esquemas, um com as forças aplicadas no livro e outro com as forças aplicadas na mesa. Assim os alunos terão contacto com uma primeira concretização do conceito de forças aplicadas em cada corpo, devidas às várias interacções a que os corpos estão sujeito, e poderão perceber melhor o conteúdo da 3ª lei de Newton.

Nos esquemas de aplicação solicitados aos alunos deve ser prestada atenção à direcção, sentido e comprimento dos vectores desenhados, devendo este último traduzir claramente os valores relativos dos módulos das forças representadas pelos vectores esquematizados, isto é, forças com módulos iguais devem ser representadas por vectores de comprimentos iguais. Devem ser abordados movimentos em planos inclinados, considerando, ou não, efeitos de atrito, bem como movimentos em calhas.

Os alunos devem explicar, oralmente ou por escrito, o que estão a representar nos esquemas. Deve haver um especial cuidado da parte do professor para usar uma linguagem clara e correcta e também para a exigir do aluno, corrigindo-o sempre que necessário. No entanto deve ter-se a noção que os alunos não apreendem de imediato todos os conceitos que lhes estamos a transmitir, necessitando de tempo, exemplos de concretização dos seus raciocínios e discussão para se aperceberem se de facto estão a compreender. Não basta que sejam postos em contacto com uma nova técnica para lidar com conceitos que até ao momento já lhes eram familiares, mas que apenas utilizavam em contextos muito pouco exigentes, em termos do rigor com que os devem tratar cientificamente. Tanto os alunos como o professor necessitam de se aperceber se a mensagem que cada um transmite para o outro está a ser recebida e compreendida de modo cientificamente correcto.

De seguida, e supondo que os conceitos de aceleração e momento linear já estão definidos, passar-se-á ao enunciado da 2ª lei de Newton e ao conceito de massa de inércia. Aqui deverá chamar-se a atenção dos alunos para o facto de o valor de *m* que aparece na 2ª lei de Newton, e que se define como *massa de inércia*, ser exactamente igual ao conceito já utilizado na definição de momento linear, o de massa do corpo (quantidade de substância de que o corpo é feito). Não será difícil fazer isto, visto que a intuição levará os alunos a identificar estes conceitos.

Nesta altura pode utilizar-se o laboratório para mostrar aos alunos que as forças envolvidas num par acção-reacção têm mesmo módulos iguais: para tal, pode fazer-se uma experiência na qual dois carros, no início juntos, são propulsionados por uma mola elástica contida num deles, de modo que se afastam um do outro, indo bater em anteparos montados nos extremos de uma calha horizontal comprida. Numa primeira experiência os dois carros podem ter massas iguais. Neste caso verifica-se que, se a sua posição inicial for exactamente a meio da calha e se as suas rodas puderem rodar livremente sem atritos com os eixos, eles vão bater simultaneamente nos dois anteparos. Analisando as forças a que cada um dos carros está sujeito no pequeno intervalo de tempo da descompressão da mola, tendo em consideração a 2ª lei de Newton aplicada a forças impulsivas (que duram apenas um pequeno intervalo de tempo) ou, o que é equivalente, o teorema do impulso, fazendo a análise das forças aplicadas sobre os carros durante o seu movimento sobre a calha e sabendo as características dos movimentos rectilíneos uniformes, pode facilmente levar-se os alunos a concluir que os módulos das forças que traduzem a interacção entre os carros têm de ser iguais.

A experiência deve ser repetida para a situação em que os carros não têm massas iguais. Deve notar-se neste caso que, para que batam simultaneamente nos anteparos nos extremos da calha, já não podem partir do seu ponto médio. Medindo as distâncias do ponto de partida a cada um dos dois extremos, pode concluir-se qual a relação de velocidades imediatamente após a descompressão da mola. Conhecendo os valores das massas dos carros, pode concluir-se que, ainda neste caso, os módulos das forças de interacção entre os dois carros têm de ser iguais. Esta experiência, de montagem relativamente fácil, pode contribuir para convencer os alunos que a lei da igualdade da acção-reacção é aplicável quer os corpos que interactuam tenham a mesma massa, quer tenham massas diferentes. Este é um conceito que causa muitas confusões nos alunos, fazendo-os, por vezes, voltar a esquemas conceptuais incorrectos mesmo depois de já se terem convencido de algumas vantagens dos esquemas científicos. Os alunos parecem perceber as leis de Newton em determinados contextos, mas não as aceitar quando é solicitada a sua aplicação em contextos diferentes.

A realização experimental que se descreveu pode ser muito útil para discutir conceitos vários sobre as forças que actuam nos corpos e os movimentos que os corpos têm, sobre o conceito de sistema, sobre a noção de forças exteriores e forças interiores, sobre a conservação ou variação de momentos lineares dos sistemas, etc. Assim, propõe-se que seja explorada solicitando a intervenção activa dos alunos, por exemplo na previsão de consequências da alteração das condições experimentais. De seguida devem fazer-se as observações e a análise dos resultados (que neste caso pode ser qualitativa ou mesmo quantitativa, sem que envolva demasiados cálculos e medições), tenham estes sido correctamente previstos ou não.

Resultante de forças

Deverá ser feita referência explícita ao facto de as consequências (sob o ponto de vista de movimentos de translação de corpos rígidos) da acção de várias forças simultâneas ser igual às da sua resultante. Deverá fazer-se o cálculo de resultantes de forças, seja através do desenho de esquemas de vectores envolvidos na resolução de problemas correspondentes a situações mais ou menos simples, seja no laboratório.

Devem também ser abordados exemplos em que não é nula a resultante das forças aplicadas sobre o corpo cujo movimento se estuda, como, por exemplo, no caso de um projéctil que se atira pelo ar, com movimento rectilíneo ou curvilíneo, no caso do pêndulo ou no do looping. Os alunos poderão desenhar as forças aplicadas ao corpo quando este se encontra em diversos pontos da trajectória, explicando a que são devidas e indicando os valores relativos dos seus módulos. Poderá ser discutido com os alunos ou entre eles (por exemplo, em trabalhos de grupo com relatório final) como se altera a velocidade de um corpo quando descreve, por exemplo, o looping, ou quando executa um movimento pendular. Partindo do estudo qualitativo da alteração da velocidade (podem desenhar os vectores velocidade em dois pontos e fazer um esquema da respectiva variação), deverão concluir se existe ou não aceleração em determinados pontos escolhidos sobre a trajectória. Relacionar essa aceleração com a resultante das forças – que já desenharam anteriormente – completa um trabalho em que quase todos os conceitos envolvidos no estudo dos movimentos dos corpos e na sua relação com as forças aplicadas são abordados.

Lei da inércia, massa de inércia

Deve ser dada alguma atenção à *lei da inércia*, embora neste nível ela apareça mais como um caso particular da 2ª lei de Newton, do que como uma lei fundamental – tão fundamental que é a verificação da sua aplicabilidade num determinado referencial, que permite, ou não, aplicar nesse referencial as outras leis de Newton. No entanto, este aspecto específico, bem como o de "forças fictícias", só deverá ser debatido muito mais tarde, numa eventual segunda abordagem das leis de Newton já compreendidas.

Mas são tantas as ocasiões do dia a dia explicadas por aplicações da lei da inércia, e são, por vezes, tais as confusões que a sua interpretação suscita, que a ela iremos dedicar algum tempo.

Por exemplo, considere-se a situação de um passageiro que se desloca num carro. O condutor carrega nos travões, o carro pára bruscamente e o passageiro "é lançado" para a frente se não tiver o cinto de segurança. Como explicar toda esta situação?

Tendo percebido a 2ª lei de Newton, os alunos entendem que o carro parou devido ao atrito dos pneus com a estrada, quando os travões bloquearam as rodas que até então rolavam. A força de atrito aponta neste caso no sentido contrário ao do movimento que o carro tinha, fazendo assim diminuir a sua velocidade.

Quanto ao passageiro podem acontecer duas coisas: ou ele tem o cinto de segurança apertado e este, ligado aos bancos do carro, aplica sobre o passageiro uma força retardadora, que o faz parar mais ou menos ao mesmo tempo que o carro, ou este não tem o cinto de segurança apertado e sobre ele não actua, num primeiro instante, qualquer força retardadora. Assim, ele tem de continuar com a velocidade com que se movia antes da travagem (igual à velocidade com que se movia o carro) que o faz continuar a deslocar-se para a frente enquanto o carro se imobiliza. Pode acontecer que sobre ele seja aplicada a força retardadora das costas do banco da frente, contra as quais ele choca. Não sendo esse o caso, ele pode embater no vidro da frente, parti-lo e, embora sofra um efeito retardador devido a esse embate, nos casos em que a velocidade do carro antes da travagem é muito elevada pode ir embater na estrada ou num muro, sendo-lhe por estes aplicada uma força que, de facto, o faz parar.

Como se pode compreender, nos casos em que a velocidade do carro antes da travagem é muito elevada, a velocidade do corpo projectado pela janela da frente pode ainda ter um valor considerável, e essa velocidade vai ser anulada pelo efeito da força aplicada pela estrada ou por um muro no qual o corpo bate. Nestas condições, a componente horizontal desta força pode ser muito elevada. O seu valor depende da massa do corpo, da componente horizontal da velocidade com que o corpo chega ao chão ou ao muro e do intervalo de tempo que dura o impacto com o obstáculo – *mas é um valor independente do peso do corpo*.

Esta situação é um bom exemplo para consolidar a compreensão da lei da inércia e o conceito de impulso de uma força e da sua relação com a variação de momento linear do corpo sobre o qual actua. Mas, como vemos, não há qualquer fundamento para relacionar o facto de se travar um automóvel com o "aumento de peso de um corpo"!

Um outro exemplo que, por vezes, é utilizado como ilustração da "inércia" diferente de corpos diferentes, é o do caso do movimento de um petroleiro que, ao desligar os motores, leva mais tempo para se imobilizar que uma canoa, na qual se retiram os remos da água. Este exemplo é muito mal escolhido e o seu tratamento nalguns livros de texto ainda é mais infeliz. A nenhuma destas situações se pode aplicar a lei da inércia, pois, quando se desligam os motores de um barco ou se retiram os remos de uma canoa da água, não temos corpos em movimento uniforme, embora este seja, em geral, rectilíneo. Se o movimento fosse uniforme, sendo aplicável a lei da inércia os corpos não paravam mais...

Se o que se pretende é tirar conclusões sobre massas de inércia de corpos comparando efeitos de forças sobre corpos diferentes, devem escolher-se situações em que as forças aplicadas sejam iguais. Só nesse caso é que, perante efeitos diferentes se podem tirar conclusões sobre as respectivas massas de inércia. Ora, no caso do petroleiro e da canoa nas situações referidas, embora as forças aplicadas durante os movimentos sejam devidas à resistência do meio em que os dois se encontram, a água, elas têm grandezas muito diferentes.

Uma característica destas forças é que o seu módulo depende da velocidade dos corpos em que actuam, calculada em relação à água. Este factor apenas seria igual nos dois casos se as velocidades dos dois corpos, barco e canoa, fossem iguais no instante em que se desligou o motor e se retiraram os remos da água, e se permanecessem sempre iguais uma à outra.

Mas outra característica das forças de resistência de um fluido ao movimento de um corpo nele total ou parcialmente mergulhado é a sua dependência da área frontal (perpendicular à direcção do deslocamento) do volume do corpo mergulhado. Ora, atendendo ao princípio de Arquimedes, no caso do petroleiro o volume de barco mergulhado tem de ser igual ao volume de água com peso igual ao do petroleiro. Este volume é muito diferente do volume de água deslocado pela canoa, necessário para equilibrar o peso da canoa.

Assim, o exemplo citado – que pode ser utilizado como tema muito rico de discussão e aplicação das leis de Newton se os alunos conhecerem as características das forças de resistência de um meio fluido ao deslocamento de um corpo sólido através dele e se conhecerem o princípio de Arquimedes – é tratado, nos livros que o referem, sem profundidade e de modo, pelo menos, algo incorrecto e até incompreensível, contribuindo apenas para aumentar a confusão dos alunos e as convicções de muitos dos nossos jovens de que a Física é uma ciência muito abstracta e difícil de compreender...

Forças impulsivas e movimento de graves

Um outro aspecto que deverá ser especificamente tratado com os alunos é o que se relaciona com as *forças impulsivas*. Neste contexto, um bom exemplo a explorar é o do lançamento vertical para cima de um corpo qualquer, por exemplo um pedaço de giz. Para uma melhor compreensão, este exemplo deve ser motivo de uma discussão em termos científicos (por exemplo, entre grupos de alunos, com um pequeno relatório final) sobre a descrição física do que de facto se está a passar. Nesta situação, ao pretender fazer os alunos raciocinar sobre o movimento ascendente do corpo, pode-se perguntar-lhes que força ou forças estão aplicadas nele durante a subida. Alguns alunos, eventualmente, falarão do peso do giz e "da força da mão". É a oportunidade de os fazer pensar em forças de contacto e forças à distância. A força exercida pela mão sobre o pedaço de giz é uma força de contacto ou uma força que se faz sentir à distância? Os alunos terão de concluir que é uma força de contacto. Ninguém é capaz de exercer, com a sua mão, uma força sobre um corpo qualquer, se a mão não estiver em contacto, directo ou indirecto, com ele.

Sendo assim, quando o pedaço de giz deixa de estar em contacto com a mão de quem o lança, a força aplicada pela mão já não existe! A força exercida pela mão durante o lançamento – 1ª fase do movimento – é uma força impulsiva, que, juntamente com o peso do corpo, lhe comunicou uma velocidade vertical, apontando para cima (aquela com que o giz abandona a mão que o lançou). Esse é o valor da velocidade no instante em que o corpo inicia o (no instante inicial do) seu movimento ascendente, agora apenas sujeito ao seu peso (força de atracção que a Terra exerce sobre ele) – 2ª fase do movimento.

O pedaço de giz move-se para cima. Deverá pedir-se aos alunos que desenhem a velocidade inicial do movimento. Essa velocidade vai manter-se? Os alunos dirão que não. Poderão ser facilmente levados a concluir que o módulo da velocidade vai diminuir até que o giz atinja o ponto mais alto da sua trajectória. Pode pedir-se ao aluno que desenhe a velocidade em dois pontos distintos da subida, e que calcule o valor de $\Delta \vec{v} = \vec{v}_{final} - \vec{v}_{inicial}$. Ele verificará que $\Delta \vec{v}$ aponta para baixo. Portanto esse será o sentido da aceleração. É claro que também é esse o sentido do peso ou força gravítica a que o corpo está sujeito.

Mas o professor deve reconhecer que não há dúvida nenhuma que, se não fosse a força impulsiva inicial comunicada pela mão, o pedaço de giz *não iniciava* a subida. Essa força foi necessária durante uma primeira fase do movimento em que existiam duas forças a actuar sobre o giz, a força exercida pela mão e o peso do pedaço de giz. Durante o intervalo de tempo que dura o lançamento, a força média exercida pela mão tem de ter um módulo superior ao do peso do pedaço de giz, para que a resultante das forças que actuam sobre o giz aponte para cima e lhe comunique uma aceleração vertical para cima. Esta faz a sua velocidade passar do valor inicial zero para o valor final da 1ª fase, com determinado módulo e sentido para cima, que virá a ser exactamente a velocidade inicial da 2ª fase.

Movimentos de translação e de rotação

Em geral, qualquer movimento de um corpo pode ser considerado como um sobreposição de uma rotação em torno de um eixo, com a eventual translação desse eixo. Assim, por exemplo, se uma bola desce um plano inclinado, rolando, ela tem um movimento de rotação em torno de um eixo que passa pelo seu centro, e esse eixo vai-se deslocando ao longo do plano num movimento de translação paralelo ao plano.

O estudo dos *movimentos de translação* de qualquer corpo rígido fazem-se através da aplicação do modelo do ponto material descrito até aqui, ou seja, através do estudo do movimento do centro de massa do sistema de pontos materiais que é o corpo rígido, sujeito à resultante de todas as forças que actuam no corpo devido a agentes exteriores ao corpo.

Especificamente a 2ª lei de Newton para um *ponto material* pode escrever-se

$$\vec{R} = m\vec{a} \qquad (2.2)$$

sendo $\vec{R}$ a resultante das forças que actuam no ponto material, m a sua massa e $\vec{a}$ a aceleração desse ponto material. Para um *corpo com dimensões* considerado um sistema de partículas escreve-se:

$$\vec{R}^{(exteriores)} = M \vec{a}_{CM} \qquad (2.3)$$

sendo $\vec{R}^{(exteriores)}$ a resultante de todas as forças que actuam sobre o corpo devidas a agentes exteriores ao corpo, M a massa do corpo e $\vec{a}_{CM}$ a aceleração do centro de massa do corpo.

Vemos então que *no estudo de movimentos de translação apenas é necessário calcular a resultante de todas as forças exteriores que actuam sobre o corpo, não havendo necessidade de saber explicitamente em que ponto do corpo essas forças actuam*. Assim, neste contexto, nos esquemas de forças que actuam sobre um corpo o mais importante é que não haja dúvidas sobre qual dos corpos as forças estão a actuar, devendo estas ser desenhadas bem dentro dos corpos em que actuam e não em superfícies de contacto com outros corpos.

É necessário ter uma atenção especial aos esquemas correspondentes a corpos em que estão aplicadas as forças envolvidas em pares acção-reacção resultantes da sua interacção mútua, como, por exemplo, no caso de um bloco que se desloca sobre outro, existindo entre eles forças de atrito. Mais importante do que os pontos onde na realidade estão a actuar as forças – neste exemplo, em pontos sobre as duas superfícies em contacto – é não haver dúvidas sobre qual o corpo em que cada uma está a ser aplicada. Só quando esta distinção está claramente representada é que o problema de calcular a resultante das forças aplicadas sobre cada corpo pode ser correctamente resolvido.

Note-se no entanto que não é necessário ter o cuidado de desenhar "exactamente no centro de massa (no centro de um corpo homogéneo com forma regular)" as forças aplicadas em qualquer corpo. Na realidade, quando o fazemos podemos estar a alimentar nos alunos uma certa confusão, muitas vezes por eles expressa quando afirmam que "as forças exteriores estão aplicadas no centro de massa".

Quando os alunos pensam deste modo, erram a análise de situações em que pode haver movimento de rotação. De facto, no caso de poder haver *movimento de rotação* do corpo, as equações que se aplicam para o estudo destes movimentos envolvem *momentos de forças* e a noção de *momento angular do corpo*. Nestes cálculos é necessário saber em que pontos do corpo estão aplicadas as forças.

Como consequência, *sempre que há a possibilidade de haver movimentos de rotação é necessário ter-se o cuidado de desenhar as forças exteriores aplicadas no corpo tão exactamente nos pontos em que estão aplicadas quanto possível.*

A equação que permite o estudo de movimentos de rotação é:

$$\vec{M}_O^{(exteriores)} = \frac{d\vec{L}_O}{dt} \quad (2.4)$$

em que $\vec{M}_O^{(exteriores)}$ é o momento resultante das forças aplicadas no corpo por agentes exteriores, calculado em relação a uma origem O fixa ou em relação ao centro de massa do corpo, e $\vec{L}_O$ é o momento angular do sistema de partículas que é o corpo, calculado em relação à mesma origem.

Nos casos em que os corpos têm movimentos de rotação em torno de *eixos principais de inércia* – e muitos eixos de simetria dos corpos são eixos principais de inércia – a expressão (2.4) simplifica-se, vindo expressa em função do momento de inércia I do corpo rígido em relação ao eixo de rotação em causa, e da aceleração angular $\vec{\alpha}$ (derivada em ordem ao tempo do vector rotação $\vec{\omega}$. Este vector tem um módulo igual ao da velocidade angular ω e a direcção do eixo de rotação, sendo o seu sentido o da progressão de um saca-rolhas que roda com o sentido do movimento).

Nestas condições podemos escrever

$$\vec{M}_O^{(exteriores)} = I\frac{d\vec{\omega}}{dt} = I\vec{\alpha} \quad (2.5)$$

Esta expressão será numa secção seguinte utilizada no estudo dos efeitos de forças de atrito de escorregamento, que, entre outras causas, podem provocar rolamento dos corpos.

Referenciais de inércia e forças fictícias

Pode à primeira vista parecer um pouco estranho falar em *forças fictícias* numa secção sobre as leis de Newton. A verdade é que *nas situações em que são aplicáveis as leis de Newton, não existem forças fictícias*. É nesse sentido que por vezes se afirma que as forças fictícias não existem. Mas, se não existem, porque é que a água sai da roupa numa centrifugadora? E porque é que as pessoas são projectadas para fora quando viajam num automóvel que descreve uma curva, tanto mais violentamente quanto maior for o módulo da velocidade do automóvel ou menor for o raio de curvatura da trajectória?

Para responder a estas questões e explicar se existem ou não as forças fictícias, teremos de nos debruçar sobre a aplicabilidade das leis de Newton. Já afirmámos que elas são apenas aplicáveis ao estudo dos movimentos de corpos com dimensões apreciáveis, animados de velocidades muito inferiores à velocidade da luz. Mas, satisfeitas estas condições que são verificadas em todos os movimentos que observamos no nosso dia a dia, as leis de Newton apenas são válidas se os movimentos em causa forem descritos em relação a *referenciais de inércia*.

Como sabemos, qualquer movimento tem de ser descrito em relação a um referencial. Isso significa que a descrição desse movimento é a que seria feita por um observador colocado no referencial em causa. Por exemplo, quando se descreve um movimento efectuado por uma mosca numa sala de aula, o referencial pode ser constituído por quaisquer três eixos perpendiculares ligados à sala, que se encontram num ponto designado por *O*, a origem dos vectores posicionais que indicam as várias posições da mosca. Muitas vezes as três arestas da sala de aula e o canto da sala onde se encontram servem para constituir este referencial.

Diz-se que um *referencial é de inércia* se estiver parado ou se se mover com movimento rectilíneo uniforme, isto é, se a sua velocidade for constante. Atendendo a esta definição, qualquer referencial que se move com velocidade constante em relação a um referencial de inércia é, ele próprio um referencial de inércia.

Será que os referenciais que em geral escolhemos, ligados à Terra como o sistema de eixos escolhido na sala de aula – portanto a mover-se solidários com ela – são de inércia?

O conhecimento que temos sobre a definição de referenciais de inércia e sobre os movimentos da Terra, dão-nos razões para duvidar! Todos sabemos que a Terra tem um movimento que se pode considerar a sobreposição de dois: o seu movimento de translação em torno do Sol, que não é rectilíneo embora seja quase uniforme, e um movimento de rotação, este uniforme, em consequência do qual qualquer ponto da superfície da Terra executa, em vinte e quatro horas, uma volta completa em torno de um eixo que passa pelo centro do planeta.

Embora se possam considerar uniformes estes dois movimentos, eles são curvilíneos, e portanto qualquer referencial ligado às paredes da sala de aula está animado de uma aceleração centrípeta. Isso parece levar-nos a concluir que, para estudar os movimentos de corpos quando a descrição das suas características é feita por observadores na Terra como todos nós, *nunca* poderemos aplicar as leis de Newton...

É óbvio que esta afirmação não pode ser verdadeira. Na realidade as leis de Newton são aplicáveis quando os movimentos são estudados:
* em relação a referenciais de inércia, ou
* em relação a *referenciais que se comportam como referenciais de inércia*.

Mas como é que podemos saber se um dado referencial *se comporta como sendo de inércia*?

Isso pode ser feito de modo muito simples, verificando se, *em relação a ele, é ou não aplicável a lei da inércia*.

De facto, a lei da inércia tem um enunciado extremamente simples de verificar. Consideremos um caso em que temos a certeza que a resultante das forças aplicadas num corpo é nula. Por exemplo, um corpo colocado sobre uma mesa horizontal. As forças em causa são o seu peso $\vec{P}$ e a força normal que a mesa aplica sobre o corpo, $\vec{N}$. Essas duas forças anulam-se. Qual é a velocidade do corpo em relação à sala? É constantemente nula. Então, num referencial fixo na sala está a verificar-se a lei da inércia. Essa é a prova experimental que nos permite aplicar as leis de Newton ao estudo de movimentos de corpos em relação a referenciais ligados à Terra.

Mas isto será válido em quaisquer circunstâncias, isto é, um referencial ligado à Terra comporta-se *em quaisquer circunstâncias* como sendo referencial de inércia?

Não comporta, e por isso é necessário ter cuidado com a análise das condições experimentais. Como exemplo, consideremos a experiência do pêndulo de Foucault, na qual uma esfera com massa apreciável oscila em torno da sua posição de equilíbrio suspensa por um fio de comprimento elevado, da ordem da dezena de metros. Verifica-se, ao fim de algum tempo, que o plano definido pelo fio e pela trajectória circular da esfera rodou em torno do eixo formado pelo fio de suspensão na sua posição vertical, ou seja, em torno da vertical do lugar em que se realiza a experiência. Como este movimento de rotação não pode ser atribuído às forças aplicadas na esfera (o seu peso e a força de tensão aplicada pelo fio), temos de concluir que um referencial ligado à Terra tem movimento de rotação, não se comportando como referencial de inércia. Nestas condições – ponto de suspensão muito mais alto que o local em que se move a esfera, e medições experimentais da alteração da posição da mesma efectuadas durante um longo (dezenas de minutos) intervalo de tempo – não é possível aplicar as leis de Newton para estudar o movimento desta esfera em relação à Terra, sem ter em atenção o movimento de rotação do nosso planeta.

No entanto, nas condições normais de observação dos movimentos que nos rodeiam no nosso dia a dia podemos, sem receio, aplicar as leis de Newton – *visto que nestas condições se verifica a lei da inércia*. Isto é válido quer os movimentos sejam descritos em relação a referenciais ligados à Terra ou a referenciais que se movam com velocidades constantes em relação à Terra.

Neste contexto, como explicar o que se passa num automóvel quando somos projectados lateralmente para fora, se for descrita uma curva?

Comecemos por considerar uma fase inicial em que o automóvel se move com velocidade constante, num movimento rectilíneo, antes de começar a descrever a curva. O passageiro está sujeito ao seu peso e à força vertical que o assento exerce sobre ele. Estas duas forças anulam-se. O passageiro tem velocidade constante, igual à do automóvel. É verificada a lei da inércia, quer se considere um referencial ligado ao automóvel (no qual o passageiro, sujeito a um conjunto de forças de resultante nula, está em repouso), quer se considere um referencial ligado à Terra (no qual o passageiro, sujeito a um conjunto de forças de resultante nula se move com velocidade constante). Assim, os dois referenciais considerados são referenciais de inércia. Isso não admira porque se afirmou já que se um referencial for de inércia, qualquer outro que se mova em relação a ele com velocidade constante também é referencial de inércia.

Suponhamos agora que o automóvel, mantendo a mesma velocidade escalar, começa a descrever uma curva. Analisemos os movimentos do passageiro e do automóvel em relação à Terra, ou seja, por um observador fora do carro. Antes de curvar, o automóvel tem uma determinada velocidade, igual à do passageiro. Sobre o automóvel começaram a actuar forças de atrito centrípetas, devidas ao contacto dos pneus com o chão e provocadas por uma rotação dos pneus em torno de um eixo vertical, consequência da rotação do volante. O automóvel passa a descrever uma curva. Sobre o passageiro não actua qualquer força centrípeta. O passageiro continua com o movimento rectilíneo caracterizado pela velocidade de que vinha animado, ou seja a sua velocidade mantém-se constante, de acordo com a lei da inércia. Como o automóvel curva e o passageiro segue em linha recta, este vai bater na porta lateral do carro, parecendo ter sido atirado para fora da trajectória do carro. Mas este movimento em relação ao carro não é devido a qualquer força que actuasse no passageiro. Ele apenas não acompanhou o movimento do carro porque sobre ele não actuou nenhuma força centrípeta. Se o passageiro tiver um cinto de segurança que o ligue ao carro, quando este descreve a curva faz o cinto aplicar sobre o passageiro a necessária força centrípeta para ele poder acompanhar o movimento do carro.

Na descrição anterior não há qualquer actuação de eventuais forças fictícias. As forças fictícias não existem nas condições em que são aplicáveis as leis de Newton, isto é, quando os movimentos são descritos em relação a referenciais que se comportam como referenciais de inércia.

Mas analisemos agora o movimento do passageiro em relação ao automóvel. Suponhamos que o passageiro vai tão distraído que nem se apercebe do próprio movimento do automóvel (para uma situação mais real, suponha-se que as janelas do automóvel vão tapadas). Isso é possível enquanto o movimento for rectilíneo uniforme, seja qual for o módulo da velocidade. Sabemos perfeitamente que, num avião ou num comboio de alta velocidade que viaja de noite, não nos apercebemos do valor da sua velocidade. Apenas notamos alterações de velocidade, sejam estas devidas a variações do seu módulo ou da sua direcção, ocorrendo estas últimas quando o avião ou o comboio descrevem uma curva.

Então consideremos a situação do passageiro no automóvel que se desloca com velocidade constante, e que não nota o movimento do referencial em que se encontra – o automóvel. De repente, sem saber porquê, o passageiro sente-se atirado lateralmente para fora do carro.

O que se passa? Se souber as leis de Newton ele só poderá pensar: "Se a minha velocidade se alterou, houve, pelo menos, uma força que me foi aplicada, mas quem a aplicou? Foi, decerto, uma força centrífuga, uma vez que eu fui atirado lateralmente para fora do carro. Mas a que interacção foi devida? Será que não é válida a 3ª lei de Newton e só se aplica a 2ª? *Então esta força não é uma força de Newton!*" Será uma *força fictícia*? Então o referencial em que me encontro não se comporta como referencial de inércia!"

Como nota final destas considerações, veja-se que não é matematicamente impossível aplicar o conteúdo da 2ª lei de Newton quando se estudam movimentos em relação a referenciais não inerciais. Mas nesses casos esta lei tem de ser "adaptada", tendo em consideração o valor da aceleração do referencial não inercial. Este efeito aparece sob a forma de *forças fictícias* que se têm de introduzir na 2ª lei de Newton como se se tratasse de forças aplicadas no corpo, *cujo valor vectorial é igual ao produto da massa do corpo pelo simétrico da aceleração do referencial não inercial*.

Entendidas sob este ponto de vista, as forças fictícias são apenas "artifícios" que se introduzem na 2ª lei de Newton para possibilitar a sua utilização no estudo de movimentos de corpos em relação a referenciais que não são de inércia. Há, de facto, movimentos cujo estudo se torna matematicamente mais fácil se forem descritos em relação a referenciais não inerciais. Em função das nossas conclusões, esse estudo implicará a utilização de forças fictícias.

3. EFEITOS DE ATRITOS

Introdução

Já afirmámos que na nossa vivência do dia a dia estamos rodeados de corpos em movimento. E esta generalização é muito mais alargada se pensarmos que um corpo em repouso em relação a outro qualquer (referencial) apenas tem, em relação a esse outro, um movimento com velocidade nula.

Muitos dos corpos que nos rodeiam são sólidos, o que nos permite atribuir-lhes uma forma rígida. A maioria desses sólidos, ou está em repouso sobre outros sólidos ou a deslocar-se em contacto com eles. Exemplos de situações deste tipo são um carro com compras que empurramos no supermercado, uma caixa que desliza sobre o chão quando a empurramos, um automóvel que está parado numa ladeira, mais ou menos inclinada, ou uma bola que rola numa rampa do pátio de uma escola. Em todos estes casos há *deslizamento* ou *tendência para o deslizamento* relativo de dois corpos sólidos em contacto um com o outro.

Consideremos uma situação em que temos um caixote de massa M de valor elevado, suspenso do tecto de uma fábrica por uma corrente metálica comprida. O caixote encontra-se em equilíbrio. Suponhamos que pretendemos pôr o caixote em movimento, tentando afastá-lo ligeiramente da sua posição de equilíbrio. Para isso exercemos sobre o caixote uma força horizontal $\vec{F}_1$, que lhe comunica uma pequena aceleração horizontal $\vec{a}_1$ (pondo-o em movimento com uma velocidade diminuta). Comparemos esta situação com outra em que o mesmo caixote está parado no chão. Todos sabemos que se quisermos que o caixote se mova com a mesma aceleração $\vec{a}_1$, conseguida no exemplo anterior com a força $\vec{F}_1$, temos agora de exercer sobre ele uma força muito mais intensa que a força $\vec{F}_1$.

Qual é a diferença entre as duas situações descritas? Trata-se do mesmo caixote, com a mesma massa de inércia. Mas na segunda situação, para que o caixote se mova ele tem de deslizar (ou escorregar) em contacto com o chão. Nesta situação, o contacto com o chão "diminui" o efeito da força aplicada! Na realidade podemos dizer que essa "diminuição" é devida à *interacção entre o caixote e o chão*. E essa interacção pode, como qualquer outra interacção, ser *representada por forças*. Nestes casos, *as forças que representam a dificuldade de deslizamento relativo de um corpo sólido sobre outro corpo sólido* chamam-se *forças de atrito de deslizamento (ou de escorregamento)*.

Como veremos mais à frente, existe um outro efeito de atrito, denominado *atrito de rolamento*, responsável, por exemplo, pelo parar de um automóvel numa estrada horizontal quando, sem travar, apenas se retira o pé do acelerador. Este efeito tem, em geral, uma intensidade muito menor que o das forças de atrito de deslizamento, pelo que, *quando existe atrito de deslizamento são, em geral, desprezáveis os efeitos do atrito de rolamento*.

Desprezar totalmente os efeitos de atrito de rolamento quando um corpo rola em contacto com outro é equivalente a considerar geometricamente perfeitas e totalmente indeformáveis as duas superfícies sólidas em contacto. Nestas condições, nos casos mais gerais em que uma das superfícies é plana (a de uma rampa, por exemplo) e a outra superfície é esférica (a de uma bola que se move em contacto com a rampa) podemos, em cada instante, considerar o contacto entre as duas superfícies constituído apenas por um ponto. Na fase inicial do estudo dos efeitos das forças de atrito de deslizamento, quando aplicadas sobre corpos que podem ter movimento de rotação, aceitaremos que esta aproximação é válida.

No entanto, se, por exemplo, considerarmos o contacto entre os pneus de um automóvel e a estrada sobre a qual este se move, já não será possível desprezar totalmente a deformação dos pneus (que será tanto maior quanto menos cheios eles estiverem), o que terá como consequência haver uma superfície de contacto com dimensões razoáveis entre os pneus e o chão. Nestas condições não é possível desprezar totalmente a contribuição dos efeitos de atrito de rolamento. Essas situações serão consideradas na parte final desta secção sobre os efeitos de atritos.

Comportamento empírico das forças de atrito de deslizamento

As características das forças de atrito de deslizamento – entre dois corpos sólidos em contacto, com movimento relativo – só podem ser obtidas experimentalmente. Não existem ainda modelos físicos suficientemente desenvolvidos que nos permitam prever o valor exacto das forças de atrito de deslizamento, entre determinados corpos em determinadas condições. Assim, todo o comportamento que conhecemos destas forças de atrito, e que nos permite enunciar algumas leis, foi estudado empiricamente, ou seja, através de resultados experimentais. Sabemos que:
- Quando tentamos fazer deslizar um caixote pelo chão, aplicando sobre ele uma força horizontal, a "resistência" a esse deslizamento é equivalente à presença de uma força de atrito aplicada pelo chão sobre o caixote.

De facto podemos considerar que em todos os pontos do caixote em contacto com o chão existem forças aplicadas pelo chão sobre o caixote, cujo somatório se denomina "força de atrito". Esta tem a **_direcção_** *do eventual movimento de deslizamento* do caixote sobre o chão e tem **_sentido_** *contrário ao do deslizamento que ocorreria se o efeito do atrito fosse nulo*. Neste caso, se não houvesse qualquer dificuldade ao deslizamento relativo das duas superfícies em contacto, o caixote deslizaria movimentando-se no sentido da força aplicada. Então, a força de atrito tem sentido contrário a esse eventual movimento, apontando (neste caso) no sentido contrário ao da força horizontal que se aplicou sobre o caixote.

- Enquanto o caixote se mantiver parado – e todos sabemos que ficará parado até que a força aplicada, que tende a fazê-lo mover, atinja um determinado valor limite – só podemos concluir que a força horizontal aplicada tem um módulo igual ao da força de atrito, ou, para ser mais correcto, ao do somatório de todas as forças de atrito aplicadas pelo chão nos vários pontos da superfície inferior do caixote. Só assim a resultante das forças aplicadas sobre o caixote é nula, como tem que ser para que o caixote se mantenha em repouso (aplicação das leis de Newton). Enquanto não houver qualquer movimento relativo dizemos que estamos numa situação em que existe *atrito estático* entre o caixote e o chão. Então, consoante o valor da força aplicada, o módulo da força de atrito estático varia desde um valor nulo (quando não se aplica sobre o caixote qualquer força horizontal, o que implica que o somatório das forças de atrito estático também tem de ser nulo) até um valor limite, a partir do qual passa a haver movimento do caixote em relação ao chão.

- Quando a força aplicada atinge um determinado valor, mais ou menos elevado, o caixote começa a mover-se. Durante este movimento subsequente de deslizamento do caixote sobre o chão, ainda se sentem os efeitos de forças de atrito (ainda permanece alguma dificuldade ao movimento). A intensidade da força que agora tem que continuar a aplicar-se para que o movimento do caixote continue, mesmo com velocidade constante, é, em geral, menor que o valor limite necessário para colocar o caixote em movimento. Mas a aceleração horizontal comunicada nesta fase ao caixote (em geral essa aceleração é nula, movendo-se o caixote com velocidade constante) ainda está relacionada, através das leis de Newton, com a força horizontal aplicada – esta deve ser adicionada a uma "resultante das forças de atrito" exercidas pelo chão sobre o caixote, com sentido contrário ao do movimento. Dizemos que estamos numa situação em que existe *atrito cinético*. Os resultados experimentais indicam que, em geral, o somatório das forças de atrito cinético é inferior ao valor limite do somatório das

forças de atrito estático, ou seja, para as mesmas superfícies em contacto, a força de atrito cinético é inferior ao valor máximo da força de atrito estático.
- Numa situação de *atrito estático*, o módulo do valor limite da resultante das forças de atrito entre as duas superfícies sólidas, $|\vec{F}_{a\,estatico}^{lim}|$, é proporcional ao módulo da força de compressão entre os dois corpos em contacto, $|\vec{N}|$; a constante de proporcionalidade depende das características das duas superfícies em contacto e denomina-se *coeficiente de atrito estático*, μ_e. Pode então escrever-se $|\vec{F}_{a\,estatico}^{lim}| = \mu_e |\vec{N}|$, sendo em geral, $|\vec{F}_{a\,estatico}| \leq \mu_e |\vec{N}|$.
- Numa situação de *atrito cinético*, o módulo da resultante das forças de atrito, $|\vec{F}_{a\,cinetico}|$, é praticamente constante, isto é, não depende do valor da velocidade relativa de deslizamento dos dois corpos, e também é proporcional ao módulo da força de compressão entre as duas superfícies. A constante de proporcionalidade depende das características das duas superfícies em contacto e denomina-se *coeficiente de atrito cinético*, μ_c. Nestas condições temos então $|\vec{F}_{a\,cinetico}| = \mu_c |\vec{N}|$.
- O valor das forças de atrito estático ou cinético não depende da área das superfícies em contacto. Esta conclusão não parece muito evidente, mas pode ser ilustrada experimentalmente quando, usando um dinamómetro para puxar o corpo, se tenta mover um bloco paralelipipédico com faces de áreas diferentes (mas com o mesmo tipo de superfícies) sobre uma mesa homogénea.
- As forças de atrito existentes entre dois sólidos *A* e *B*, que têm ou tendem a ter um movimento relativo de escorregamento quando em contacto um com o outro, estão aplicadas simultaneamente no corpo *A* e no corpo *B*. A força de atrito que *A* exerce sobre *B* é o *par acção-reacção* da força de atrito que *B* exerce sobre *A*. É evidente que se desejarmos estudar apenas o movimento do corpo *A*, por exemplo o movimento de um livro que, atirado sobre uma mesa, escorrega até parar, só consideramos as forças exercidas sobre *A*, isto é, sobre o livro. Mas o seu par acção-reacção está aplicado na mesa. É muito vulgar os alunos esquecerem-se da existência de uma destas forças, considerando, por exemplo no caso anterior, que o livro não exerce qualquer força de atrito sobre a mesa.
- Falou-se até aqui em forças de atrito e resultante das forças de atrito. Como estas forças representam interacções entre os pontos de duas superfícies em contacto, temos várias forças, aplicadas em diversos pontos ou regiões microscópicas das duas superfícies. Para estudar os efeitos que provocam sobre os movimentos de translação de corpos sólidos, basta considerar a sua soma – é isso que nos afirma a 2ª lei de Newton aplicada a sistemas de

partículas – e usar o valor dessa soma (ou resultante) como mais uma parcela no cálculo da *resultante de todas as forças exteriores,* $\vec{R}^{(ext)}$, aplicadas no corpo cujo movimento se está a estudar. Com o valor de $\vec{R}^{(ext)}$ e a massa M do sistema, pode calcular-se a aceleração do centro de massa, a qual caracteriza o movimento de translação do corpo sólido. Ou, o que acontece com frequência, por vezes conhecem-se todas as outras forças aplicadas num corpo, $\vec{R}_1$, $\vec{R}_2$, ..., $\vec{R}_N$, e desconhece-se o valor das forças de atrito. Nestas condições, estudando as características do movimento de translação do corpo (através da medição experimental da aceleração do seu centro de massa, $\vec{a}_{CM}$) e atendendo a que este movimento é provocado pela resultante de todas as forças que actuam no corpo, por diferença entre $M\vec{a}_{CM}$ e $\vec{R}_1 + \vec{R}_2 + ... + \vec{R}_N$, ou seja calculando o resultado da expressão

$$M\vec{a}_{CM} - (\vec{R}_1 + \vec{R}_2 + ... + \vec{R}_N) = \vec{F}_{atrito} \qquad (3.1)$$

pode determinar-se o valor da resultante das forças de atrito que estão aplicadas no corpo.

Cuidados com a linguagem

Chama-se a atenção para um conceito incorrecto que muitos alunos possuem, e que pode ser potenciado por um menor cuidado com a linguagem utilizada pelos professores. Consideremos a situação de *um corpo que se move com velocidade constante numa superfície horizontal, puxado por uma força horizontal $\vec{F}$ e sujeito a forças de atrito*. Esta situação está representada na figura 3.1. É vulgar os alunos afirmarem que "a força que puxa o corpo tem de ter um módulo superior ao da força de atrito, caso contrário o corpo pára". Para além de quaisquer outras confusões que possam existir, frases do tipo "para se conseguir mover o corpo têm de vencer-se as forças de atrito", muitas vezes utilizada na vida quotidiana e também pelos professores, leva os alunos intuitivamente a raciocinar que "se um efeito *vence* o outro, tem de ser mais intenso".

É verdade que, para *pôr* o corpo em movimento [isto é, para fazer com que a sua velocidade passe do valor $\vec{v} = 0$ (corpo em repouso) para um valor $\vec{v} \neq 0$ (corpo em movimento)] é necessário, durante um breve intervalo de tempo, exercer uma força de módulo superior ao módulo do valor limite da força de atrito estático. Durante este breve intervalo de tempo, o corpo fica sujeito a uma aceleração diferente de zero. Podemos dizer que esta é uma 1ª fase do movimento do corpo, de muito curta duração. Mas, uma vez em movimento, para manter esse movimento com uma velocidade constante (2ª fase, ilustrada na figura e que corresponde à situação colocada no problema), a resultante das forças que actuam sobre o corpo tem de ser nula, o que tem como consequência que $|\vec{F}| = |\vec{F}_{atrito}|$. Neste caso, como há movimento relativo de escorregamento, teremos uma força de atrito cinético.

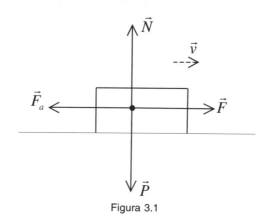

Figura 3.1

Corpos com rodas utilizados em experiências

Muitas das experiências de mecânica realizadas no laboratório utilizam movimentos de pequenos carros que se deslocam em calhas rectilíneas, como exemplos de movimentos de translação de sólidos (mais ou menos) rígidos. Neste contexto, quando se fala em velocidade do carro – ou alteração dessa velocidade devido a efeitos de forças que actuam sobre o carro – está a caracterizar-se a velocidade do seu centro de massa. Estamos, portanto, a desprezar os movimentos de rotação das rodas dos carros. É possível fazer esta aproximação se as rodas dos carros forem feitas de material muito leve, ou seja, com um reduzido momento de inércia em relação ao eixo em torno do qual rodam. (Nestas condições estamos a fazer uma aproximação do tipo da que despreza os efeitos de rotação das roldanas, quando a elas temos de recorrer).

Qual a vantagem de utilizar carros com rodas em vez de blocos, por exemplo, cujo movimento de escorregamento não introduz quaisquer efeitos (perturbadores em termos) de rotação?

Muitas vezes nas experiências realizadas pretende-se ter situações em que se podem desprezar efeitos de atrito. Quando um bloco desliza por uma calha, é muito difícil criar situações experimentais em que o valor das forças de atrito seja, de facto, desprezável. Para que o seja, teremos de utilizar calhas de ar. Na realidade, nas calhas de ar as forças de atrito (entre corpos sólidos em contacto) são substituídas por forças viscosas (entre camadas de ar, que aderem às superfícies dos sólidos). A intensidade destas forças é muito menor que a das forças de atrito (entre superfícies sólidas). Numa secção posterior aprofunda-se o estudo das forças viscosas.

Com a utilização de carros (com rodas):
- desde que se possa assegurar que a superfície das rodas é esférica e rígida, sendo também lisa e rígida a superfície da calha (para evitar efeitos perturbadores de atritos de rolamento, como veremos adiante),
- se os momentos de inércia das rodas em relação aos respectivos eixos de rotação forem muito pequenos (rodas leves e com uma distribuição de massa adequada)
- e se não houver efeitos apreciáveis de atritos internos quando elas rodam em torno dos seus eixos (costuma verificar-se esta situação quando se levanta o carro e, provocando um movimento das rodas com a mão, se observa se estas "rodam livremente"),

poderá dizer-se que, para fazer rodar as rodas dos carros – o que é necessário para que haja movimento de translação global dos mesmos – as forças de atrito envolvidas são, de facto, desprezáveis. Como veremos adiante, nesta condições as forças de atrito em jogo são estáticas, e poderão ter um valor muito perto de zero (lembremo-nos que os módulos das forças de atrito estático podem variar entre zero e um valor máximo, eventualmente elevado).

Lembremo-nos no entanto, que é necessário haver um coeficiente de atrito razoável entre as rodas dos carros e a calha, caso contrário as rodas não rodam, podendo apenas escorregar sobre a calha. É por isso que se usam muitas vezes rodas de borracha dura para os carros envolvidos nas experiências de laboratório.

Automóvel parado numa ladeira

Podemos, por exemplo, dizer que as forças de atrito são as responsáveis por se conseguir estacionar um automóvel numa ladeira. Nestas condições, com travões aplicados de modo que as rodas não podem rodar, o único movimento que o carro pode ter é o de escorregamento, descendo a ladeira.

Esta situação está ilustrada na figura 3.2. Se não houvesse atrito, a resultante das forças exteriores aplicadas no automóvel, o seu peso $\vec{P}$ e a força normal $\vec{N}$ que a estrada (plano inclinado) aplica sobre ele, fariam o automóvel deslizar no sentido descendente da ladeira. De facto, se o automóvel se mantém parado, tem que existir uma outra força ou forças que anulem o efeito de $\vec{P}$ e $\vec{N}$. São precisamente as forças de atrito, $\vec{F}_a^{(e)}$, neste caso forças de atrito estático. O seu sentido tem de ser contrário ao do deslizamento que haveria na ausência de atrito (pela ladeira abaixo). Assim, a resultante das forças de atrito aponta para cima, como se representa na figura 3.2. Deste modo é possível que $\vec{F}_a^{(e)} + \vec{P} + \vec{N} = 0$, o que é consistente com o facto do automóvel continuar parado.

O módulo de $\vec{F}_a^{(e)}$ tem exactamente o valor necessário para anular os efeitos das outras duas forças. Percebe-se então que o módulo da força de atrito estático, entre dois corpos numa determinada situação, possa ser muito diferente do seu valor limite máximo, sendo até possível que seja muito reduzido (é o caso em que o mesmo automóvel está estacionado numa ladeira com uma inclinação muito pequena). Para uma inclinação nula (plano horizontal) não há qualquer força de atrito a actuar sobre um automóvel estacionado.

No caso representado na figura 3.2, o automóvel apenas pode ter movimento de translação; assim, ao desenhar as forças que sobre ele actuam, estas não foram desenhadas exactamente nos pontos em que estão aplicadas, optando-se por um esquema em que todos os vectores que representam as forças a actuar sobre o automóvel têm origem num mesmo ponto do automóvel. Este ponto é um qualquer, escolhido apenas com a preocupação de não haver dúvidas sobre o corpo em que as forças estão aplicadas.

A verdade é que, mesmo que se desejasse, seria impossível neste caso identificar "o ponto de aplicação das forças de atrito", uma vez que elas actuam em várias zonas microscópicas das quatro superfícies de contacto entre as rodas do automóvel e o chão.

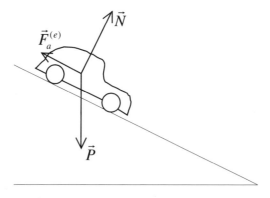

Figura 3.2

Sentido das forças de atrito de deslizamento

Na situação descrita na secção anterior, as forças de atrito opõem-se ao movimento do automóvel, isto é, têm sentido contrário ao do eventual movimento do corpo em que estão aplicadas. Mas será sempre assim? Poderemos dizer que as forças de atrito se opõem sempre ao movimento dos corpos sobre que actuam?

Não, não é correcto dizer isto. Mas é correcto dizer que *as forças de atrito de deslizamento se opõem sempre ao movimento de deslizamento relativo que haveria entre as superfícies sólidas em contacto, se os efeitos de atrito fossem nulos*. Para ilustrar esta situação, bem como mostrar que em determinadas condições as forças de atrito têm sentido coincidente com o dos movimentos dos corpos sobre os quais actuam, considere-se a figura 3.3. Nessa figura representam-se dois blocos, A e B, que se encontram sobrepostos, estando o conjunto assente num plano horizontal. Suponhamos que sobre o bloco A se aplica a força $\vec{F}$ representada na figura 3.3. Nos esquemas correspondentes aos corpos A e B estão desenhadas as forças a que cada bloco está sujeito, devido a interacções com outros corpos. Para todas as interacções, utilizou-se a notação $\vec{F}_M^{(L)}$ para designar a força que o corpo L exerce sobre o corpo M.

Considerou-se que há atrito entre a mesa e o bloco A e entre os dois blocos, A e B. Nestas condições, se houver movimento do bloco A, o bloco B vai mover-se também no sentido do movimento do bloco A, devido à força de atrito que o bloco A exerce sobre o bloco B, $\vec{F}_{a_B}^{(A)}$.

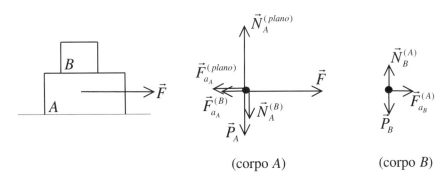

(corpo A)   (corpo B)

Figura 3.3

Este é, então, um exemplo de um movimento de um corpo (o bloco B) precisamente no sentido da força de atrito que sobre ele actua. De facto, se não houvesse qualquer atrito entre A e B, o bloco B ficaria imóvel enquanto A se deslocava para a frente relativamente a B ou, o que é o mesmo em termos relativos, B escorregaria para trás relativamente a A. Como a força de atrito aponta no sentido contrário ao do eventual escorregamento relativo que existiria entre os dois corpos caso o atrito fosse nulo, a força de atrito que actua sobre B tem, neste caso, exactamente o sentido da força $\vec{F}$, e, consequentemente, faz o corpo B deslocar-se no sentido do movimento de A.

Assim, podemos concluir que, exactamente porque as forças de atrito se opõem sempre ao movimento relativo de deslizamento dos dois corpos sólidos em contacto, elas nem sempre se opõem ao movimento dos corpos sobre os quais actuam, sendo até muitas vezes (como no caso anterior) as forças de atrito as principais responsáveis pelo movimento dos corpos.

Esta situação nem sequer é invulgar. O mesmo acontece no caso do nosso próprio movimento, quando nos deslocamos em contacto com o chão, numa direcção horizontal ou subindo uma rampa (por isso andamos mais facilmente com sapatos de solas de borracha do que com solas lisas), e na maioria dos casos em que se aumenta a velocidade de um automóvel. Em todos estes casos é evidente que a resultante das forças de atrito que se exercem sobre o corpo em questão tem de apontar no sentido do movimento. A situação do movimento de um automóvel será tratada adiante.

Origens das forças de atrito de deslizamento

Como se afirmou no início do estudo das forças de atrito, ainda não há um esquema científico completo que permita explicar as propriedades das forças de atrito de escorregamento a partir de princípios fundamentais. Há, no entanto, alguns modelos qualitativos que nos permitem entender, de um modo geral, algumas das propriedades empíricas antes enunciadas.

O modelo mais conhecido para explicar a origem das forças de atrito indica que as dificuldades de deslizamento relativo de duas superfícies sólidas em contacto são devidas às irregularidades que existem sempre a nível microscópico nas superfícies dos sólidos, por muito polidas que estas sejam. A adaptação de saliências e reentrâncias das duas superfícies é indicada como responsável por este efeito. Com esta justificação percebe-se muito bem porque é que aumentando a força de compressão das duas superfícies uma contra a outra, aumentando consequentemente $|\vec{N}|$, aumentarão os efeitos das forças de atrito.

Se aceitarmos esta explicação, podemos concluir que polir as superfícies só poderia diminuir os efeitos de atrito. De facto, isso verifica-se experimentalmente quando o polimento das superfícies é ainda razoavelmente grosseiro. Mas, para polimentos já muito finos, diminuir mais as dimensões das reentrâncias e saliências das duas superfícies irá aumentar os efeitos das forças de atrito.

Uma razão para este comportamento pode estar no facto de, quando os polimentos são já muito finos, um número significativo de átomos ou moléculas pertencentes a cada uma das superfícies começarem a estar muito próximos uns dos outros, de modo que poderão estabelecer-se ligações químicas entre os constituintes dos dois sólidos. Quando isto se torna possível, as duas superfícies "colam" localmente. Como se compreende, será então muito mais difícil fazê-las deslizar uma sobre a outra, o que se traduz por um aumento dos efeitos de atrito.

Por outro lado podemos pensar que fazer deslizar uma superfície sólida sobre outra pode arrancar electrões de uma das superfícies, ficando estes ligados à outra (isto no caso das duas superfícies em causa terem diferentes afinidades electrónicas). É um fenómeno semelhante ao que se passa quando se electriza um corpo de plástico com um pano de lã. Os dois corpos ficam electrizados com cargas de módulo igual e de sinais contrários, que se atraem. Se um fenómeno semelhante se passar com dois sólidos que deslizam um sobre o outro em contacto, o efeito de atracção electrostática entre os dois daí resultante só poderá contribuir para um aumento dos efeitos das forças de atrito de deslizamento.

Em situações reais é possível considerar que todos estes tipos de comportamento terão a sua contribuição para a origem dos efeitos de atrito de deslizamento entre dois sólidos. De entre eles, alguns poderão ser mais importantes que outros em determinadas condições.

Efeito das forças de atrito em movimentos de translação

Aceitemos então que as forças de atrito são o resultado de muitas interacções, que podem considerar-se pontuais, entre os constituintes das duas superfícies que se deslocam uma em relação à outra, mantendo-se em contacto. Suponhamos o exemplo de uma caixa que desliza sobre o chão horizontal.

Nos vários pontos de contacto entre a caixa e o chão, este exercerá forças de atrito sobre a caixa. Estas constituirão as forças de atrito exteriores, $\vec{F}_a^{(ext)}$, visto que são exercidas pelas vizinhanças da caixa sobre a própria caixa. Mas cada uma das forças exercidas pelo chão sobre a caixa provocará deformações microscópicas locais na caixa. Isto significa que, para a dificuldade de deslizamento das duas superfícies em contacto, que traduzimos pela noção de atrito, também poderá haver uma contribuição de forças de atrito interiores, $\vec{F}_a^{(int)}$, exercidas por pequenas zonas da caixa que foram deformadas sobre outras zonas vizinhas da mesma caixa.

Vamos então tentar determinar a contribuição de todas estas forças de atrito para o movimento da caixa.

Consideremos uma situação vulgar em que a caixa apenas tem movimento de translação. Como sabemos, este pode ser estudado através do movimento do centro de massa da mesma caixa. Uma vez que a aceleração do centro de massa apenas depende da resultante das forças exteriores (a resultante das forças interiores é nula), para determinar o efeito sobre o movimento da caixa, de todas as forças de atrito que nela são exercidas, basta calcular a resultante das forças de atrito exercidas pelo chão sobre a caixa, ou seja, $\sum \vec{F}_a^{(ext)}$.

Não conhecendo o valor de cada uma destas forças de atrito, é impossível fazer directamente esse cálculo. Mas, se forem conhecidas todas as outras forças $\vec{R}_j$ a que a caixa está sujeita (neste caso, apenas o peso da caixa e força normal nela exercida pelo suporte), se determinarmos experimentalmente o valor da sua aceleração ($\vec{a}_{CM}$) e da sua massa M, é possível chegar ao valor do somatório $\sum \vec{F}_a^{(ext)}$ aplicando a relação (3.1).

Este é exactamente o processo utilizado para "medir" o valor das forças de atrito (exteriores) que actuam no movimento de qualquer corpo. São os resultados dessas medições que estão na base das leis empíricas sobre as características das forças de atrito, resumidas no início desta secção. Neste contexto, a 2ª lei de Newton não está a ser utilizada no sentido de determinar o movimento de um corpo de massa M conhecendo todas as forças a que o corpo está sujeito, mas no sentido de, estudando as características do seu movimento – ou seja, medindo experimentalmente a sua aceleração – determinar o valor, desconhecido "a priori", de um conjunto de forças que nele estão aplicadas.

Notemos, no entanto, que esta determinação apenas nos dá informação sobre a resultante das forças de atrito aplicadas pelo exterior sobre o corpo, $\sum \vec{F}_a^{(ext)}$. Não há qualquer processo, nem teórico nem empírico, de calcular o valor das forças de atrito interiores, $\vec{F}_a^{(int)}$. No entanto, como se pode compreender a partir das origens propostas para as forças de atrito, estas forças interiores existem sempre que há efeitos de atrito entre dois sólidos que deslizam um sobre o outro. Como vimos, elas não contribuem para o movimento do centro de massa do corpo, mas, como iremos ver, elas têm um papel importante nas considerações sobre trocas e transferências de energia, não podendo, em geral, o seu efeito ser considerado desprezável.

Efeitos de atrito de deslizamento em movimentos de rotação

Consideremos agora o que acontece quando se coloca uma esfera homogénea sobre um plano inclinado. Sabemos que, em condições normais, a esfera rola ao descer ao longo do plano, descrevendo um movimento que é a sobreposição de uma rotação em torno de um eixo que passa pelo seu centro e de uma translação deste centro numa trajectória paralela à superfície do plano inclinado. Quais as forças responsáveis por este movimento? Qual a sua relação com as características do movimento?

A figura 3.4 ilustra a situação considerada. Como neste caso é provável haver movimento de rotação, e como para estudar os movimentos de rotação dos corpos é necessário calcular os momentos das forças neles aplicadas (ver secção 2.), é agora fundamental ter cuidado com os pontos de aplicação destas forças.

A esfera está sujeita ao seu peso $\vec{P}$. Pode provar-se que, mesmo tendo em conta possíveis movimentos de rotação, pode sempre considerar-se o peso de qualquer corpo aplicado no seu centro de massa. Como o centro de massa da esfera homogénea está no seu centro geométrico, pode desenhar-se o peso aplicado no centro da esfera. A força $\vec{N}$ que a superfície do plano inclinado exerce sobre a esfera está aplicada no ponto de contacto entre a esfera e o plano.

Se não houvesse atrito entre o plano e a esfera, ela teria de escorregar pelo plano abaixo, sujeita a $\vec{P}$ e $\vec{N}$. Como já vimos, esta tendência para escorregar (esfera sólida em contacto com o plano sólido) faz com que a esfera fique sujeita a uma força de atrito de escorregamento, como a desenhada na figura 3.4.

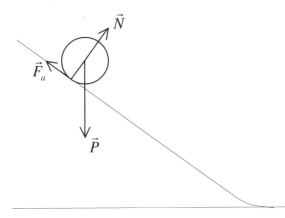

Figura 3.4

Mas também sabemos que, em condições normais, a esfera começa a rolar em torno do seu centro. Como tanto $\vec{P}$ como $\vec{N}$ têm momentos nulos em relação ao centro da esfera, nenhuma destas duas forças pode ser responsável pela sua aceleração angular. Isto significa que tem de ser a força de atrito exercida pelo plano sobre a esfera, $\vec{F}_a$, aplicada no ponto de contacto entre o plano e a esfera, a responsável pela rotação desta em torno do seu centro. De facto, a força $\vec{F}_a$ tem um momento não nulo em relação ao centro da esfera.

As equações do movimento serão então:

$$\vec{P} + \vec{N} + \vec{F}_a = M \vec{a}_{CM} \qquad (3.2)$$

$$\vec{M}_{\vec{F}_a} = I \frac{d\vec{\omega}}{dt} \qquad (3.3)$$

Mas qual o valor da força de atrito que está a actuar sobre a esfera?
- Será uma força de atrito *cinético*, cujo módulo é dado por $\left|\vec{F}_{a\ cinetico}\right| = \mu_c \left|\vec{N}\right|$?
- Será uma força de atrito estático em condições limite, ou seja, cujo módulo pode ser calculado através da expressão $\left|\vec{F}_{a\ estatico}^{lim}\right| = \mu_e \left|\vec{N}\right|$?
- Ou será uma força de atrito estático com um valor a determinar entre os vários que são possíveis, uma vez que o módulo desta força varia entre zero e o seu valor máximo indicado na expressão anterior? Se estivermos nesta situação, o valor da força de atrito estático que aparece nas equações (3.2) e (3.3) é desconhecido, mesmo sendo dados μ_e, μ_c e havendo no problema informações que permitem o cálculo de $\vec{N}$.

A escolha entre estas possíveis situações não pode ser feita de ânimo leve. Em condições vulgares podemos estar em qualquer delas (sendo a situação apontada em 2° lugar a menos provável).

Analisemos então o problema. Podemos reduzir a questão a duas hipóteses:

1. Será que estamos numa situação em que o atrito é estático?

Para estarmos numa situação em que o atrito é estático, a esfera não pode escorregar ao longo do plano. Isso não significa que ela não pode mover-se. Significa que apenas pode rolar sem escorregar. Diz-se nestas condições que a esfera tem *rolamento puro*. Podemos então concluir que *numa situação de rolamento puro só podem existir forças de atrito estático*.

Vejamos quais as características do movimento de uma esfera homogénea com rolamento puro. A figura 3.5 ilustra essa situação quando a esfera se move num plano horizontal, mas as conclusões que se retirarem são aplicáveis a qualquer movimento de rolamento sem escorregamento ou rolamento puro.

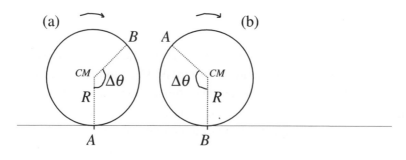

Figura 3.5

Considere-se então a esfera homogénea da figura 3.5, de raio R, que rola no plano horizontal sem escorregar. Na posição inicial, (a), o ponto da esfera em contacto com o plano é o ponto A. O centro da esfera está exactamente na vertical que passa por A. Considere-se na superfície da esfera um outro ponto B, mais ou menos próximo de A. Se a esfera rolar durante um pequeno intervalo de tempo Δt, até uma posição em que seja B a ficar em contacto com o plano horizontal, como está ilustrado na situação (b), qual foi o deslocamento do seu centro de massa? Como o centro de massa está agora exactamente sobre o ponto B, o deslocamento foi igual ao comprimento $\overline{AB}$. Este comprimento é dado por $R\,\Delta\theta$, sendo $\Delta\theta$ o ângulo formado pelos raios da esfera que passam por A e por B, ou seja $\Delta\theta$ é o ângulo que caracteriza a rotação que a esfera efectuou em torno do seu centro, no intervalo de tempo Δt. Teremos então: $\Delta s_{CM} = \overline{AB} = R\,\Delta\theta$. Dividindo esta expressão pelo intervalo de tempo Δt, e fazendo tender Δt para zero, obtêm-se as relações, válidas para qualquer rolamento puro (sem escorregamento) de uma esfera homogénea de raio R, em torno do seu centro:

$$v_{CM} = R\,\omega \qquad (3.4)$$

$$a_{CM} = R\,\alpha \qquad (3.5)$$

A equação (3.4) indica a relação entre a velocidade escalar, v_{CM}, do centro de massa da esfera e a velocidade angular, $\omega = d\theta/dt$, do movimento de rotação da esfera em torno do seu centro; a equação (3.5) é a derivada em ordem ao tempo da expressão (3.4) e estabelece a relação entre a aceleração escalar, a_{CM}, do centro de massa da esfera e a aceleração angular do movimento de rotação da esfera, $\alpha = d\omega/dt$. Ambas são válidas para o rolamento puro de uma esfera, de um cilindro ou de um anel, homogéneos, em torno dos respectivos centros.

Vimos que o rolamento puro corresponde à presença de atrito estático; mas nestas condições em geral desconhece-se o módulo de $\vec{F}_a$, pois não havendo qualquer indicação sobre se a esfera está em condições limite, ou seja, de iminente escorregamento, apenas se pode concluir que o módulo de $\vec{F}_a$ é inferior ou igual a $\mu_e |\vec{N}|$. Portanto, nas equações do movimento (3.2) e (3.3) é desconhecido o módulo de $\vec{F}_a$. Mas já vimos que, havendo rolamento puro, é válida a equação (3.5). Esta equação, em conjunto com as do movimento, permite a resolução do problema, mesmo desconhecendo-se "a priori" o valor de $\vec{F}_a$. Na verdade, o valor de $|\vec{F}_a|$ poderá ser um dos resultados dos cálculos efectuados.

Mas, até agora, não há qualquer maneira de saber se, de facto, a esfera rola sem escorregar. Será que, na realidade, a esfera tem esse tipo movimento? Isto é, será mesmo que estamos numa situação em que o atrito entre a esfera e o plano é estático?

Para responder a esta questão, tem de se fazer uma análise aos resultados do problema anteriormente resolvido. Vimos que, com os pressupostos de haver atrito estático e rolamento puro, é possível, a partir das equações (3.2), (3.3) e (3.5), determinar o módulo da força de atrito estático necessária para esse tipo de movimento. Determine-se então esse valor. Se o valor obtido for, de facto, inferior ou igual ao produto do coeficiente de atrito estático entre as duas superfícies, μ_e, pelo módulo da força normal $\vec{N}$, o problema ficou bem resolvido. Se o valor obtido for superior a esse produto, isso significa que, nas condições do problema, nomeadamente atendendo ao valor do coeficiente de atrito estático e à inclinação do plano, não é possível que a esfera role sem escorregar. Sendo assim, só podemos ter a situação:

2. *A esfera rola e escorrega, havendo, portanto, atrito cinético*

Nestas condições, conhecendo o valor do coeficiente de atrito cinético, pode, a partir do valor de $|\vec{N}|$, calcular-se o valor de $|\vec{F}_a|$, e fazer as correspondentes substituições nas equações do movimento. É óbvio que neste caso não se verificam as condições (3.4) e (3.5), de rolamento puro. De facto, atendendo à figura 3.5, se a esfera enquanto rola escorregar simultaneamente, ao partirmos da situação em que é o ponto A que está em contacto com o solo, quando for o ponto B a contactar com o solo já o centro de massa fez um percurso maior que $\overline{AB}$, não havendo dados para relacionar o deslocamento angular $\Delta\theta$ com o comprimento do percurso do centro de massa da esfera.

Para estes casos, o conhecimento do valor da força de atrito cinético permite a resolução do problema.

Exemplo de movimentos de rolamento; marcação de forças de atrito de deslizamento

Considere-se a seguinte situação: provoca-se um determinado movimento de rotação num arco homogéneo e lança-se esse arco de modo que, a rodar em torno do seu centro, ele vai tocar no chão. Que movimento vai ter? Quais as forças que nele vão estar aplicadas?

Suponha-se que, imediatamente antes de tocar no chão – devido ao movimento de rotação comunicado inicialmente – o arco roda em torno do seu centro no sentido contrário ao dos ponteiros do relógio. Esta é a situação ilustrada na figura 3.6-a.

Durante o seu movimento no ar, o arco apenas está sujeito ao seu peso $\vec{P}$ (é desprezável a resistência do ar). Quando entra em contacto com o chão, o arco fica sujeito ao seu peso, à força normal $\vec{N}$ que o chão exerce sobre ele e, atendendo às condições do lançamento, a uma força de atrito $\vec{F}_a$, horizontal, também exercida pelo chão.

Consideremos os valores e os efeitos destas forças.

Numa primeira fase muito breve (choque do arco com o chão) teremos $|\vec{N}| > |\vec{P}|$, até que se anula a componente vertical da velocidade do centro de massa do arco. Esta componente depende das condições de lançamento e varia durante a queda do arco até este bater no chão. Para valores mais elevados desta componente da velocidade, o arco saltita no seu contacto com o chão, o que perturba o movimento posterior. Um bom lançamento de arco deve fazer com que a componente vertical da sua velocidade (do centro de massa do arco) ao bater no chão, seja muito pequena.

A partir do instante em que a velocidade do centro de massa do arco passa a ter apenas componente horizontal, as duas forças $\vec{P}$ e $\vec{N}$ anulam-se uma à outra e passaremos a ter outra fase do movimento, representada na figura 3.6-b.

Nesta fase, as condições iniciais do movimento, são:
- a velocidade horizontal do centro de massa, $\vec{v}_{CM}^{(0)}$, e
- a velocidade angular $\omega^{(0)}$ em torno de um eixo que passa pelo centro de massa do arco (considerou-se que, durante o choque do arco com o chão, se podem desprezar os efeitos que poderia alterar $\omega^{(0)}$)

com os sentidos indicados na figura 3.6-b.

Como saber o sentido de $\vec{F}_a$? Será, com certeza, o sentido oposto ao do movimento de deslizamento relativo que existiria entre as duas superfícies em contacto, caso entre elas não houvesse efeitos de atrito. Na situação escolhida, o arco, devido ao movimento de rotação que levava ao entrar em contacto com o chão, iria escorregar para a frente caso não houvesse atrito. Assim, nestas condições $\vec{F}_a$ ponta para trás.

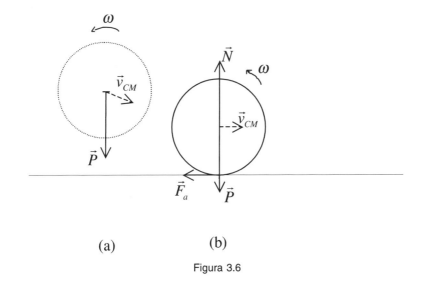

(a)　　　　(b)

Figura 3.6

Será um atrito estático ou cinético? Para qualquer lançamento, o tipo de força de atrito que o chão exerce sobre o arco, no ponto de contacto entre eles, vai depender:
- das condições de lançamento (que implicam um determinado valor para $\vec{v}_{CM}^{(0)}$ e para $\omega^{(0)}$, incluindo um sentido de rotação),
- do peso do arco (de facto, do valor de $|\vec{N}|$) e
- do coeficiente de atrito estático entre as superfícies em contacto.

Nas condições de lançamento ilustradas na figura 3.6, em geral o arco desliza um pouco sobre o chão (o que faz com que o atrito seja cinético), mantendo pelo menos durante algum tempo o seu movimento para a frente e podendo voltar para trás antes de cair.

Analisemos a situação representada na figura 3.6-b. A força de atrito tem simultaneamente dois efeitos:
- faz diminuir $|\vec{v}_{CM}|$, uma vez que $\vec{F}_a$ tem sentido contrário ao do movimento inicial do centro de massa do arco, e
- faz diminuir ω, uma vez que o momento de $\vec{F}_a$ em relação ao centro de massa do arco implica uma aceleração angular com sentido contrário ao de $\omega^{(0)}$.

Em geral o arco rola e escorrega em contacto com o chão, e uma destas velocidades (uma característica da translação e outra da rotação do arco) vai anular-se antes da outra. O movimento global do arco vai depender da que primeiro se anular, o que dependerá das condições de lançamento.

Por exemplo, se $\omega^{(0)}$ tiver um valor elevado e $|\vec{v}_{CM}^{(0)}|$ um valor reduzido, pode haver tempo para o módulo da velocidade do centro de massa diminuir, anular-se instantaneamente, e passar a ter valores novamente crescentes – tendo agora a velocidade do centro de massa o sentido da força de atrito – antes de se anular a velocidade angular do arco. Nestas condições, o arco, sempre a rodar em torno do seu centro no sentido contrário ao dos ponteiros do relógio, embora cada vez com menor velocidade angular, volta a aproximar-se da mão do atirador. Noutros casos, se a velocidade angular se anular antes do arco voltar para trás, o arco apenas se desloca para a frente até cair. Estes são factos experimentais, que faziam parte do conhecimento de qualquer criança, quando elas ainda brincavam com arcos.

Atrito de rolamento

Suponhamos que uma esfera desceu uma rampa, como no caso ilustrado na figura 3.4, e continuou o seu movimento num plano horizontal. Consideremos que o seu percurso horizontal pode ser suficientemente longo, sem que a esfera encontre qualquer obstáculo. Mesmo assim sabemos que a esfera irá parar, ao fim de um percurso maior ou menor. Experimentalmente pode verificar-se que, nestas condições, todo o movimento da esfera, até parar, é caracterizado por um rolamento puro, com uma velocidade angular e uma velocidade de centro de massa cujos módulos vão diminuindo simultaneamente.

Porque pára a esfera? Que forças estarão envolvidas nessa diminuição simultânea de velocidade do centro de massa e da velocidade angular, verificando-se sempre ao longo do trajecto horizontal as condições de rolamento sem escorregamento, $v_{CM} = R\omega$?

Consideremos então a figura 3.7 na qual se representa uma esfera homogénea a mover-se num plano horizontal, sendo as condições iniciais do seu movimento as indicadas pelos valores de $\vec{v}_{CM}^{(0)}$ e $\omega^{(0)}$ desenhados na figura. Que forças estão a actuar na esfera? Com certeza o peso $\vec{P}$ e a força normal $\vec{N}$. Nestas condições estas duas forças têm módulos iguais e sentidos contrários, de modo que se anulam uma à outra. Nenhuma delas pode também ser responsável por qualquer alteração da velocidade angular da esfera, uma vez que têm momento nulo em relação ao seu centro (que coincide com o centro de massa). Então, que efeitos farão parar a esfera?

Havendo alteração da velocidade do centro de massa da esfera, tem de haver, pelo menos, uma força exterior, com componente horizontal, a actuar. Será uma força de atrito de deslizamento? Qual o seu sentido?

Sabendo que a direcção da força de atrito é paralela ao plano, apenas podemos considerar para ela dois sentidos. Na figura 3.8-a temos representada uma força de atrito de deslizamento com sentido contrário a $\vec{v}_{CM}^{(0)}$; com este sentido, ela poderá ser a responsável pela diminuição da velocidade de translação da esfera. Mas, neste caso, $\vec{F}_a$ tem um momento não nulo em relação ao centro de massa da esfera, com um sentido tal que faria aumentar a sua velocidade angular. Assim, nunca seria possível invocar a presença desta força pela diminuição simultânea de v_{CM} e ω.

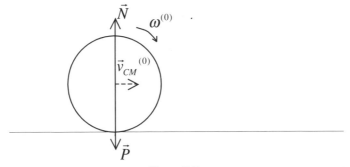

Figura 3.7

Podemos, no entanto, considerar que a força de atrito de deslizamento tem o sentido oposto ao anterior, como está ilustrado na figura 3.8-b. No entanto, também esta hipótese não explica os comportamentos experimentais. Se tivesse o sentido indicado na figura 3.8-b, a força de atrito de deslizamento faria com que a velocidade angular diminuísse, mas, simultaneamente, faria aumentar a velocidade do centro de massa!

Conclui-se, portanto, que não estamos em presença de forças de atrito de deslizamento.

Até esta altura das nossas considerações sobre os efeitos de atritos nos movimentos de rolamento dos corpos, conseguimos traduzir esses efeitos através do conceito de forças de atrito – às quais chamámos *forças de atrito de deslizamento*, uma vez que se opunham ao deslizamento relativo de dois sólidos em contacto – *aplicadas em pontos de contacto bem definidos entre superfícies curvas e superfícies planas*. De facto, se uma esfera e um plano sobre o qual a esfera rola, ou rola e escorrega, forem muito rígidos, poderemos dizer que *apenas há, em cada instante, um ponto de contacto do plano com a esfera*. Este foi o ponto até aqui considerado como ponto de aplicação das forças de atrito de deslizamento e da força normal $\vec{N}$, ambas aplicadas pelo plano sobre a esfera.

Mas acabámos de ver que este modelo não explica a paragem de uma esfera que rola num plano horizontal longo, sem obstáculos. Deverá haver outro efeito que não considerámos até aqui. Qual?

As observações experimentais permitem-nos afirmar que a esfera que rola no plano horizontal irá parar tanto mais depressa quanto mais deformáveis forem as superfícies, seja da esfera seja do plano. Por exemplo, uma bola de bilhar com uma determinada velocidade inicial pára mais depressa quando rola sobre o feltro da mesa de bilhar do que quando rola no chão de madeira polida da sala. Ou, no mesmo chão da sala, uma bola de ténis pára mais depressa que uma bola de bilhar, quando iniciam o seu movimento com a mesma velocidade.

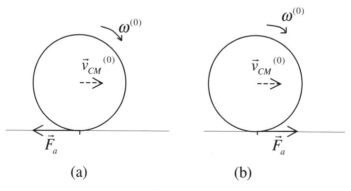

Figura 3.8

Então, em casos de rolamento de corpos sobre superfícies mais ou menos planas, estamos em condições de introduzir um novo conceito de efeitos de atrito, *o atrito de rolamento*. Este depende fortemente das eventuais deformações relativas das superfícies em contacto, ou seja, *depende das dimensões das superfícies de contacto entre os dois corpos*.

Considere-se a figura 3.9 na qual mais uma vez se considera uma esfera homogénea, que rola num plano horizontal. Mas nesta figura não se desprezaram as dimensões das superfícies de contacto; pelo contrário elas foram algo exageradas para que sejam claras as consequências desse facto. Em casos reais, estas superfícies são tanto maiores quanto mais deformáveis forem a esfera e o plano sobre o qual ela rola, dependendo também do peso da esfera. Das forças aplicadas, o peso $\vec{P}$ continua exactamente com as mesmas características, podendo sempre considerar-se aplicado no centro de massa da esfera. A força vertical $\vec{N}$, aplicada pelo plano sobre a esfera, tem agora o seu ponto de aplicação no último ponto de contacto da esfera com o plano, uma consequência do movimento de rotação da esfera. Os módulos de $\vec{P}$ e $\vec{N}$ ainda são iguais, uma vez que não há qualquer alteração do movimento da esfera na direcção vertical. Mas agora a força $\vec{N}$, com uma direcção que não passa pelo centro de massa da esfera homogénea, tem um momento não nulo em relação ao mesmo centro de massa; como se pode ver da figura, este momento tem um sentido tal que vai fazer diminuir a velocidade angular da esfera.

Como é fácil concluir, é ainda necessário haver uma força horizontal que justifique a diminuição da velocidade do centro de massa da esfera. Podemos dizer que *é uma força de atrito, que ainda se representa por* $\vec{F}_a$, *que actua simultaneamente com o facto de a direcção da força normal,* $\vec{N}$, *não passar pelo centro de massa da esfera*. Estes dois factos simultâneos são designados por *atrito de rolamento*. Traduzem, em conjunto, *um efeito global sempre contrário ao movimento de rolamento* de um corpo sobre um plano.

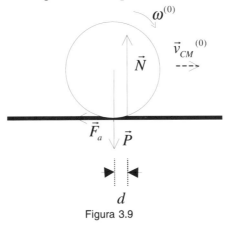

Figura 3.9

As leis do movimento da esfera sujeita a atrito de rolamento serão então:

$$\vec{P} + \vec{N} + \vec{F}_a = M\, \vec{a}_{CM} \quad (3.6)$$

$$\vec{M}_{\vec{F}_a} + \vec{M}_{\vec{N}} = I\, \frac{d\vec{\omega}}{dt} \quad (3.7)$$

A equação (3.6) pode escrever-se:

$$-F_a = M\, \frac{dv_{CM}}{dt} \quad (3.8)$$

e a equação (3.7):

$$F_a\, R - N\, d = I\, \frac{d\omega}{dt} \quad (3.9)$$

em que d indica a distância entre a direcção da força $\vec{N}$ e a da vertical que passa pelo centro de massa da esfera.

Pela expressão (3.9) pode verificar-se que $F_a\, R$ contribui para aumentar a velocidade de rotação ω, ao passo que $N\, d$ contribui para diminuir esse valor. O facto da esfera parar num intervalo de tempo maior ou menor depende essencialmente da distância d, a qual é determinada pela deformação relativa dos dois corpos em contacto.

Sabemos, empiricamente, que a esfera vai parar, o que nos permite concluir que

$$F_a\, R < N\, d$$

Uma vez que R é, em geral, muito maior que d, podemos afirmar que o módulo de F_a é, em geral, muito reduzido. O valor de F_a é exactamente o necessário para que durante todo este movimento se verifique a condição de rolamento puro:

$$v_{CM} = \omega\, R \quad (3.10)$$

Exemplo de aplicação: aceleração e travagem de um automóvel

O exemplo do movimento de um automóvel é muito real para os alunos. Todos eles, mesmo que nunca tenham conduzido um automóvel, têm muitos conhecimentos e curiosidade sobre o modo como tal é feito. Além disso, sobre os movimentos dos automóveis há muitos conceitos intuitivos cientificamente incorrectos, ou menos precisos do que é desejável em ciência, que podem causar confusão, má interpretação dos conteúdos das aulas ou mesmo uma negação total a qualquer esforço de compreensão. Outra vantagem nesta abordagem dos movimentos dos automóveis é uma chamada de atenção para os cuidados que todos devemos ter, em termos de prevenção rodoviária e de poupança de energia. Assim, abordar nas aulas a aplicação dos conceitos da Física aos movimentos dos automóveis é um bom exercício para, de modo mais ou menos detalhado consoante o desenvolvimento que se pretende, exemplificar a aplicação à vida real de alguns conceitos físicos estudados na escola.

Uma primeira pergunta que pode fazer-se é a seguinte: *de que é que depende a capacidade de acelerar (aumentar a velocidade de) um automóvel?* Muitos alunos responderão que é do motor do automóvel, esquecendo-se que, se tivermos um automóvel numa plataforma elevadora de uma garagem pode ligar-se a ignição, engatar a mudança e carregar no acelerador, que o automóvel não sai do mesmo sítio – por mais potente que seja o motor. O único efeito é fazer rodar mais depressa ou mais devagar as rodas (os pneus) do automóvel. Se estas puderem rodar livremente, como no caso do automóvel sobre a paltaforma, o automóvel, como um todo, não adquire qualquer movimento (o seu centro de massa continua em repouso). O mesmo acontece se o automóvel estiver sobre a lama ou a areia. Ou seja, não havendo *atrito* entre as rodas e o chão, o automóvel não se move.

É, de facto, o *atrito de deslizamento* que faz com que se possa pôr em movimento um automóvel numa estrada horizontal – embora para tal seja também necessário ligar o motor, engatar a mudança e carregar no acelerador; mas todas estas acções apenas fazem com que as rodas rodem em torno dos respectivos eixos de rotação.

Analisemos em pormenor o que acontece quando as rodas estão em contacto com o chão e são suscitadas a rodar. Se o atrito entre as rodas e o chão for desprezável, as rodas escorregam para trás sobre o chão (por vezes diz-se que "patinam"). É por isso que quando um automóvel tenta arrancar num terreno de areia ou de lama, as rodas projectam grãos de areia ou lama para trás, mas o automóvel não se move significativamente.

No caso mais vulgar de haver atrito entre as rodas e o chão, o atrito de deslizamento dificulta este escorregamento das rodas para trás. Então o sentido das forças de atrito sobre as *rodas motrizes*, as que são postas em movimento de rotação sob o efeito do motor, aponta para a frente – e, o automóvel, com os pneus a rodar, passa de um estado de velocidade nula a um estado de velocidade (do centro de massa) diferente de zero. De facto, havendo forças exteriores com resultante não nula aplicadas sobre o automóvel – as forças de atrito de deslizamento – haverá aceleração do centro de massa do automóvel. A figura 3.10 ilustra esta situação para o caso de um automóvel com rodas dianteiras motrizes.

Qual será o sentido das forças de atrito sobre as rodas não motrizes? No caso da figura 3.10, estas são as rodas traseiras. Quando o automóvel se desloca para a frente devido ao efeito das forças de atrito nas rodas motrizes, as rodas não motrizes tenderiam a deslizar para a frente sobre o chão, se não houvesse atrito. Assim, as forças de atrito aplicadas sobre as rodas não motrizes apontam para trás, o que está de acordo com o facto de também estas adquirirem uma velocidade angular com o sentido de rotação das outras rodas. É evidente que todas as rodas de um automóvel em movimento rodam no mesmo sentido.

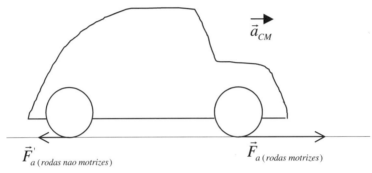

Figura 3.10

As forças de atrito de deslizamento, que fazem com que seja possível pôr os automóveis em movimento, são estáticas ou cinéticas?

Se o automóvel arrancar sem derrapar, isto é, sem que as rodas escorreguem sobre o chão, o atrito é estático. Se arrancar derrapando, o atrito é cinético. Em condições normais um automóvel é posto em movimento através das forças de atrito estático. Como estas forças têm um módulo que pode variar entre zero e um limite máximo, temos a possibilidade, em cada instante, comunicar ao automóvel uma maior ou menor aceleração, $\vec{a}_{CM}$, dependendo do movimento de rotação que se provoca nas rodas motrizes, ao carregar no acelerador, corresponder a uma maior ou menor velocidade angular.

Em que condições se consegue uma aceleração maior? Com atrito estático ou cinético?

As melhores condições são conseguidas com atrito estático para valores próximos do seu valor limite, uma vez que o valor limite do módulo das forças de atrito estático é, em geral, maior que o valor do módulo das forças de atrito cinético, quando se considera o mesmo automóvel na mesma estrada.

Além disso, sempre que estão em jogo forças de atrito cinético – com o consequente escorregamento das duas superfícies em contacto – há um maior ou menor desgaste dos pneus de borracha do automóvel. Este efeito, adicionado ao consequente aumento de temperatura dos pneus (e da estrada), diminui muito os coeficientes de atrito entre as duas superfícies, o que, como veremos, tem consequências graves em termos de segurança rodoviária.

Se as forças de atrito sobre as rodas motrizes apontam para a frente e sobre as rodas não motrizes apontam para trás, será que o carro adquire movimento ou os dois efeitos se anulam?

Como vimos antes, consoante a velocidade angular comunicada às rodas motrizes através da pressão no acelerador do automóvel, em condições normais de aderência à estrada conseguimos dominar o valor das forças de atrito que fazem o carro adquirir velocidade para a frente.

O valor das forças de atrito sobre as rodas de trás (consideradas não motrizes), que podem rodar livremente em torno dos seus eixos, é muito pequeno – apenas o necessário para fazer essas rodas rodar com uma velocidade angular igual à das rodas da frente. Assim, a não ser que as rodas não motrizes se encontrem bloqueadas (travadas), o módulo das forças de atrito (estático, com intensidades muito pequenas) que actuam sobre as rodas traseiras (não motrizes) tem um valor pouco significativo, pelo que, em geral, se despreza.

Como se trava um automóvel?

Um processo é carregar no travão a fundo e bloquear as rodas. Nestas condições, o automóvel, que seguia animado de determinada velocidade (a velocidade do seu centro de massa), tem de escorregar para a frente, derrapando. Ao derrapar para a frente sofre um efeito de forças de atrito que apontam para trás (sentido contrário ao do deslizamento das rodas sobre a estrada). Estas forças de atrito, cinético porque há escorregamento relativo das suas superfícies em contacto, fazem o carro parar. Como já vimos, esta situação deteriora os pneus, o que levará a piores condições de aderência à estrada (isto é, faz reduzir o coeficiente de atrito entre a estrada e os pneus)

Quando a travagem não é brusca, as rodas não bloqueiam. Uma pequena diminuição da velocidade de rotação das rodas, ω, não faz o automóvel derrapar, verificando-se que as suas rodas continuam a rolar sem escorregar. Isso significa que a diminuição de ω tem de implicar, simultaneamente, uma pequena diminuição da velocidade do centro de massa, v_{CM}, para que o automóvel continue a rolar sem escorregar – situação em que tem de verificar-se sempre $v_{CM} = \omega R$, em que

R é o raio das rodas. Podemos entender esta resposta a um pequeno toque no travão do automóvel. Sempre que ω diminui, o automóvel tende a deslizar para a frente, uma vez que, nesse instante, teremos $v_{CM} > \omega R$. Quando os pneus tendem a deslizar para a frente, o chão aplica sobre eles uma força de atrito (estático) que aponta para trás, no sentido de dificultar o eventual movimento de deslizamento. Essa força de atrito faz diminuir v_{CM}, de modo a que se continue a verificar $v_{CM} = \omega R$. Nesta igualdade, tanto v_{CM} como ω têm agora valores mais pequenos. Fazendo sucessivas reduções de ω e, consequentemente de v_{CM}, devido a efeitos de atrito estático, pode travar-se o carro suavemente sem que ele derrape.

Qual a maneira mais eficaz de travar, isto é, se for necessário, por razões de segurança, fazer uma travagem brusca, como se consegue que o carro pare num menor percurso?

Também nestas condições, a melhor maneira de parar um automóvel é fazê-lo sem que ele derrape, mas carregando no travão o suficiente para provocar o aparecimento de forças de atrito estático com módulo muito próximo do seu valor limite. É nestas condições que as forças de atrito são mais intensas, provocando assim uma travagem mais eficaz. Mas, em condições muito próximas do valor limite das forças de atrito estático, como evitar um pouco mais de pressão sobre o travão – o que fará com que o carro derrape?

É praticamente impossível que qualquer pessoa o consiga fazer, sem recorrer a um controlo automático. É este controlo que está incluído no sistema ABS. O condutor carrega no travão a fundo, as rodas do carro iriam bloquear e consequentemente o carro derraparia. Mas no preciso instante em que isto iria acontecer, um controlo automático diminui um pouco a pressão sobre o travão, aumentando-a logo de seguida, numa sucessão de processos que nunca deixam o automóvel escorregar. Assim, as condições médias de travagem brusca de um automóvel com sistema ABS, podem ser controladas de modo a estarem muito próximas da utilização do valor limite do módulo da força de atrito estático entre os pneus e a estrada, sejam quais forem as condições desta e dos pneus.

No entanto – mesmo para automóveis com sistema de travagem ABS – nos casos em que o automóvel se desloca com uma velocidade demasiado elevada e/ou quando as condições de aderência pneus-estrada não são muito boas (sendo, consequentemente, pequenos os valores dos coeficientes de atrito entre os pneus e a estrada), por vezes mesmo a situação limite de travagem não é suficiente para uma travagem segura. É assim muito importante estar sempre atento ao estado dos pneus dos automóveis e às condições das estradas – bem como às condições meteorológicas – evitando movimentos com velocidades tais que implicariam a existência de forças de atrito mais elevadas que as disponíveis, para que se conseguisse parar o automóvel em condições de segurança. Lembremo-nos que numa estrada com o piso molhado as forças de atrito são parcialmente substituídas por forças viscosas – entre as camadas de água e lama aderentes aos pneus e as aderentes à estrada – cuja intensidade é muito menor que a das forças de atrito entre corpos sólidos.

Desperdiçar energia?

A pressão do ar nos pneus dos automóveis é outro ponto a ter em conta. Em qualquer rua com carros estacionados, é muito fácil observar que a zona de contacto entre os pneus dos automóveis e o chão não é um ponto ou uma linha, mas uma superfície. As dimensões destas superfícies de contacto são tanto maiores quanto menos cheios estiverem os pneus dos automóveis. Assim, podemos compreender que haja sempre efeitos de atrito de rolamento que dificultam o movimento dos automóveis, devidos à maior ou menor deformação dos respectivos pneus. Esses efeitos são os responsáveis pela paragem dos automóveis, em relativamente pouco tempo, se numa estrada horizontal o condutor deixar de carregar no acelerador. Percebe-se então que, mesmo para manter um automóvel a deslocar-se com velocidade constante numa estrada horizontal, se tenha de carregar um pouco no seu acelerador – de modo a provocar um movimento de rotação das rodas com maior velocidade angular e uma consequente força de atrito de deslizamento a favor do movimento, cujo efeito vai compensar os efeitos retardadores do atrito de rolamento, inerentes à deformação dos pneus.

Então, quanto menos cheios estiverem os pneus de um automóvel, mais combustível se gasta apenas para compensar os efeitos do atrito de rolamento. Isto acontece mesmo que apenas se deseja manter constante a velocidade de um automóvel. Nestas condições, há uma maior diminuição da energia potencial interna do sistema constituído pelo automóvel com o seu combustível, sem que aumente a sua energia cinética de translação. Ou seja, mais energia potencial interna é consumida neste processo, sem que seja transformada em energia útil.

4. EFEITOS DO CAMPO GRAVÍTICO

Introdução

A primeira noção científica de *peso* de um corpo, com a qual os alunos contactam na Escola, relaciona esta propriedade de todos os corpos que nos rodeiam com *o resultado de uma atracção que a Terra exerce sobre eles*. Por essa razão, se os corpos que observamos apenas estiverem sujeitos ao seu peso, eles caem para a Terra.

Na verdade, muito antes de entrarem na escola, os alunos já ouviram falar de peso dos corpos. Intuitivamente, as noções que associam a essa palavra não são, em determinados aspectos, muito diferentes daquela noção científica. Todos os alunos já observaram corpos a cair para a Terra, e poderão aceitar que isso se deve ao facto de eles terem peso, ou seja, a Terra os atrair.

Mas, no dia a dia, associa-se também uma outra noção ao conceito de peso. Por exemplo, se queremos saber qual é o peso de um corpo, verificamos o valor que é indicado numa balança quando o colocamos sobre ela. Ou, ao transportar uma mala nas nossas mãos, afirmamos que ela é muito pesada... Embora os pormenores físicos da interpretação destes procedimentos e afirmações ainda não sejam muito claros para quem os faz, nas duas situações agora descritas está a associar-se o *peso* do corpo ao *valor da força que ele exerce sobre o seu suporte*.

Na verdade, quando apenas se faz referência ao módulo do vector peso, força com que a Terra atrai os corpos à sua superfície, e ao módulo da força que um corpo exerce sobre um suporte, há muitas situações em que estes dois valores coincidem – por exemplo, quando avaliamos o peso de uma porção de açúcar através do valor indicado no mostrador da balança de cozinha, em cujo prato o colocamos, ou quando transportamos uma mala suspensa das nossas mãos, deslocando-a horizontalmente.

Há, no entanto, muitas outras situações em que estes dois valores não coincidem – por exemplo, quando nos deslocamos num elevador que está a iniciar a subida ou a descida, quando um livro está sobre uma mesa e tem outro livro por cima, quando uma esfera balouça em movimento pendular, suspensa de um fio, ou quando seguramos uma pedra dentro de água.

Em Física, as palavras têm de ter um único significado. Não é possível que o termo *peso* possa ser interpretado de duas maneiras diferentes. Respeitando a primeira abordagem do conceito de peso, ou seja, aceitando que peso de um corpo é a força que se exerce sobre esse corpo pelo facto de estar sujeito a um campo gravítico, terrestre ou outro, vamos nesta secção tentar esclarecer eventuais confusões criadas muitas vezes por uma aprendizagem deficiente. Esperamos esclarecer os futuros professores de modo que essas deficiências de aprendizagem não se repitam (ou, pelo menos, que não possam ser atribuídas a um ensino menos correcto).

Peso de um corpo; campo gravítico de um astro

No primeiro contacto científico com a noção de *peso* de um corpo, levam-se os alunos a pensar que um corpo tem peso pelo facto de estar a ser atraído pela Terra ou por outro planeta. Assim, é dito aos alunos que o peso de um corpo na Terra é devido à atracção que a Terra exerce sobre ele, puxando-o sempre para o seu centro (neste nível é óbvio que se desprezam os efeitos do movimento de rotação da Terra). A noção transmitida é a de que a Terra cria um campo gravítico à sua volta, o qual faz com que os corpos aí colocados sejam atraídos. Num outro qualquer planeta – e a Lua é, em geral, dada como exemplo – o peso do mesmo corpo terá um valor diferente, mas continua a ser uma força que se exerce sobre o corpo devido à atracção que a Lua exerce sobre ele. Explica-se que o peso do mesmo corpo é diferente na Terra e na Lua devido ao facto de a Lua ter um poder atractivo menor que o da Terra, sobre corpos à mesma distância das suas superfícies. Ou seja, o campo gravítico criado pela Lua à sua superfície é menos intenso (faz com que sobre o mesmo corpo seja exercida uma força de menor módulo) que o campo gravítico terrestre à superfície da Terra.

Peso de um corpo é então:
- uma força *sempre* com a direcção da vertical do lugar onde nos encontramos,
- que aponta *sempre* de cima para baixo (isto é, sempre para o centro do planeta ou outro astro à superfície do qual o corpo se encontra),
- e que tem um módulo tanto maior quanto maior for a massa do corpo em questão.
- O peso de um corpo num determinado planeta (ou outro astro) depende também do poder de atracção desse planeta sobre os corpos à sua superfície (o poder de atracção de um planeta sobre qualquer corpo à sua superfície é proporcional à massa do planeta, mas depende inversamente do quadrado do raio do planeta).

Peso de um corpo: escalar ou vector?

Note-se que, mesmo cientificamente, muitas vezes se usa o termo *peso* para designar seja o *vector peso*, $\vec{P}$, ou *o seu módulo* P (neste último contexto, o peso de um corpo é sempre um valor positivo). Diz-se, por exemplo, que o peso do corpo é 600N. Isso não criará confusão?

A verdade é que nunca poderá haver confusões pelo facto de não se explicitar se, ao falarmos em peso de um corpo, nos referimos ao vector peso ou apenas ao seu módulo.

Como sabemos, há outros casos em que é necessário usar termos diferentes para designar tipos diferentes de variáveis, caso contrário podem estar a cometer-se erros graves. É o que se faz, por exemplo, quando nos referimos à velocidade, à velocidade escalar ou ao módulo da velocidade de um corpo.

Mas o *peso de um corpo* num qualquer planeta (ou astro) é um vector que *tem sempre a mesma direcção*, a da linha vertical do lugar do planeta, seja qual for o ponto desse planeta em que nos encontremos, *e o mesmo sentido*, apontando sempre para o centro do planeta. Como consequência, a única característica desconhecida do vector peso de um corpo é, de facto, o seu módulo. É por isso que, quando num enunciado de um problema se indica, por exemplo, que o peso de um corpo é 600N, ninguém tem dúvidas em desenhar, num esquema de forças aplicadas sobre o corpo, um vector peso vertical e com o sentido de cima para baixo. Ao saber que o módulo do peso é 600N, ficam explicitadas todas as suas características. No mesmo contexto, quando se pede para alguém calcular o peso de um corpo, deve aceitar-se que apenas seja indicado o valor positivo correspondente ao módulo deste vector.

Campo gravítico e lei da atracção universal

Como sabemos, Newton definiu determinados conceitos e propôs um conjunto de leis (as leis de Newton) que permitem o estudo de qualquer tipo de movimento de corpos macroscópicos. É exactamente esse um dos aspectos fundamentais do enorme valor do modelo proposto por Newton para o estudo dos movimentos. E é exactamente isso que, de modo um pouco anedótico, está contido na história da maçã que lhe caiu na cabeça e fez com que ele "percebesse" que as forças que provocavam a queda de qualquer corpo para o chão, por mais insignificante que fosse, eram exactamente as mesmas que "comandavam" os movimentos dos astros no céu. Como poderemos entender que Newton tenha chegado a essa conclusão?

Sem pretender indicar qual foi, historicamente, a sequência dos raciocínios de Newton, podemos pensar na que se indica a seguir. Newton sabia que qualquer planeta (do sistema solar) se movia em torno do Sol, descrevendo uma órbita quase circular, num movimento quase uniforme (resultado experimental que, à data, já era conhecido devido às observações astronómicas e cálculos de Tycho Brahe e de Kepler). Aceitemos, numa primeira aproximação, que o movimento dos planetas em torno do Sol é circular uniforme. Como consequência da 2ª lei de Newton e do conhecimento da expressão da aceleração de um corpo com movimento circular uniforme, para que um planeta qualquer A, de massa M_A, descreva uma órbita circular de raio R, ele tem de estar sujeito a uma força cen-trípeta tal que o seu módulo obedece à relação:

$$F_c = M_A \times \frac{v_A^2}{R} \qquad (4.1)$$

sendo v_A a velocidade escalar com que o planeta A descreve a sua trajectória. Quem exerce a força F_c? É decerto o Sol, no centro da órbita descrita.

Como consequência da manipulação matemática dos resultados das observações astronómicas (efectuada por Kepler) sabia-se que, para todos os planetas que rodavam em torno do Sol, existia uma relação constante entre o quadrado do seu período de revolução T (o tempo gasto numa volta completa à órbita) e o cubo do raio R da correspondente órbita. Ou seja:

$$\frac{T^2}{R^3} = K \qquad (4.2)$$

Uma órbita circular de raio R tem um perímetro $2\pi R$. O planeta A completa este percurso durante T segundos. Sendo o movimento uniforme, a sua velocidade escalar, v_A, é constante. Então esta velocidade escalar é dada por:

$$v_A = \frac{2\pi R}{T} \qquad (4.3)$$

Substituindo (4.3) e (4.2) em (4.1) obtém-se:

$$F_c = M_A \times \frac{4\pi^2 R^2}{T^2 R} = M_A \times \frac{4\pi^2 R}{K R^3} \qquad (4.4)$$

ou seja:

$$F_c \propto \frac{M_A}{R^2} \qquad (4.5)$$

Newton teria então concluído que a força de atracção do Sol sobre o planeta A seria proporcional à massa do planeta A e inversamente proporcional ao quadrado da distância entre o Sol e o planeta A (raio da órbita descrita pelo planeta A em torno do Sol). Como Newton estava convicto da igualdade da acção-reacção (3ª lei de Newton), ele sabia que também o módulo da força exercida pelo planeta *A* sobre o Sol teria um valor dado pela expressão (4.5). Então, devido à simetria da situação, também a massa do Sol deveria aparecer explicitamente no numerador desta expressão. Isso não incluía nenhum efeito contraditório com a conclusão anterior, uma vez que a expressão (4.5) é definida a menos de uma constante de proporcionalidade. Assim, é fácil entender que Newton tenha chegado à expressão:

$$F_{AB} \propto \frac{M_A \times M_B}{R^2} \qquad (4.6)$$

Esta expressão exprime o enunciado da *lei da atracção universal*: dois corpos quaisquer exercem um sobre o outro forças de atracção mútuas com módulos directamente proporcionais ao produto das suas massas e inversamente proporcionais ao quadrado da distância que os separa.

Esta força de atracção actua entre dois corpos quaisquer? Ou apenas entre astros?

Esta força de atracção actua entre dois quaisquer corpos, uma vez que a sua origem está relacionada com o facto deles terem massa, uma propriedade comum a todos os corpos. É, portanto, uma lei universal. Mas a constante de proporcionalidade implícita na expressão (4.6) tem um valor tão pequeno que, para que a força de atracção entre dois corpos tenha um valor apreciável – isto é, para que se consigam detectar os seus efeitos sobre o movimento de cada um dos corpos – pelo menos um deles tem de ter uma massa muito elevada. É o que se passa, por exemplo, com a força de atracção entre dois planetas (Terra-Lua, por exemplo), ou entre o Sol e os planetas que orbitam em sua volta, ou entre um planeta e qualquer corpo (mesmo de pequena massa) mais ou menos perto da sua superfície.

Podemos então concluir que corpos de massa apreciável têm a capacidade de atrair corpos que estão perto deles. Muito perto? Mais longe? A lei da atracção universal (expressão (4.6)) indica que o módulo da força de atracção diminui com o quadrado da distância. Então *é possível imaginar um corpo* (por exemplo, uma nave espacial) *situado tão longe de qualquer astro que não sofre os efeitos de qualquer atracção gravítica*. Sendo assim, de acordo com a noção de peso proposta no início desta secção (e que coincide com a primeira noção científica de peso que é fornecida aos alunos) será apenas nestas condições que se pode dizer que *um corpo não tem peso*.

Força de atracção universal e campo gravítico

Vimos então que dois corpos com massa se atraem mutuamente. Isto significa que a massa de um corpo está relacionada com a sua capacidade de atrair outros corpos, exactamente porque eles também têm massa. Essa capacidade que um corpo tem de atrair outros corpos colocados nas suas vizinhanças, apenas porque ambos têm *massa*, pode ser expressa pelo conceito de *campo gravítico*.

Na verdade, afirmou-se que um corpo de massa M_A, por ter essa massa, atrai outro, de massa M_B, colocado num determinado ponto Q das suas vizinhanças. A força que o corpo A exerce sobre o corpo B tem um módulo proporcional a M_A e a M_B. Retirando o corpo de massa M_B e colocando no mesmo ponto Q um outro corpo de massa M_C, o corpo A ainda o atrai, com uma força proporcional a M_A e a M_C. Podemos ir substituindo os corpos de massa M_B, M_C, etc., por corpos diferentes, sempre colocados no ponto Q, e ainda o corpo de massa M_A os vai atraindo com forças cujo módulo é sempre proporcional a M_A e a cada uma das massas dos corpos que vamos sucessivamente colocando no mesmo ponto. Assim, podemos dizer que o corpo de massa M_A cria no ponto Q – um ponto qualquer na região à sua volta – a capacidade de atrair outros corpos com massa lá colocados, ou seja, cria no ponto Q um *campo gravítico*, $\vec{G}$ (sempre atractivo). De acordo com a expressão (4.6) o módulo desse campo é dado por

$$G \propto \frac{M_A}{R^2} \qquad (4.7)$$

Nesta expressão, R é a distância do ponto Q ao corpo A. Introduzindo o valor da constante de atracção universal, $\mathcal{G} = 6,67 \times 10^{-11} \text{Nm}^2\text{kg}^{-2}$, obtém-se:

$$G = \mathcal{G} \frac{M_A}{R^2} \qquad (4.8)$$

Peso de um corpo na Terra: valor constante ou variável?

Se a força de atracção gravítica exercida pela Terra sobre qualquer corpo à sua superfície diminui com o quadrado da distância a que o corpo se encontra da Terra, porque é que o peso de um corpo é igual, quer estejamos no rés-do-chão de uma casa ou no 8º andar? Ou não será igual?

Antes de responder a estas questões, façamos a análise seguinte. Como proposto por Newton e verificado experimentalmente, o módulo da força de atracção entre o Sol e a Terra, por exemplo, é inversamente proporcional ao quadrado da distância Terra-Sol. Mas será esta distância medida entre a superfície da Terra e a superfície do Sol ou entre o centro da Terra e o centro do Sol?

É fácil notar que a diferença entre os dois valores obtidos por um cálculo ou pelo outro, é dada pela soma do raio do Sol ($R_S = 6,96 \times 10^8$ m) com o raio da Terra ($R_T = 6,37 \times 10^6$ m). Ora esta soma é muito menor que a distância média Terra-Sol ($1,49 \times 10^{11}$ m), qualquer que seja o modo de a calcular (centro-centro ou superfície-superfície). Assim, o cálculo do módulo da força média de atracção entre a Terra e o Sol é independente do modo como se calcula a distância entre eles. De facto pode verificar-se pelos valores anteriores que, comparadas as dimensões da Terra e do Sol com a distância Terra-Sol, tanto a Terra como o Sol se podem considerar, neste contexto, como tendo dimensões pontuais.

Mas se estamos a considerar a atracção da Terra sobre um corpo à sua superfície, qual é a distância entre a Terra e esse corpo? A altura a que o corpo está da superfície da Terra ou a distância do corpo ao centro da Terra? O primeiro destes dois valores é da ordem de grandeza dos metros e o outro valor tem uma ordem de grandeza dos milhares de quilómetros, pelo que o resultado, com um e outro dos valores apontados, é bastante diferente. Como resolver o problema?

Sabemos que a Terra não é um planeta esférico nem homogéneo, tendo mesmo zonas com densidades algo diferentes. Mas, numa primeira aproximação – válida com o rigor que se pretende – sob o ponto de vista de campo gravítico criado (ou seja, a capacidade de atrair corpos à sua volta) a Terra pode ser considerada um planeta esférico e homogéneo. Matematicamente pode provar-se que o campo atractivo criado por uma esfera com uma distribuição homogénea de massa M, nos pontos exteriores a essa distribuição, é igual ao campo criado nesses mesmos pontos por uma massa pontual M colocada no centro da distribuição. Assim, usando a massa da Terra e a distância de qualquer ponto ao centro da Terra, obtém-se, através da expressão (4.8) um valor muito aproximado para o módulo do campo gravítico terrestre nesse ponto. Não é surpresa que o valor calculado para o módulo do campo gravítico $\vec{G}$ criado pela Terra à sua superfície – quando se substitui R pelo valor do raio da Terra e se tem em consideração a massa da Terra na expressão (4.8) – seja 9,8m/s². Este valor é o módulo, g, da aceleração $\vec{g}$ da gravidade. Neste contexto, pode dizer-se que o campo gravítico terrestre é um campo de acelerações.

Como consequência destas considerações, compreende-se então que a diferença entre os módulos do campo gravítico terrestre em pontos localizados num rés-do-chão de um prédio e num 8º andar seja desprezável. Supondo que o rés-do-chão considerado estava ao nível do mar, para este caso o denominador da expressão (4.8) seria o quadrado do valor do raio da Terra, da ordem de grandeza dos milhares de quilómetros. O valor do campo gravítico no 8º andar do mesmo prédio seria obtido pela expressão (4.8) com um denominador igual ao quadrado de um novo valor, obtido pela adição de algumas dezenas de metros a esses milhares de quilómetros. Vemos assim que – devido à diferença entre as ordens de grandeza do raio da Terra e da altura de um qualquer local, mesmo numa montanha, em relação ao nível do mar – o peso de um determinado corpo é praticamente constante à superfície da Terra.

A maior diferença para os possíveis valores do peso de um mesmo corpo na Terra provém do facto desta não ser perfeitamente esférica. Em consequência do achatamento da Terra nos pólos, a distância destes pontos extremos da Terra ao seu centro é um pouco menor que a distância ao centro da Terra de qualquer ponto no equador. Mesmo assim, nestes dois casos extremos, o valor de g, e consequentemente o valor do peso de um mesmo corpo, apenas terá uma variação inferior a 1/100.

Note-se no entanto que o módulo do campo gravítico terrestre é decerto muito diferente do valor $9,8 m/s^2$ em pontos bastante distantes da superfície da Terra, como o caso dos pontos nas trajectórias dos satélites artificiais ou na órbita da Lua.

Que valor indica uma balança?

Quando se pretende pesar um corpo, coloca-se esse corpo numa balança ou suspende-se de um dinamómetro. No mostrador de qualquer um destes aparelhos lê-se um valor que é interpretado como o peso do corpo. Será esta interpretação válida? Haverá condições em que é válida? Como distingui-las?

Comecemos por identificar qual é o valor indicado num mostrador de uma balança. Na figura 4.1 representa-se um possível esquema de uma balança que, tal como um dinamómetro, funciona com base nas propriedades das molas elásticas. A balança está assente num plano horizontal. Esquematicamente podemos dizer que é constituída por duas placas paralelas, uma assente no chão e outra por cima, ligada à primeira por molas elásticas. Qualquer corpo colocado na placa superior da balança, a que se chama *prato da balança*, faz comprimir as molas elásticas. Esta compressão – maior ou menor consoante a componente normal ao prato da balança, da força nele exercida, tenha maior ou menor módulo – faz rodar um ponteiro acoplado às molas, o qual vai indicar um número num mostrador graduado. *As balanças são calibradas para que o ponteiro indique no mostrador o módulo da componente normal (à superfície do prato da balança) da força que se exerce no seu prato superior.*

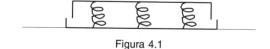

Figura 4.1

Efeitos do campo gravítico

Como veremos, há situações em que o valor indicado no mostrador da balança coincide com o do peso do corpo (módulo da força com que a Terra o atrai), havendo, no entanto, outras em que esse valor pode ser superior ou inferior ao do peso do corpo. Todos sabemos que quando nos deslocamos num elevador, o nosso peso não se altera (porque não se altera significativamente a nossa distância ao centro da Terra). Mas, se estivermos sobre uma balança, os valores indicados no mostrador da mesma ora são maiores que o nosso peso, ora menores, ora iguais, consoante o movimento do elevador. Outro exemplo que poderá ser apontado é a situação em que saltamos para cima de uma balança colocada, normalmente, em repouso num plano horizontal. No início do contacto, o mostrador da balança indicará um valor mais elevado que o valor final. Apenas este valor final coincide com o valor do nosso peso.

Como relacionar o valor indicado pela balança com o peso do corpo pousado sobre ela?

Consideremos então um corpo pousado sobre uma balança colocada em repouso num plano horizontal, como se ilustra nas figuras 4.2, 4.3 e 4.4. Nos casos representados nas figuras 4.2 e 4.4, o corpo exerce sobre a balança uma força $\vec{F}_b$. Mas repare-se que na situação ilustrada na figura 4.3, na qual há uma força $\vec{F}$ exercida sobre o corpo A por um agente exterior – por exemplo através de um fio – $\vec{F}_b$ é apenas a componente vertical da força exercida pelo corpo sobre a balança. É claro que, neste caso o corpo também exerce sobre a balança uma força horizontal de atrito (par acção-reacção da força $\vec{F}_a$ exercida pela balança sobre o corpo). Alem disso, existe ainda o peso da balança. Estas forças, aplicadas na balança, não estão representadas na figura, uma vez que o valor indicado no mostrador da balança apenas depende de $\left|\vec{F}_b\right|$.

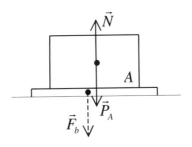

Figura 4.2

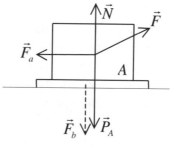

Figura 4.3

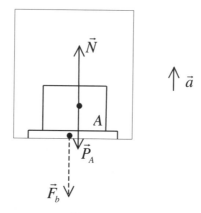

Figura 4.4

Em todas as situações descritas, a força que o corpo exerce sobre a balança ou é $\vec{F}_b$ ou tem uma componente vertical designada por $\vec{F}_b$. Atendendo ao modo como estão graduadas as balanças, o valor indicado no mostrador da balança corresponde exactamente a $|\vec{F}_b|$.

Pela lei da igualdade da acção-reacção, a balança exerce sobre o corpo colocado no seu prato uma força (de componente vertical) $\vec{N}$ (a balança é o suporte da corpo):

- com a direcção de $\vec{F}_b$;
- com sentido contrário ao de $\vec{F}_b$;
- com um módulo tal que $|\vec{F}_b| = |\vec{N}|$.

Então, o valor indicado no mostrador da balança coincide com $|\vec{N}|$.

A maneira mais fácil de relacionar o valor indicado no mostrador de uma balança com o peso de um corpo (saber se é igual ao peso, se é maior ou se é menor), baseia-se na análise de todas as forças aplicadas sobre o corpo e no estudo das características do seu movimento, neste caso, da sua aceleração $\vec{a}$. Como sabemos, a 2ª lei de Newton define uma relação entre esta aceleração e o valor da resultante das forças exercidas sobre o corpo. Em condições gerais, para além da força exercida pela balança, $\vec{N}$, e do peso, $\vec{P}$, do corpo (visto que estamos à superfície da Terra) podem existir outras forças, como, por exemplo, no caso ilustrado na figura 4.3. Teremos então:

$$m\vec{a} = \vec{R} = \vec{P} + \vec{N} + ... \qquad (4.9)$$

em que a soma se tem de estender a todas as forças aplicadas sobre o corpo. Através da análise do valor da componente vertical da aceleração $\vec{a}$ e das componentes verticais de todas as forças aplicadas, poderemos tirar conclusões sobre os valores relativos dos módulos das forças $\vec{N}$ e $\vec{P}$.

Consideremos então concretamente a primeira situação, ilustrada na figura 4.2, em que a balança está pousada no chão de uma sala e o corpo está assente sobre ela. Como o corpo sobre a balança está em repouso (portanto em equilíbrio), sujeito apenas ao seu peso e à força aplicada pela balança, a resultante das forças sobre ele aplicadas é nula e temos $0 = \vec{P} + \vec{N}$. Isto implica que $|\vec{P}| = |\vec{N}|$. Então, de acordo com as considerações anteriores, podemos dizer que, nestas condições, o valor indicado na balança coincide com o peso do corpo, visto que se verifica $|\vec{F}_b| = |\vec{N}| = |\vec{P}|$.

No entanto, isto nem sempre acontece. Por exemplo, coloque-se o corpo sobre uma balança horizontal. Puxando-o por um fio a ele ligado, exerça-se sobre o corpo uma força oblíqua $\vec{F}$, como a representada na figura 4.3. Suponhamos que esta força não é suficiente para provocar qualquer movimento do corpo, de modo que este ainda se mantém em equilíbrio, em contacto com a balança. É fácil compreender que, nesta situação, $|\vec{P}| = |\vec{N}| + |\vec{F}_{vertical}|$, sendo $|\vec{F}_{vertical}|$ o módulo da componente vertical da força $\vec{F}$ aplicada. Nesta condições, o valor indicado na balança, sempre igual a $|\vec{N}|$, é inferior ao peso do corpo.

Corpos sobre balanças colocadas em elevadores

Suponhamos que entramos num elevador que vai subir do 1º ao 4º andar e que transportamos um caixote. Se mantivermos o caixote nos nossos braços, quando o elevador começa a subir o caixote parece-nos "mais pesado". Quando nos aproximamos do 4º andar e a velocidade do elevador começa a diminuir, o caixote parece-nos "mais leve". Será que durante esta subida se alterou significativamente o valor do campo gravítico?

Claro que não. O peso do caixote dentro do elevador, módulo da força com que a Terra o atrai, é exactamente o mesmo quer o elevador esteja parado, com movimento uniforme ou com movimento acelerado. Então, qual é a explicação para o caixote parecer mais pesado?

Utilizando as considerações anteriores, podemos compreender facilmente o que se passa. Vamos imaginar que em vez dos nossos braços, o suporte do caixote é uma balança no chão do elevador. Não há dúvida, e a experiência pode ser feita por qualquer pessoa, que no início da subida a balança marca um valor superior ao peso do caixote, quando a velocidade do elevador é constante o valor marcado é igual a esse peso e perto do fim da subida, quando a velocidade do elevador diminui, o valor marcado é inferior ao peso do caixote. Porquê?

A figura 4.4 ilustra a situação em que o elevador se desloca para cima no início de uma subida, com aceleração vertical $\vec{a}$. Tudo o que está dentro do elevador está a deslocar-se com essa aceleração. Consideremos as forças aplicadas no caixote. São apenas o seu peso $\vec{P}$ e a força $\vec{N}$ que a balança exerce sobre ele. Mas neste caso a resultante destas forças não pode ser nula, uma vez que o caixote se move com movimento vertical acelerado para cima. Então terá que ser $|\vec{N}| > |\vec{P}|$. Como o valor que a balança marca é o do módulo da força que o caixote exerce sobre a balança (par acção-reacção da força $\vec{N}$), o número indicado no seu mostrador tem de ser maior que o peso do caixote. Isto é, nestas condições em que o elevador acelera movendo-se para cima, *o módulo da força que o caixote exerce sobre o seu suporte*, seja a balança sejam os nossos braços, *é maior que o peso do caixote*: diz-se que o caixote *fica aparentemente mais pesado*.

É fácil agora compreender que, quando no topo da subida a velocidade do elevador diminui, a velocidade do caixote também terá de diminuir, tendo o seu movimento uma aceleração com sentido para baixo. Assim, a resultante das forças sobre o caixote aponta para baixo de modo que, nestas condições, $|\vec{N}| < |\vec{P}|$. Ou seja, o valor indicado na balança, igual ao módulo do par acção-reacção da força $\vec{N}$, é menor que o peso do caixote. Nos nossos braços o caixote parece pesar menos. É evidente que, se a velocidade do elevador for constante, o que acontece nos pontos intermédios do trajecto entre os dois andares, o valor indicado na balança coincide com o peso do caixote.

Salto para o chão

Suponhamos que nos encontramos no degrau de uma escada e saltamos para o chão. Qual a força que o chão exerce sobre nós?

Muitos alunos responderão que a força exercida sobre nós pelo chão tem um módulo igual ao do nosso peso. Outros, mais conhecedores das leis e conceitos da Física, dirão que é uma força (média) $\vec{F}$ tal que:

$$\vec{F} \times \Delta t = m \times \Delta \vec{v} \qquad (4.10)$$

Nenhuma destas duas respostas está correcta. Mas a pergunta também não está muito bem feita. Se o que se pretende é o valor das forças exercidas pelo chão *durante o impacto*, tal deve ser explícito na pergunta. Caso contrário, como veremos, temos situações em que as forças aplicadas pelo chão são diferentes.

Quando se está a considerar o intervalo de tempo do impacto, a segunda resposta revela alguns conhecimentos de Física, mas deverá ser corrigida. A expressão correcta é:

$$\vec{R} \times \Delta t = m \times \Delta \vec{v} \tag{4.11}$$

em que $\vec{R} = \vec{F} + \vec{P}$ é a resultante de todas as forças que actuam sobre o nosso corpo, neste caso a soma da força $\vec{F}$ exercida pelo chão e do nosso peso $\vec{P}$.

Mas, durante todo o salto, qual será a relação de grandeza entre os módulos da força $\vec{F}$, aplicada pelo chão, e do peso $\vec{P}$ do corpo?

Se fizermos esta experiência, saltando para cima de uma balança, verifica-se que, imediatamente a seguir ao contacto dos nossos pés com a balança, o mostrador indica um valor mais elevado que o peso, voltando depois a um valor igual ao peso. Porquê?

Para analisar toda a situação temos de prestar atenção ao facto de haver fases diferentes do movimento, correspondentes cada uma a interacções diferentes. Ignorar totalmente a existência destas fases, ou passar por cima desta análise de modo apressado, quando se considera este exemplo nas aulas, pode levar os alunos a misturar interacções, que, de facto, não existem em simultâneo. Como veremos, existe mesmo uma fase (final) em que a força exercida pelo chão (ou pela balança) sobre o corpo tem módulo igual ao peso do corpo. Mas isso não acontece sempre.

Quando o corpo se move "em queda livre" (1ª fase), adquire velocidade devido ao seu peso, única força aplicada (se se desprezar a resistência do ar). É óbvio que, nestas condições, a balança não exerce qualquer força sobre o corpo. Imediatamente depois de tocar na balança, há um pequeno lapso de tempo (2ª fase) durante o qual o módulo da velocidade do corpo vai diminuir até se anular. Numa fase final o corpo fica parado (3ª fase). Nesta fase final, isto é, o corpo está parado, é evidente que a força exercida pela balança tem módulo igual ao peso do corpo.

No intervalo de tempo compreendido entre o instante imediatamente a seguir ao contacto com a balança e o instante em que a velocidade se anula – durante o qual está, portanto, a diminuir a velocidade do corpo – a resultante das forças que nele actuam (a soma do peso $\vec{P}$ do corpo e da força média $\vec{F}$ que a balança exerce sobre ele) tem de apontar para cima, o sentido da aceleração do corpo. Assim, nesse breve intervalo de tempo, a força (média) exercida pela balança, e a cuja existência se pode atribuir a razão do corpo vir a parar – mas tendo em consideração que o peso do corpo é uma força que continua sempre a actuar – tem de ter módulo superior ao peso do corpo. Sabemos que a balança indica o módulo da força sobre ela exercida; como esta tem módulo igual à força que a balança exerce sobre o corpo, o valor indicado no mostrador, igual a $|\vec{F}|$, é maior que o peso do corpo.

Se o salto for efectuado para o chão, é o chão que exerce sobre o corpo uma força de módulo maior que o peso do corpo. Por isso são perigosos os saltos correspondentes a grandes desníveis. É óbvio que quanto maior for a altura de que se salta, maior é a velocidade adquirida pelo corpo no seu trajecto antes de tocar no chão, fazendo com que tenha de ser maior a força exercida pelo chão para o fazer parar.

É claro que há outro factor que influencia o valor da força $\vec{F}$ exercida pelo chão sobre o corpo durante o impacto. Como se pode ver da expressão (4.11), o valor de $\vec{F}$ depende da duração do intervalo de tempo, Δt, que dura a diminuição de velocidade do corpo. Como o peso $\vec{P}$ é constante, se Δt aumentar irá diminuir o valor de $\vec{F}$. É por isso que se devem flectir as pernas durante o contacto com o chão, ou utilizar colchões macios quando os atletas saltam à vara, por exemplo, para que a força exercida pelo chão durante o impacto não seja demasiado elevada, o que pode provocar lesões graves na pessoa que salta.

Imponderabilidade

Uma situação de imponderabilidade significará uma ausência de peso? Aceitando a definição de peso que demos no início desta secção, uma situação de ausência de peso, isto é, em que um corpo qualquer *A* não tem peso, significaria uma de duas coisas:

- O corpo *A* está infinitamente afastado de qualquer outro corpo com massa suficiente para que os efeitos do campo gravítico por ele criado possam ser sentidos. Como sabemos que apenas os astros têm massa suficiente para que estes efeitos se possam detectar, o corpo *A* tem de estar no espaço interestelar, infinitamente afastado de qualquer astro.
- O corpo *A* está no espaço interestelar em determinadas posições muito especiais, tais que a resultante de todas as forças atractivas a que está sujeito, devido aos vários campos gravíticos criados pelos astros à sua volta, se anula.

Tanto a primeira situação como a segunda correspondem apenas a algumas localizações algo especiais no espaço. Por exemplo, quando uma nave espacial se desloca da Terra até à Lua, ela só estará em condições de não ter peso num ponto (pequena região) pertencente à linha recta que num determinado instante une os centros da Terra e da Lua, a uma distância tal destes dois planetas que se verifica a igualdade entre os módulos das forças atractivas que a Terra e a Lua exercem sobre a nave (considera-se que, nestas condições, se poderão desprezar os efeitos de quaisquer outros campos gravíticos sobre a nave).

No entanto, com alguma frequência – mesmo para casos em que as naves estão relativamente perto da Terra – vemos nas televisões filmes que ilustram situações de imponderabilidade, isto é, situações em que, por exemplo, uma bola lançada com determinada velocidade horizontal numa nave, sem qualquer suporte, percorre uma trajectória perfeitamente horizontal. Será que não há qualquer atracção gravítica a exercer-se sobre a bola?

Não é esse, em geral, o caso.

Consideremos a situação do caixote sobre uma balança dentro de um elevador, estudada anteriormente. Será possível que o caixote não exerça qualquer força sobre a balança? É claro que é possível, no caso em que o elevador cai em queda livre com a balança e o caixote dentro dele. Qual o movimento do caixote nessas circunstâncias? Cai com uma aceleração igual à da gravidade. Então sobre ele apenas actua a força da gravidade e a balança, "seu suporte", não exerce qualquer força sobre o caixote. Portanto, pelo princípio da igualdade da acção-reacção, o caixote também não exerce qualquer força sobre a balança e esta não marca qualquer valor. Se, nestas condições, o caixote estiver nos braços de qualquer pessoa, essa pessoa dirá que o caixote *parece não ter peso*.

Quando alguém salta de uma prancha para dentro de uma piscina, levando um qualquer objecto na mão – por exemplo, uma pedra – durante o trajecto pelo ar esse objecto *parece não ter peso*. Se a pessoa retirar a mão debaixo dele, esse objecto continua a cair exactamente com a mesma aceleração da gravidade. Em relação à pessoa que saltou para a piscina, o objecto está parado ao lado da sua mão, até tocarem na água (dependendo da forma do objecto, poderá haver efeitos perturbadores da resistência do ar, que depende da forma dos corpos em que actua – por exemplo, se a pessoa levar na mão uma grande bola de praia, esta ficará para trás, descendo com uma menor aceleração que a do corpo, devido ao valor elevado da resistência do ar sobre a bola, muito maior que o efeito da resistência do ar sobre a pessoa que salta).

Podemos dizer que uma *situação de imponderabilidade* é uma situação de *ausência aparente de peso*, ou seja, uma situação em que um corpo não exerce qualquer força sobre um seu suporte, sendo indiferente que exista suporte ou não.

O que se passa na nave espacial? Em geral as condições de imponderabilidade são verificadas quando a nave desliga os motores e se mantém em órbita, descrevendo um movimento circular uniforme em torno da Terra, apenas sujeita às forças do campo gravítico terrestre. Para tal, a nave tem de estar a determinada distância d do centro da Terra, movendo-se com determinada velocidade escalar v, de modo que se verifique a relação:

$$G\frac{M_T}{d^2} = \frac{v^2}{d} \qquad (4.12)$$

ou seja, o valor do campo gravítico terrestre, à distância d a que se encontra a nave, é igual ao valor da aceleração centrípeta da nave.

Mas tudo o que está dentro da nave tem exactamente à mesma aceleração centrípeta (esta só depende da massa da Terra, M_T, e da distância d entre o centro da Terra e o local em que está a nave com todo o seu conteúdo) e tem a mesma velocidade escalar v, que lhe foi comunicada pelos motores da nave antes de serem desligados. Assim, qualquer corpo dentro da nave descreve a mesma trajectória da nave, exactamente nas mesmas condições (mesmo sem estar em contacto com ela). Ou seja, quando se coloca uma cadeira, por exemplo, num ponto a meia altura da cabine da nave, para um observador dentro da nave essa cadeira *permanece aí*. Em relação à nave não tem qualquer movimento. Se se der um pequeno empurrão horizontal à cadeira, ela passa a descrever, em relação aos observadores na nave e a qualquer câmara de filmar solidária com a mesma nave, um movimento horizontal rectilíneo uniforme. Até que alguém a apanhe, a cadeira desloca-se (em relação à nave) com velocidade constante, comunicada pelo pequeno empurrão inicial. É essa informação que nos é transmitida através da câmara de filmar colocada na nave. Nestas condições dizemos que a tudo o que está dentro da nave está em situação de imponderabilidade. *Aparentemente, não têm peso*. A situação é semelhante à descrita para o caso de alguém que salta para uma piscina com uma pedra sobre a mão. Aparentemente, a pedra não tem peso.

5. CONSIDERAÇÕES SOBRE ENERGIA

Introdução

Embora o modelo do ponto material seja aplicável ao estudo dos movimentos de translação de corpos sólidos reais, com dimensões, ele deixa, em geral, de ser válido quando se fazem considerações sobre energia. Por exemplo, se um corpo sólido – sobre o qual se pode afirmar que mantém a sua forma – se mover sujeito a forças de atrito, a sua superfície, onde estão aplicadas essas forças, fica deformada mesmo que macroscopicamente tal não se note. Também os movimentos dos átomos ou moléculas que o constituem, principalmente os que se situam mais próximo dessa superfície, são alterados, passando a processar-se com velocidades mais elevadas. Ou seja, altera-se a energia potencial interna e a energia cinética interna do corpo. Nestas condições, e para efeitos que envolvem considerações sobre energias, não é, de facto, aplicável o modelo do ponto material.

O estudo de qualquer alteração de energia de um corpo pode ser abordado tomando como ponto de partida o princípio da conservação da energia, no qual se têm de contemplar todas as possíveis contribuições para essas eventuais alterações. É o que se faz nesta secção, que termina com exemplos da aplicação desse princípio a diversas situações, muito vulgares no nosso dia a dia.

Sólidos rígidos

Um *sólido rígido* é um corpo macroscopicamente indeformável. Tal como qualquer corpo, um sólido é constituído por átomos – eventualmente agregados em moléculas. Nos sólidos as forças de ligação inter-atómicas têm valores elevados. Essa característica é a responsável pela rigidez macroscópica destes materiais.

No entanto, os átomos de qualquer sólido em repouso têm movimentos. Eles vibram em torno de posições de equilíbrio, como se estivessem ligados uns aos outros através de molas elásticas. Além disso, é possível haver deformações microscópicas de sólidos, provocadas por átomos que são deslocados das suas posições médias de equilíbrio. Este efeito é, em geral, devido à acção de forças exteriores, quase sempre aplicadas em pontos da superfície dos sólidos.

Vemos, portanto, que nenhum sólido real, ainda que rígido, é perfeitamente indeformável. Como consequência, a designação de sólido rígido tem de ser utilizada com cuidado. De facto:
- quando se estuda o movimento (macroscópico) de translação de um sólido rígido, pode considerar-se que o movimento (macroscópico) de todos os seus pontos tem exactamente as mesmas características, as do movimento do seu centro de massa, sendo, portanto, aplicável o modelo do ponto material;
- quando se fazem considerações sobre trocas e transformações de energia de sólidos rígidos, não é possível, em geral, ignorar totalmente as contribuições envolvidas nas alterações das características dos seus movimentos atómicos, bem como nas eventuais deformações microscópicas.

Modelo do ponto material

Ao estudar o movimento de um corpo rígido, relacionando-o com as forças que nele actuam, vimos que esse estudo ficaria simplificado se apenas estivéssemos em presença de *movimentos de translação* (movimentos em que se pode considerar que todas as pequenas porções de matéria constituintes do corpo descrevem trajectórias iguais com a mesma velocidade); nestas circunstâncias basta tratar o corpo como um ponto ao qual se atribui a massa do corpo (um *ponto material*), e estudar o movimento desse ponto como se ele estivesse sujeito à resultante de todas as forças que actuam sobre o corpo. É claro que estas forças são devidas a interacções do corpo com agentes exteriores a ele.

Embora desde o início se tenha aceite que este procedimento era válido – apenas apresentando como justificação o facto de um movimento de translação de um corpo rígido ser tal que todas as partes constituintes do corpo descrevem um movimento exactamente com as mesmas características cinemáticas – a justificação da validade física desta afirmação baseia-se na dedução das características do movimento do *centro de massa* de um sistema de partículas. De facto *pode provar-se que o centro de massa de qualquer sistema de partículas se move como um ponto (material) que estivesse sujeito à resultante de todas as forças exteriores que actuam no sistema e tivesse massa igual à massa do sistema em causa.*

Esta afirmação conduz-nos então ao *modelo do ponto material*, aplicável ao estudo dos movimentos de translação dos corpos sólidos, cujo desenvolvimento se resume a seguir:
- Qualquer que seja o corpo, podemos então pensar no centro de massa desse corpo como se fosse um ponto material de vector posicional $\vec{r}_{CM}$, velocidade $\vec{v}_{CM}$ e aceleração $\vec{a}_{CM}$, com massa M igual à massa do corpo.

- Supondo este ponto material sujeito à resultante de todas as forças exteriores que actuam sobre o sistema, estuda-se o seu movimento aplicando as leis de Newton.
- Como num corpo rígido o centro de massa se mantém na mesma posição relativa aos outros pontos do mesmo corpo, se o único movimento possível para o corpo em causa for um movimento de translação, as características do movimento do centro de massa são exactamente iguais às do movimento da generalidade dos pontos do sistema.

Conclui-se então que, **para estudar o movimento de translação** de qualquer corpo rígido, sujeito às mais variadas interacções, pode aplicar-se o *modelo do ponto material*.

É importante que os professores tenham bem presente esta fundamentação para a aplicação do modelo do ponto material ao estudo dos movimentos de translação de corpos sólidos. Como em quase todo o programa de Física do Ensino Secundário se estudam apenas movimentos deste tipo, isso permite-nos utilizar o modelo do ponto material para a abordagem do estudo das forças que actuam sobre os corpos e dos seus efeitos sobre o movimento dos mesmos, embora estes tenham dimensões apreciáveis. É evidente que as razões que justificam esta abordagem são independentes das dimensões dos corpos cujo movimento se está a estudar.

Mas será possível nestas condições, isto é, quando apenas temos movimentos de translação, aplicar o modelo do ponto material para fazer considerações sobre transformações e transferências de energia?

Teorema da energia cinética ou do trabalho-energia

Para responder à questão anterior, comecemos por fazer uma revisão das considerações sobre energia possíveis no modelo do ponto material. Para isso suponhamos que o corpo é um ponto material de massa M, que se move com velocidade $\vec{v}$. Que formas de energia pode ter?
- *Energia cinética*, dada pela expressão $(1/2) Mv^2$, devida ao movimento do corpo com velocidade escalar v,
- *energia potencial* se o corpo estiver num campo de forças conservativas (criado por outros corpos) e
- *energia mecânica* que, em cada instante, é a soma da energia cinética do corpo com a sua energia potencial associada ao eventual campo de forças conservativas.

Vemos então que a *energia cinética* do corpo é, neste modelo, a única forma de energia **própria** *do corpo*, isto é, aquela que, em cada instante, depende só do corpo (da sua massa e da sua velocidade). De facto, a *energia potencial*, seja esta gravítica ou eléctrica, por exemplo – e portanto também a *energia mecânica* – dependem explicitamente da interacção do corpo com outros corpos criadores de campos, sendo estes corpos independentes do ponto material em questão. Não podemos chamar a estas formas de energia, tanto à potencial como à mecânica (não independentes, visto que a energia potencial está contida na definição da energia mecânica), formas de energia própria do corpo. Podemos então concluir que *a única forma de energia própria que um ponto material pode ter é a sua energia cinética*.

Como se pode alterar a energia cinética de um ponto material? Apenas há uma maneira: fazendo com que forças (exteriores) actuem sobre ele e, realizando trabalho não nulo, lhe alterem a energia própria (neste modelo, apenas cinética). O *teorema da energia cinética* ou *teorema do trabalho-energia* contempla esta situação. Segundo ele, o trabalho, W_{AB}, realizado por todas as forças que actuam durante um certo intervalo de tempo sobre um ponto material, é igual à variação de energia cinética do ponto material durante esse mesmo intervalo de tempo. Ou seja

$$W^{AB}_{todas\ as\ forças} = \frac{1}{2} m v_B^2 - \frac{1}{2} m v_A^2 \qquad (5.1)$$

sendo A o ponto da trajectória ocupado pelo ponto material no instante inicial do intervalo de tempo em causa e B o ponto da trajectória ocupado no instante final do movimento considerado.

Como se insere no contexto deste teorema a noção de energia potencial, e, portanto também a de energia mecânica? Se o ponto material se deslocar num campo conservativo, as forças desse campo em geral realizam trabalho. Pode provar-se que este trabalho não depende da trajectória seguida entre dois quaisquer pontos, C e D por exemplo, do campo conservativo; então esse trabalho pode ser calculado através da diferença entre os valores que uma função (chamada *energia potencial*, E_p, *do ponto material no ponto do campo que nesse instante está a ser ocupado*) toma nesses pontos. Então:

$$W^{CD}_{F_{cons}} = E_p(C) - E_p(D) \qquad (5.2)$$

A expressão (5.1), válida para quaisquer tipos de forças aplicadas no ponto material, continua a ser válida para as forças do campo conservativo. Elas terão que ser consideradas no conjunto total das forças aplicadas. A única diferença é que o trabalho realizado por elas tem um nome especial.

Portanto, num caso geral, para um corpo (ponto material) sujeito a forças conservativas, $\vec{F}_{cons}$, e a forças não conservativas, $\vec{F}_{nao\,cons}$, a equação (5.1) pode escrever-se:

$$W^{AB}_{F_{cons}} + W^{AB}_{F_{nao\,cons}} = \frac{1}{2} m v_B^2 - \frac{1}{2} m v_A^2 = E_p(A) - E_p(B) + W^{AB}_{F_{nao\,cons}} \qquad (5.3)$$

ou seja:

$$W^{AB}_{F_{nao\,cons}} = [\frac{1}{2} m v_B^2 + E_p(B)] - [\frac{1}{2} m v_A^2 + E_p(A)] = E_{mec}(B) - E_{mec}(A) \quad (5.4)$$

Um corpo rígido pode ser tratado, em termos de energia, como um ponto material?

Por exemplo, podemos estudar as alterações de energia durante o movimento de um cubo que desce um plano inclinado, ou durante o movimento de um automóvel, considerando o modelo do ponto material?

É fácil ver que, a não ser em casos muito especiais, isto **não é possível**. Como sabemos, um corpo com dimensões pode ser considerado um sistema de pontos materiais (ou partículas) com fronteiras bem definidas. Atendendo a esta constituição, podemos imaginar a existência de forças interiores, que algumas das partículas constituintes do corpo exercem sobre outras suas vizinhas, provocando deslocamentos mais ou menos microscópicos e, consequentemente, realizando trabalhos microscópicos. Esta hipótese tem de poder ser considerada num caso geral de alterações de energia de um corpo com dimensões. Além disso, como sabemos, pode alterar-se a energia de um corpo qualquer colocando-o em contacto com outro a temperatura diferente, ou fazendo incidir sobre ele radiação emitida por outro corpo.

Para completar estas considerações temos que lembrar que o movimento de um corpo rígido pode ser composto por translações e rotações.

Nenhum destes aspectos está previsto nas equações (5.1) ou (5.4), que nos permitem calcular alterações de formas de energia de um ponto material. Portanto, podemos desde já concluir que, na maioria das situações em que têm de considerar-se alterações de energia de corpos com dimensões, não se pode aplicar o modelo do ponto material, ou seja, não é válido o teorema do trabalho energia.

Princípio da conservação da energia

Sendo assim, vamos abandonar o modelo do ponto material e a expressão (5.1). Para as considerações de energia envolvidas nos movimentos reais dos corpos (com dimensões) iremos considerar a expressão mais geral possível, que contempla todos os casos de transferências e transformações de energia entre sistemas ou dentro de sistemas. Essa expressão poderá ser utilizada para sistemas mecânicos (em geral corpos sólidos) e para sistemas termodinâmicos (em geral líquidos ou gases). Traduz o enunciado de um *princípio* – o *princípio da conservação da energia*. Chama-se-lhe princípio porque ainda não foi possível deduzi-lo. Mas, tanto quanto é possível afirmá-lo, ele verifica-se **sempre** em todos as transformações e transferências de energia processadas, seja num laboratório seja na natureza.

Antes de o enunciar, chama-se a atenção para o facto de se falar em **conservação da energia** quando, como veremos, o princípio da conservação da energia irá indicar as diversas maneiras de **alterar a energia** própria de qualquer sistema físico. Não há qualquer duplicidade neste facto. Indicando todas as possíveis maneiras de alterar uma função, ou, neste caso específico, todos os processos de alterar a energia própria de um sistema, fica determinado que, se todos esses processos se anularem (ou, o que é menos comum, se uns anularem os outros) conserva-se constante a energia própria de um sistema físico.

Na verdade há um efeito perverso na insistência que muitos programas de Física fazem na **conservação da energia**. É muito vulgar encontrar em compêndios de Física apenas a frase "a energia conserva-se". Ora o que é estritamente correcto é dizer "**a energia própria de um sistema isolado** – sobre o qual não se realiza trabalho (positivo ou negativo), com o qual não há trocas de calor e que não recebe ou emite radiação – **conserva-se**". A falta de precisão sobre que energia se conserva, e quando se conserva, leva muitos alunos a interiorizar a ideia de conservação da energia cinética, ou a de conservação da energia mecânica, de todo e qualquer corpo ou sistema, sejam quais forem as condições a que estiver sujeito.

Enunciado do princípio da conservação da energia

Com base nos resultados experimentais e numa análise detalhada, seja dos vários processos de alterar a energia própria de um sistema, seja das várias contribuições (parcelas) que têm de ser consideradas para caracterizar toda as possíveis formas de energia própria de um sistema, o enunciado deste princípio pode ser traduzido pela seguinte expressão matemática

$$W + Q + Rad = \Delta(1/2)Mv_{CM}^2 + \Delta(1/2)I\omega^2 + \Delta E_c^{int} + \Delta E_p^{int} +$$
$$+ \Delta[\sum_{i=1}^{J}(1/2)M_i v_{i_{CM}}^2] + \Delta[\sum_{i=1}^{L}(1/2)I_i\omega_i^2] \quad (5.5)$$

Vamos interpretar esta equação. No primeiro membro da igualdade estão indicadas todas as formas (processos) de alterar a energia própria de um sistema de partículas qualquer que ele seja, portanto também de um corpo rígido.

Elas são:
- Através de *realização de trabalho*, W, por forças aplicadas por agentes exteriores ao corpo. Nesta parcela estão contemplados todos os processos de alterar a energia própria de um corpo aplicando forças macroscópicas sobre o corpo, as quais provocam deslocamentos macroscópicos, mensuráveis através da determinação do deslocamento dos pontos de aplicação das forças em causa.
- Através de *transferência de calor*, Q, do exterior para o sistema. Isto acontece sempre que o sistema é posto em contacto com outro sistema com temperatura diferente. Através das fronteiras dos sistemas em contacto passa energia, sob a forma de calor, do sistema que está a uma temperatura mais elevada para o sistema que está a uma temperatura mais baixa. Neste con-texto, nas situações em que se estabelece o equilíbrio térmico entre dois sistemas em contacto, as suas temperaturas finais são iguais. Nos casos em que o sistema em estudo cede calor ao exterior, apenas temos de considerar que para ele foi transferida a quantidade de calor $-Q$.
- Fazendo *passar radiação*, *Rad*, através da fronteira do sistema.

Note-se que, de entre estas três formas de alterar a energia de um sistema, *apenas a primeira está contemplada no modelo do ponto material*. Também é verdade que, em geral, é esta a forma mais importante de alterar a energia própria de um corpo rígido, cujo movimento e alterações de energia se estudam, em geral, no domínio da mecânica. Mas, como é óbvio, para ser possível calcular o trabalho realizado pelas forças exteriores que actuam no sistema, é necessário poder caracterizar-se o deslocamento do ponto de aplicação de cada uma dessas forças.

Se fosse possível utilizar o modelo do ponto material, este deslocamento seria exactamente igual ao do "ponto material sobre o qual se podem considerar aplicadas as forças". No entanto, para um corpo com dimensões, embora nalguns casos seja fácil caracterizar o módulo, direcção e sentido das forças aplicadas exteriormente, pode não ser possível caracterizar exactamente o seu ponto de aplicação, e em consequência o seu eventual deslocamento. Como exemplo concreto da afirmação anterior, e recordando a origem das forças de atrito, é fácil compreender que é impossível ter alguma informação correcta sobre o eventual "deslocamento do ponto de aplicação das forças de atrito".

Energia própria de um corpo

Vejamos agora o que se entende por *energia própria* de um sistema de partículas. Vimos que no modelo do ponto material, a energia própria de um corpo é apenas a sua energia cinética. Mas também já vimos que, no caso de termos um corpo com dimensões não poderemos considerar apenas a sua energia cinética global – isto é, uma parcela igual a metade do produto da massa do corpo pelo quadrado da velocidade do seu centro de massa – como toda e qualquer possível contribuição para a energia própria de um corpo. Vamos então em pormenor analisar várias outras contribuições para a energia própria de um corpo com dimensões.

Energia potencial interna

Num corpo, considerado como um sistema de partículas, a energia de interacção entre as partículas que o constituem é uma das parcelas que decerto contribui para a sua energia própria. Também é fácil entender que a soma de todas as energias de interacção entre todas as partículas constituintes está relacionada com a distribuição das partículas dentro do sistema. Chama-se a essa forma de energia, *energia potencial interna*, E_p^{int}, do sistema.

Pode provar-se que em qualquer sistema, seja este um sólido, um líquido ou um gás, as forças que actuam entre as suas partículas têm características comuns às do comportamento das forças elásticas, que são forças conservativas. Por isso não é de admirar que a energia de interacção entre elas seja denominada uma energia potencial.

O modelo que propõe um comportamento quase elástico para as forças de interacção entre os átomos de um sólido é, naturalmente, baseado em dados experimentais. De acordo com este modelo, uma situação de energia potencial interna mínima para um sólido corresponde à situação em que átomos vizinhos estão no fundo de poços de potencial do tipo do ilustrado no gráfico da figura 5.1. Este gráfico indica o valor da energia potencial de interacção, $E_p(r)$, entre dois quaisquer átomos vizinhos, em função da sua distância, r. O fundo do poço de potencial corresponde às distâncias inter-atómicas de equilíbrio, r_0, características de cada sólido. Uma organização atómica com base nesta proposta é coerente com a ordem quase perfeita característica do estado sólido, verificada experimentalmente nas estruturas cristalinas.

Considerando o modo como varia $E_p(r)$, é possível concluir que, quando se provocam deformações permanentes nos sólidos (alguns átomos vizinhos deixam de estar à distância r_0), está a aumentar-se a sua energia potencial interna – uma vez que, quer a deformação corresponda a uma *expansão*, quer corresponda a uma *compressão*, as contribuições, para a energia potencial interna, de quaisquer dois pares de átomos na zona deformada, irão aumentar. Se as deformações não forem permanentes, correspondendo a situações no âmbito do comportamento elástico dos sólidos, podemos estar apenas a aumentar temporariamente a energia potencial interna do sistema – a armazenar energia elástica que depois poderá ser usada quando se permitir que a deformação se desfaça.

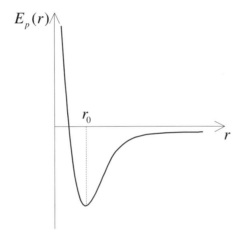

Figura 5.1

No entanto, não se deve ficar com a ideia de que toda a energia potencial interna de qualquer sistema tem origem em comportamentos elásticos. Por exemplo, são relativamente vulgares os sistemas nos quais uma contribuição importante para a sua energia potencial interna tem origem na possibilidade de se provocarem reacções químicas entre os seus constituintes, com a consequente diminuição de energia potencial interna do sistema, associada à libertação de energia para as suas vizinhanças.

Energia cinética interna e sua relação com a temperatura do sistema

Embora em geral não seja aparente quando observamos qualquer corpo, as partículas que o constituem têm movimentos microscópicos – desordenados nos líquidos e gases e vibratórios em torno de posições de equilíbrio, nos sólidos – aos quais pode ser associada uma *energia cinética interna*, E_c^{int}, do corpo. Pode facilmente compreender-se que o estado de movimento microscópico dos constituintes de um corpo (os átomos ou moléculas característicos do material de que é feito) depende da *temperatura* do corpo, sendo as correspondentes energias cinéticas tanto maiores quanto mais elevada for a temperatura. É a verificação deste comportamento que justifica que se possa dizer que *a temperatura de um corpo é uma medida da sua energia cinética interna*. Isto apenas significa que, se aumentarmos a temperatura de um corpo estamos a aumentar E_c^{int} e vice-versa – se, através de qualquer processo se estiver a aumentar E_c^{int}, estamos simultaneamente a aumentar a temperatura do corpo.

Compreende-se facilmente que é impossível saber, em cada instante, o valor exacto da energia cinética interna de um dado sistema. Mas a facilidade que há em medir, em qualquer instante, a temperatura de um corpo, permite-nos detectar se numa transformação sofrida por esse sistema há ou não alteração da sua energia cinética interna.

Energia interna

Energia interna de um sistema é a soma das suas energias potencial interna, E_p^{int}, e cinética interna, E_c^{int}.

Energia cinética de translação

Já considerámos duas das parcelas que contribuem para a energia própria de um corpo. É evidente que o eventual movimento de translação de qualquer corpo, caracterizado pela velocidade do seu centro de massa, também contribui para mais uma parcela da energia própria. Na expressão (5.5) esta parcela aparece sob a forma $(1/2) Mv_{CM}^2$, em que M é a massa do corpo. A esta contribuição poderá chamar-se *energia cinética de translação*.

É óbvia a correspondência entre esta parcela e a "energia cinética de um corpo no modelo do ponto material" – neste modelo a única forma de energia própria que um corpo pode ter. De facto é bom lembrar que quando se fala, por exemplo, em velocidade de um automóvel, está a falar-se na velocidade do seu centro de massa, $\vec{v}_{CM}$. Esta indicação é coerente com o facto de o momento linear de um sistema de partículas, por definição $\sum_{k=1}^{N} m_k \vec{v}_k$, ser igual ao produto $M\vec{v}_{CM}$, sendo $M = \sum_{k=1}^{N} m_k$. Este é mais um dos teoremas relativos ao movimento do centro de massa de um sistema, cuja validade pode ser demonstrada.

Todas estas considerações põem mais uma vez em evidência a grande utilidade da definição de *centro de massa de um sistema*, ponto geométrico que é o extremo de um vector posicional definido, em relação a uma origem fixa arbitrária, pela expressão:

$$\vec{r}_{CM} = \frac{1}{M} \sum_{k=1}^{N} m_k \vec{r}_k \qquad (5.6)$$

Energia cinética de rotação

O eventual movimento de rotação de um corpo em torno de um eixo, caracterizado pelo vector rotação $\vec{\omega}$, contribuirá para mais uma parcela da sua energia própria. Esta parcela é a *energia cinética de rotação*, que pode ser calculada pela expressão $(1/2) I \omega^2$, sendo I é o momento de inércia do corpo em relação ao eixo de rotação considerado.

Possibilidade de explosões

Temos que considerar mais duas parcelas que poderão estar envolvidas nas alterações de energia própria de um corpo. Suponhamos uma granada que explode devido apenas a efeitos internos. Divide-se em J pedaços, cada um com uma determinada massa M_i e velocidade do seu centro de massa $\vec{v}_{i_{CM}}$ (velocidade do centro de massa de cada pedaço i, calculada em relação ao centro de massa do sistema original). Imediatamente após a explosão, a soma das energias cinéticas de translação destes pedaços, $\sum_{i=1}^{J}(1/2)M_i v_{i_{CM}}^2$, está relacionada com a energia própria da granada original. Antes da explosão esta parcela é nula, mas, durante a explosão sofre uma variação, passando a ser diferente de zero.

Por outro lado, se considerarmos, por exemplo, uma armação de foguetes numa montagem de fogo de artifício depois de incendiada, partes dessa armação podem ter movimentos de rotação em torno de determinados eixos, para além de movimentos de translação já contemplados na expressão anterior. Supondo que há L pedaços que rodam com vectores rotação $\vec{\omega}_i$ em torno de eixos de rotação característicos de cada pedaço, cada um com momento de inércia I_i em relação a esses eixos, temos uma contribuição para a energia própria do foguete, imediatamente após a explosão, dada por $\sum_{i=1}^{L}(1/2)I_i \omega_i^2$.

Nota: Vem a propósito lembrar que à primeira parcela do segundo membro da expressão (5.5), $\frac{1}{2} M v_{CM}^2$, também se chama por vezes a *energia cinética do centro de massa do sistema, supondo que ele é um ponto material com massa igual à massa do sistema*. Todas as restantes parcelas do segundo membro da igualdade (5.5), com excepção da energia potencial interna, provêm do cálculo da *energia cinética (total) do sistema em relação a um referencial com origem no centro de massa do sistema*.

Considerações gerais sobre o princípio da conservação da energia

Tendo esclarecido os significados das várias contribuições para a *energia própria U* de qualquer corpo, podemos agora traduzir por palavras o **princípio da conservação da energia própria de um sistema**: *o trabalho realizado pelas forças exteriores que actuam sobre qualquer sistema, adicionado ao calor que lhe é fornecido e à radiação que sobre ele incide, é igual à variação de energia própria do sistema*. Este enunciado pode escrever-se:

$$W + Q + Rad = \Delta U \tag{5.7}$$

Esta expressão é equivalente a (5.5), mas neste caso consideram-se incluídas em ΔU as várias contribuições para a variação da energia própria do sistema em causa, durante qualquer intervalo de tempo em que o sistema interactua ou não com o exterior. Um ponto importante a reter é o facto de todas as parcelas no segundo membro destas igualdades serem **variações de funções**. Assim, em casos diversos, consoante as alterações que o sistema sofra, seja por efeito de perturbações exteriores, seja por efeito de auto-transformações de formas da sua energia própria, muitas destas parcelas (variações) poderão ser nulas.

Mais uma vez é importante compreender o que se entende por conservação da energia. Isso apenas significa que, se fornecermos qualquer quantidade de energia a um sistema, sob a forma de trabalho, de calor ou de radiação, a energia própria do sistema altera-se exactamente de uma quantidade igual. Mas qual ou quais das suas parcelas se alteram? A resposta a esta questão depende das transformações em causa, e tem que ser dada em função de uma análise detalhada de todos os factores que entram na expressão (5.5), no exemplo concreto que se estiver a estudar.

Por outro lado, se não for fornecida nem retirada qualquer energia a um sistema (primeiro membro da igualdade (5.5) igual a zero), a sua energia própria mantém-se constante. Significa isso que não pode haver qualquer alteração das formas de energia que contribuem para a energia própria de um sistema isolado? Não significa. Nestes casos apenas tem que acontecer que, se alguma das parcelas da sua energia própria se alterar, aumentando ou diminuindo, tem de haver outras alterações de outras parcelas, diminuindo ou aumentando, de modo que todas as alterações, umas positivas e outras negativas, se compensem, sendo nula a sua soma e, consequentemente, a alteração resultante para a energia própria do sistema.

Também é necessário ter em atenção que, em geral, *não é possível calcular valores numéricos para todas as parcelas da energia própria de um corpo*.

Muitas vezes pode fazer-se este cálculo para as energias cinéticas de translação e de rotação, mas ele já não é possível para as parcelas que constituem a energia interna do sistema, seja cinética seja potencial. Sendo assim, não pode calcular-se exactamente o valor das alterações destas parcelas. Nestes casos a aplicação do princípio da conservação da energia só pode ser feita em termos *qualitativos*. Isto é, podemos analisar se há ou não variações das parcelas que constituem a energia própria do sistema. No caso de haver variações, pode verificar-se se estas correspondem a aumentos ou diminuições. Podem, consequentemente, relacionar-se estas variações com o eventual fornecimento de energia ao sistema por agentes exteriores, ou fornecimento de energia pelo sistema ao exterior.

Mesmo quando apenas são possíveis estes raciocínios qualitativos, e, em geral é isso que sucede, é extremamente útil compreender globalmente as consequências da aplicação do princípio da conservação da energia.

Como nota final, é preciso ter consciência que todo o estudo sobre transferências ou transformações de energia só pode ser feito quando há alteração das condições a que o sistema está sujeito. Não é possível aplicar o princípio da conservação da energia num determinado instante! Para além de ser necessário desde o início esclarecer bem quais são as fronteiras de um sistema, tem de ficar bem definido qual é o estado inicial do sistema e qual o seu estado final. O passo a seguir é analisar as interacções a que o sistema esteve sujeito durante o intervalo de tempo que mediou entre o estado inicial e o estado final. Só em função disso é que se podem relacionar as variações de formas de energia própria do corpo com as suas eventuais causas.

Exemplos de aplicação: fronteiras do sistema

Vamos considerar vários exemplos ilustrativos da interpretação do princípio da conservação da energia. Começaremos por analisar em cada caso se há transferências de energia para o sistema, isto é:
- se foi realizado *trabalho* sobre o sistema – eventualmente um somatório (integral) de produtos escalares de forças aplicadas no sistema por agentes

exteriores ao mesmo, pelos vectores deslocamento dos pontos de aplicação dessas forças (estes trabalhos podem ser positivos ou negativos);
- se houve fornecimento de calor seja pelo exterior ao sistema seja pelo sistema ao seu exterior (neste caso $Q<0$), isto é, se houve em qualquer altura do processo diferença de temperatura entre o sistema e o seu exterior, estando os dois em contacto térmico;
- se houve trocas de radiação entre o sistema e o exterior.

Implícito nestas considerações está a necessidade de definir a *fronteira do sistema*. Não há qualquer restrição na escolha das fronteiras de um sistema. Assim, para cada caso a escolha do sistema e, consequentemente, da sua fronteira, será feita do modo mais conveniente ao estudo em causa. Em geral, quando se desejam analisar trocas de energia entre um corpo A e o exterior, escolhe-se para fronteira do sistema a superfície do corpo A. Mas, como iremos ver, nem sempre é conveniente utilizar essa fronteira. Portanto, em cada caso em estudo serão debatidas as razões de escolha das fronteiras consideradas. Note-se no entanto que, para uma mesma situação, os resultados a que se chega não podem ser alte-rados devido a diferentes escolhas dos sistemas em estudo e respectivas fronteiras.

Corpo em queda livre

Consideremos a situação da queda livre de um corpo (situação em que é desprezável a resistência do ar), ilustrada na figura 5.2. Que fronteiras vamos considerar para o sistema em estudo?

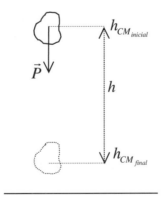

Figura 5.2

Numa primeira análise escolhamos a superfície do próprio corpo. Assim, o sistema escolhido é o corpo. Durante a queda ele está sujeito ao seu peso, uma força exterior que realiza trabalho. Não há trocas de calor entre o corpo e o seu exterior e não há qualquer troca de radiação com o exterior. Portanto, no primeiro membro da igualdade (5.5) apenas temos o trabalho do peso durante a queda do corpo. Como se pode provar que o peso de um corpo pode sempre ser considerado aplicado no seu centro de massa (mais uma das vantagens da definição de centro de massa), o trabalho realizado pelo peso durante a queda de qualquer corpo da massa M é dado por $Mg\,(h_{CM_{inicial}} - h_{CM_{final}})$.

Vamos agora considerar a sucessão de parcelas no segundo membro da igualdade (5.5). Houve variação da energia cinética de translação de corpo, dada por $(1/2)\,M\,v^2_{CM_{final}} - (1/2)\,M\,v^2_{CM_{inicial}}$. Não houve variação da energia cinética de rotação, não houve variação da energia cinética interna ou da energia potencial interna, nem o corpo se separou em pedaços. Então pode escrever-se como conclusão, obtida por aplicação do princípio da conservação da energia:

$$Mg\,(h_{CM_{inicial}} - h_{CM_{final}}) = (1/2)\,M\,v^2_{CM_{final}} - (1/2)\,M\,v^2_{CM_{inicial}} \qquad (5.8)$$

Chegaríamos exactamente a esta conclusão se tivéssemos aplicado o teorema da energia cinética ao movimento de queda livre de um ponto material de velocidade $\vec{v}_{CM}$ e massa M. De facto podemos aplicar o modelo do ponto material para fazer considerações de energia no movimento de queda livre de um corpo com dimensões. É um dos poucos casos em que isto é possível.

Apenas para eventuais esclarecimentos de dúvidas, tentemos resolver o problema considerando, não o sistema constituído apenas pelo corpo, mas o sistema corpo-Terra. Não há qualquer razão especial para esta escolha, pois apenas se complica a visualização da situação estudada – uma vez que, se quisermos considerar eventuais movimentos deste sistema, o seu centro de massa estará decerto na Terra e os movimentos a estudar serão demasiado complicados, dei-xando mesmo de ter sentido. Mas, como já se afirmou, para fazer considerações sobre conversões ou transferências de energia, podemos escolher o sistema que desejarmos. Então, uma vez que alguns livros de texto optam por este sistema, façamos esta escolha, no sentido de verificar se ela tem algumas vantagens, nomeadamente pedagógicas.

Sendo escolhido o sistema corpo-Terra, e continuando a desprezar efeitos de resistência do ar, não há forças exteriores nele aplicadas durante a queda do corpo. Logo, o primeiro membro da igualdade (5.5) é nulo.

No segundo membro, *se desprezarmos a alteração da energia cinética da Terra durante a queda do corpo*, temos a variação de energia cinética do corpo, dada por $(1/2)\,M\,v^2_{CM_{final}} - (1/2)\,M\,v^2_{CM_{inicial}}$, para além de uma variação de energia potencial interna do sistema corpo-Terra, dada por $Mgh_{CM_{final}} - Mgh_{CM_{inicial}}$. Então, a expressão (5.5) permite-nos afirmar que:

$$0 = [(1/2) M v_{CM_{final}}^2 - (1/2) M v_{CM_{inicial}}^2] + [Mg(h_{CM_{final}} - h_{CM_{inicial}})]$$

ou seja:

$$Mg(h_{CM_{inicial}} - h_{CM_{final}}) = (1/2) M v_{CM_{final}}^2 - (1/2) M v_{CM_{inicial}}^2 \qquad (5.9)$$

que é exactamente igual à expressão (5.8), obtida anteriormente.

Considerações sobre a escolha do sistema corpo-Terra

A escolha do sistema corpo-Terra não conduziu a resultados diferentes dos obtidos nos primeiros cálculos, quando se considerou que o sistema em estudo era constituído apenas pelo corpo, a mover-se sujeito a uma força exterior, o seu peso (devido ao facto do corpo se mover num campo gravítico). Então, a opção por um sistema mais complicado não representou qualquer mais valia, nem sequer pedagógica, para a abordagem do problema que se queria estudar.

Pelo contrário, a necessidade de desprezar, nesta análise, a alteração da energia cinética da Terra, pode levantar problemas pedagógicos. O argumento que em geral se utiliza para justificar esta aproximação, é o de que a massa da Terra é muito grande, praticamente infinita em relação à do corpo em causa, de modo que a alteração da velocidade da Terra durante a queda do corpo se pode considerar nula. Mas, neste caso, a consequente alteração da energia cinética da Terra seria dada pelo produto de uma grandeza quase infinita, a massa da Terra, por outra praticamente nula, uma diferença entre os quadrados de valores praticamente idênticos. Este produto é uma indeterminação matemática, que terá que ser analisada para se saber se é desprezável ou não. Na realidade, uma análise pormenorizada do movimento relativo de dois corpos de massas muito diferentes *sujeitos apenas a forças de interacção mútua* – como se pode considerar o caso da Terra e o de um qualquer corpo à sua superfície em queda "livre" – permite-nos fazer a aproximação em causa, mas a sua justificação, perante os alunos no nível de ensino em que estes temas são abordados, tem de se ficar por um apelo à sua capacidade de acreditar no que o professor lhes diz. E o que acontecerá quando sobre o corpo não actua apenas a força de atracção que a Terra exerce sobre ele?

Um outro argumento contra a escolha deste sistema "alargado" é o seguinte: no caso de se optar pelo estudo dos movimentos de corpos à superfície da Terra com base no sistema corpo-Terra, essa opção deverá manter-se para qualquer situação nessas condições (na realidade, todas as do nosso dia a dia). Isso introduzirá complicações extra no tratamento de situações em que o próprio corpo já tem que ser considerado como um sistema de partículas, com a sua (própria) energia interna, cuja alteração muitas vezes não é desprezável.

Outro problema que surge quando se considera o sistema corpo-Terra, está ligado à definição das suas fronteiras. Por exemplo, que forças exteriores estão a ser exercidas sobre o sistema corpo-Terra, por uma pessoa que, com os pés assentes na Terra, puxa pelo corpo? O que é que se vai desprezar? Porquê?

Em contraposição a esta escolha desnecessariamente complicada, já verificámos que, quando se considera o corpo como o sistema em estudo, a análise do problema é muito simples e as conclusões são exactamente as mesmas. Apenas se tem que ter em atenção que sobre o corpo, na Terra, actua sempre o seu peso, para além de quaisquer outras forças exteriores. Neste contexto a energia potencial gravítica do corpo no campo gravítico terrestre, exterior a ele, não faz parte da sua energia própria, mas é uma função cuja alteração se pode calcular exactamente da maneira como estamos habituados, visto ser resultado de um trabalho realizado pelo peso, o qual se pode sempre considerar aplicado no centro de massa do respectivo corpo.

Nesta definição de sistema – o próprio corpo – as fronteiras do sistema estão bem caracterizadas. O único cuidado a ter é notar que a expressão "queda livre" de um corpo significa "queda sujeita apenas ao seu peso".

Esfera (infinitamente) rígida que rola por um plano inclinado

A situação em que uma esfera (infinitamente) rígida rola por um plano inclinado está representada na figura 5.3. O sistema em estudo é a esfera, de modo que a fronteira do sistema é a sua superfície.

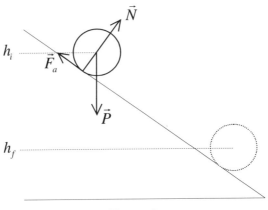

Figura 5.3

Quais as forças exteriores aplicadas sobre a esfera e que trabalho realizam? Temos:
- o peso do corpo, que realiza um trabalho positivo, dado por $Mg(h_{CM_{inicial}} - h_{CM_{final}})$,
- a força normal $\vec{N}$ aplicada pelo plano sobre a esfera, que não realiza trabalho por ser perpendicular ao deslocamento e
- a força de atrito $\vec{F}_a$.

Qual o sentido da força de atrito? Se não houvesse atrito a esfera escorregaria, descendo o plano inclinado. Então o sentido da força de atrito é o contrário, apontando portanto para cima. O momento desta força vai fazer a esfera rolar no sentido dos ponteiros do relógio, deslocando-se simultaneamente o seu centro de massa no sentido descendente.

Se o movimento for de rolamento puro, isto é, sem deslizamento, a força de atrito não realiza qualquer trabalho. Ela está aplicada no ponto de contacto da esfera rígida com o plano. Se a esfera apenas rola, quando o ponto de aplicação de $\vec{F}_a$ se move, esta força passa a estar aplicada noutro ponto. Assim, não há deslocamento do ponto de aplicação da força de atrito sem que ela deixe de estar aplicada nesse ponto. Esta força não poderá portanto realizar trabalho.

Não há trocas de calor nem de radiação entre o sistema e o seu exterior. Assim, passemos a considerar o 2º membro da equação (5.5).

Há alteração da velocidade do centro de massa, $\vec{v}_{CM}$, e alteração da velocidade angular, ω, da esfera. A energia cinética interna e a energia potencial interna não se alteram (significativamente), de modo que teremos:

$$Mg(h_{CM_{inicial}} - h_{CM_{final}}) = (1/2)M(v^2_{CM_{final}} - v^2_{CM_{inicial}}) + (1/2)I(\omega^2_{final} - \omega^2_{inicial}) \quad (5.10)$$

ou seja

$$Mgh_{CM} + (1/2)Mv^2_{CM} + (1/2)I\omega^2 = constante \quad (5.11)$$

Cubo que escorrega por um plano inclinado

A figura 5.4 ilustra esta situação. Consideremos, para já, que as fronteiras do sistema são as superfícies do cubo. As forças exteriores sobre ele aplicadas são o seu peso $\vec{P}$, a força normal $\vec{N}$ exercida pelo plano e a força de atrito $\vec{F}_a$. Não há qualquer dúvida que neste caso a força de atrito aponta para a parte superior do plano (não havendo atrito, o cubo escorregaria, descendo o plano inclinado).

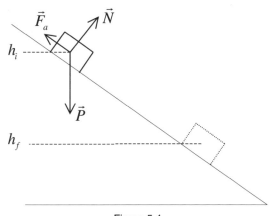

Figura 5.4

A força $\vec{N}$ não realiza trabalho e o trabalho realizado pelo peso é dado por $Mg(h_{CM_{inicial}} - h_{CM_{final}})$. E qual o valor do trabalho realizado por $\vec{F}_a$?

Neste caso é impossível saber o deslocamento do ponto de aplicação das forças de atrito. Como já vimos na secção anterior, pode dizer-se que os efeitos de atrito são devidos a uma infinidade de forças microscópicas a actuar em pontos diversos do contacto do corpo com a superfície sobre a qual desliza. Como consequência teremos:

- deformações das duas superfícies em contacto, com o consequente aumento das energias potenciais internas dos dois corpos, além de
- alterações do estado de vibração dos átomos que os constituem, com a consequente alteração de energia cinética interna de cada um, logo também das suas temperaturas.

Sendo assim, os efeitos das forças de atrito não podem ser contabilizados como os de trabalhos de forças exteriores ao cubo. Como resolver a situação?

A única solução é redefinir as fronteiras do sistema incluindo nele as forças de atrito. Como? Fazendo *as fronteiras do novo sistema conter não só o cubo como toda a parte do plano inclinado que vai ser perturbada* (deformada e com a temperatura alterada) pelo facto de existirem as forças de atrito aplicadas sobre o cubo e sobre o plano. A figura 5.5 tenta ilustrar esta situação.

Quais são agora as forças exteriores? O peso do cubo, o peso da parte do plano inclinado que se incluiu agora no sistema e outras forças a actuar sobre essa parte, aplicadas pelo restante plano fora das fronteiras consideradas. O trabalho do peso do cubo é dado por $Mg(h_{CM_{inicial}} - h_{CM_{final}})$. São nulos os trabalhos do peso da parte do plano inclinado agora incluída no sistema e o das outras forças exteriores que sobre ela actuam. Não há mais forças exteriores, visto que agora os pares acção-reacção, um correspondente às forças de atrito que actuam nas superfícies do plano e do cubo em contacto, e outro constituído pela força $\vec{N}$ aplicada pelo plano inclinado sobre o cubo e pela força $-\vec{N}$ aplicada pelo cubo sobre o plano inclinado, correspondem a forças interiores ao sistema.

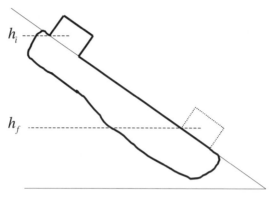

Figura 5.5

Consideremos então as parcelas no segundo membro da igualdade (5.5):
- Em casos gerais há aumento da energia cinética de translação do cubo [em condições limite, esta alteração pode ser nula ou até negativa, quando o cubo é posto em movimento sobre o plano (por exemplo, devido a um empurrão inicial) e os efeitos de atrito são muito fortes].
- Não há qualquer variação da energia cinética de rotação.
- Devido aos efeitos de atrito, há aumento da energia potencial interna e aumento da energia cinética interna do cubo e da zona do plano em contacto com ele – ambos ficam deformados, mesmo que essa deformação não seja aparente, e a sua temperatura aumenta. Estas duas consequências energéticas das forças de atrito são tanto mais detectáveis quanto maior for o módulo da resultante das forças de atrito que actuam sobre o cubo e sobre o plano.
- Não há explosão do sistema considerado, pelo que as duas últimas parcelas são nulas.

Finalmente, teremos ainda de considerar que, por causa dos efeitos das forças de atrito, a temperatura do sistema ficou mais elevada que a temperatura das suas vizinhanças – é um resultado experimental que se detecta facilmente, se os efeitos de atrito forem significativos. Assim o sistema tem de fornecer calor ao exterior, pelo que, no primeiro membro da igualdade (5.5) temos um valor negativo (na realidade, devido ao facto do ar não ser bom condutor, durante o intervalo de tempo em que o corpo se desloca este valor é quase nulo, não se atingindo, neste intervalo de tempo, o equilíbrio térmico entre o sistema e o seu exterior).

Fazendo um resumo da situação, temos na igualdade (5.5) as seguintes parcelas não nulas:

$$W + Q = \Delta(1/2)Mv_{CM}^2 + \Delta E_c^{int} + \Delta E_p^{int} \qquad (5.12)$$

sendo $W = (1/2)Mg(h_{CM_{inicial}} - h_{CM_{final}}) > 0$, $Q \leq 0$, $\Delta(1/2)M(v_{CM_{final}}^2 - v_{CM_{inicial}}^2) \geq 0$, $\Delta E_c^{int} > 0$ e $\Delta E_p^{int} > 0$.

Isto é, o trabalho, positivo, realizado pelo peso do cubo durante o seu deslocamento, vai contribuir:
• para um aumento da energia cinética interna do cubo e do plano inclinado, com o consequente aumento de temperatura (de modo que o sistema fornece algum calor ao exterior).
• para um aumento da energia potencial interna do sistema (devido a deformações), e, eventualmente,
• para um aumento da energia cinética de translação do cubo.

Nesta abordagem do problema, verifica-se que, *devido ao facto de existirem forças de atrito*, nem toda a energia potencial gravítica que o cubo perde quando desce o plano é transformada em energia cinética de translação, o que apenas aconteceria se fossem completamente desprezáveis os efeitos de atrito. Em qualquer situação real, havendo efeitos de atrito, as temperaturas do cubo e do plano vão aumentar, bem como a do ar que os rodeia (esta última aumenta devido à transferência de calor do sistema que está em contacto com ele). Além disso haverá deformações permanentes no cubo e no plano.

Nota: *calor e temperatura*
Chama-se a atenção para o exemplo que se acabou de tratar, em que um aumento de temperatura de um corpo não foi conseguido à custa de se lhe fornecer calor. Pelo contrário, neste caso foi até o sistema que forneceu calor ao seu exterior. Esta é uma situação que pode servir de exemplo quando se tenta esclarecer os alunos sobre as diferenças entre os conceitos de *calor* e de *temperatura*, cuja confusão constitui uma das pré-concepções mais difíceis de corrigir. Ou seja, nem sempre um aumento de temperatura de um sistema se deve a um fornecimento de calor a esse mesmo sistema, do mesmo modo que nem sempre que se fornece calor a um sistema a sua temperatura se altera (como, por exemplo, numa

transição de fase. Todos sabemos que, enquanto a água ferve, continua a fornecer-se calor ao sistema. No entanto, a sua temperatura mantém-se constante).

Nota: Na situação anterior, em que se considerou uma esfera a rolar sem escorregar pelo plano inclinado, o facto de haver efeitos de forças de atrito não implicou a necessidade de considerações especiais sobre o seu ponto de aplicação, e, consequentemente sobre a redefinição das fronteiras do sistema. De facto, supondo a esfera e o plano infinitamente rígidos, as forças de atrito só podem estar aplicadas no único ponto de contacto entre as duas superfícies. Isto tem como consequência a possibilidade de determinar facilmente o deslocamento do ponto de aplicação das forças de atrito, nesse caso especial um vector nulo.

Se numa situação semelhante a esfera rola e escorrega simultaneamente, ou quando não é possível desprezar as deformações das superfícies de contacto entre a esfera e o plano (com os consequentes efeitos de atritos de rolamento), terão de se abordar as consequências energéticas dos efeitos de atrito em termos semelhantes aos considerados para o deslizamento do cubo, com a necessária redefinição do sistema em estudo e das suas fronteiras.

Um bloco cai no chão e pára

Suponhamos a situação em que um bloco sólido, largado de uma determinada altura, cai no chão e pára. Quais as alterações de energia durante a interacção com o chão até ao instante em que o bloco fica parado?

Consideremos, numa primeira aproximação, que as fronteiras do sistema são constituídas pela superfície do bloco. Durante a primeira fase da interacção com o chão – desde que o bloco toca no chão até que a sua velocidade se anula – actuam sobre o bloco o seu peso $\vec{P}$, devido à atracção gravítica, e a força $\vec{N}$ que o chão exerce sobre ele. Como vimos, esta força tem um valor médio de módulo superior ao do peso do bloco. Deste modo a resultante das forças tem sentido ascendente e faz com que a velocidade do corpo se anule. Estas forças realizam trabalho?

- O peso não realiza trabalho, visto que, durante o choque com o chão não há deslocamento apreciável do centro de massa do bloco.
- E a força $\vec{N}$? Esta força está aplicada em pontos de contacto entre as superfícies do bloco e do chão. Não há qualquer movimento macroscópico da superfície do bloco depois do contacto com o chão, mas haverá movimentos microscópicos de pequenas porções dessa superfície sobre as quais actuam forças microscópicas.

Como não podemos caracterizar estes movimentos microscópicos, teremos então de redefinir as fronteiras do sistema, considerando que a parte do chão com a qual o bloco choca está incluída no novo sistema.

Nestas condições, a força $\vec{N}$ e o seu par acção-reacção, $-\vec{N}$, exercida pelo bloco sobre o chão, passam a ser forças interiores a este novo sistema. O peso da parte do chão que foi incluída no sistema, bem como outras forças exercidas sobre esta parte do chão pelo seu exterior, não realizam trabalho. Portanto, numa primeira aproximação, o 1º membro da igualdade (5.5) é nulo.

Consideremos o 2º membro da igualdade (5.5). Durante o choque:
- Há uma variação negativa da energia cinética de translação do bloco.
- Não há qualquer movimento de rotação.
- Em condições normais não há explosão do bloco.

Haverá alteração da energia interna do bloco?

Tem que haver! Caso contrário não se verificava o princípio da conservação da energia, o que admitimos que é impossível. De facto verifica-se que tanto o bloco como o chão ficam deformados (aumentam as suas energias potenciais internas) e as suas temperaturas aumentam (aumentam as suas energias cinéticas internas).

Havendo aumento da temperatura do bloco e do chão, há fornecimento de calor pelo sistema ao ar que o rodeia, pelo que se tem de considerar esta parcela no 1º membro da igualdade (5.5).

As parcelas não nulas desta equação serão:

$$Q = \Delta(1/2)Mv_{CM}^2 + \Delta E_c^{int} + \Delta E_p^{int} \tag{5.13}$$

Nesta expressão, $Q \leq 0$, $\Delta(1/2)Mv_{CM}^2 < 0$, $\Delta E_c^{int} > 0$ e $\Delta E_p^{int} > 0$. Isto significa que a diminuição de energia cinética de translação do bloco ao chocar com o chão foi convertida:
- em calor cedido pelo bloco e pelo chão ao exterior (em geral $Q \approx 0$, devido ao facto do ar ser mau condutor);
- no aumento de temperatura do bloco e do chão e
- nas deformações provocadas no bloco e no chão pela queda do bloco. Estas podem ser bem visíveis nos casos em que o bloco vem animado de uma velocidade razoável adquirida durante a queda, e se o chão for macio (deformável).

Uma pessoa salta no chão

Temos sempre de ter muito cuidado com transformações e transferências de energia quando pelo menos parte do sistema em causa é um ser vivo. Os seres vivos têm mecanismos que lhes permitem manter a temperatura constante, mesmo quando em contacto térmico parcial (a roupa serve de isolador, tendo, obviamente, diferentes propriedades isoladoras consoante o tipo de roupa que se usa) com outros sistemas a temperaturas diferentes (embora não excessivamente diferentes). Por outro lado, a energia potencial interna dos seres vivos é praticamente inesgotável (dentro de determinados limites, claro!), pois está sempre a ser reposta não só quando este se alimenta como quando respira.

Tendo isso em atenção, vejamos quais as formas de energia envolvidas no salto de uma pessoa. Vamos considerar apenas as fases do salto durante as quais a pessoa está em contacto com o chão.

Para preparar o salto, qualquer pessoa flecte as pernas. Deste modo está a adquirir energia potencial interna, semelhante à de uma mola elástica comprimida. Vejamos à custa de quê.

Enquanto há contacto com o chão, podemos considerar duas fases do movimento: na primeira fase a pessoa flecte as pernas, mas a velocidade do seu centro de massa, que era nula antes da flexão, continua nula quando as pernas estão flectidas. Na segunda fase a pessoa estende as pernas, adquirindo o seu centro de massa uma certa velocidade. Esta velocidade adquirida será a velocidade inicial do movimento posterior (o qual não consideraremos), efectuado numa 3ª fase em que já não há contacto com o chão – nesta fase, sobre a pessoa apenas actua o seu peso, e o seu movimento terá as características do de um projéctil.

Vamos considerar que o sistema em estudo é a pessoa (que vai saltar). Nestas condições, qualquer que seja o instante contido no intervalo de tempo em que há contacto com o chão, a força $\vec{N}$ exercida pelo chão sobre a pessoa – na realidade uma soma de forças aplicadas (pelo chão) sobre os vários pontos da superfície de contacto dos pés com o chão – é uma força exterior. Mas, durante o contacto dos pés com o chão os pontos de aplicação de $\vec{N}$ não se deslocam. E quando os pés deixam de contactar com o chão, $\vec{N}$ deixa de existir. Como consequência, o trabalho realizado pela força $\vec{N}$ durante todo o movimento é nulo (ver nota no fim desta subsecção).

A outra força que actua sobre a pessoa é o seu peso. Na 1ª fase do salto, o centro de massa da pessoa desce quando ela flecte as pernas. Assim há, nesta fase, um (pequeno) trabalho positivo realizado pelo peso da pessoa.

Analisando a segunda parte da equação (5.5), nesta 1ª fase:
- não há alteração (valor final menos valor inicial) da velocidade do centro de massa da pessoa,

- podem, eventualmente, desprezar-se movimentos de rotação de partes do corpo e
- não há explosões.
- Há no entanto alteração da energia potencial interna, uma vez que aumenta a energia elástica do corpo que vai funcionar como mola.
- Não há apreciável alteração da temperatura durante a flexão das pernas.

Então a equação (5.5) pode escrever-se:

$$W = \Delta E_p^{int} \tag{5.14}$$

sendo $W = (1/2)Mg(h_{CM_{inicial}} - h_{CM_{final}}) > 0$, logo $\Delta E_p^{int} > 0$.

Na 2ª fase, o centro de massa sobe e o peso do corpo realiza trabalho negativo. No segundo membro da equação (5.5) temos de considerar as consequências de um aumento da velocidade do centro de massa, para além de haver aumento da energia cinética interna e alteração da energia potencial interna do sistema.

Mas, quando há aumento da energia cinética interna, há aumento da temperatura do sistema, logo ele tem tendência a ceder calor ao exterior. Então, a equação (5.5) vem:

$$W + Q = \Delta(1/2)Mv_{CM}^2 + \Delta E_c^{int} + \Delta E_p^{int} \tag{5.15}$$

Nesta equação: $W = (1/2)Mg(h_{CM_{inicial}} - h_{CM_{final}}) < 0$, $Q < 0$, $\Delta(1/2)M(v_{CM_{final}}^2 - v_{CM_{inicial}}^2) > 0$, $\Delta E_c^{int} > 0$ e $\Delta E_p^{int} < 0$.

Pode então concluir-se que, para conseguir a velocidade inicial para a 3ª fase do salto, uma pessoa tem de consumir elevada energia potencial interna (um valor superior ao que armazenou como energia potencial elástica na 1ª fase do movimento). É a diminuição total da energia potencial interna da pessoa que, num salto:
- vai dar origem à sua energia cinética de translação, correspondente a uma velocidade vertical ascendente do centro de massa no início da 3ª fase,
- e ainda vai ser consumida num aumento de temperatura e num consequente fornecimento de calor pelo corpo ao exterior.

Verifica-se que a variação da energia potencial interna da pessoa na fase de subida em contacto com o solo é, em módulo, superior à variação da mesma parcela de energia na fase de descida, na qual houve um aumento de energia potencial interna sob a forma de energia elástica, devida a conversão de energia potencial gravítica (externa ao sistema considerado). A diferença entre os dois módulos destas variações será tanto maior quanto maior for a velocidade do corpo no instante em que a pessoa deixa de estar em contacto com o solo. Essa é a razão de nos cansarmos mais se efectuamos um salto atingindo uma maior altura na 3ª fase do movimento. Por outro lado, efectuar apenas um salto pode não provocar a noção de cansaço, mas quando se efectuam vários saltos seguidos, é óbvia a sensação de energia potencial interna consumida.

Nota: Na abordagem feita às transformações e transferências de energia no caso do salto de uma pessoa, durante as fases em que há contacto com o chão, desprezaram-se as deformações e alterações de temperatura das solas dos sapatos e do chão, devido aos efeitos das várias contribuições microscópicas traduzidas pelas forças $\vec{N}$ e $-\vec{N}$. Esses efeitos são perfeitamente desprezáveis quando os comparamos com as outras alterações e transformações de energia envolvidas no salto da pessoa. Caso quiséssemos considerar os efeitos deste par acção-reacção, teríamos de incluir no sistema em estudo uma porção de chão considerada perturbada pelo efeito do salto. O estudo ficaria um pouco mais complicado, mas as conclusões qualitativas a que se chegaria, seriam absolutamente idênticas às obtidas no estudo efectuado.

Sistemas mecânicos e sistemas termodinâmicos

Podemos dizer que os sistemas que considerámos até agora são, essencialmente, *sistemas mecânicos*. Eles podem ser considerados rígidos e, em geral, podemos caracterizar as suas posições, deslocações, velocidades de translação e de rotação, etc. Mas também, em geral, eles estão a uma determinada temperatura, têm um volume bem definido e estão sujeitos à pressão atmosférica. Sendo *sólidos*, as forças internas que interligam os seus constituintes são intensas, de modo que a forma destes sistemas e o seu volume se mantêm aproximadamente constantes, independentemente das forças exteriores a que estão sujeitos (incluindo forças de pressão). No entanto, como é bem conhecido da nossa experiência do dia a dia, a temperatura dos sólidos pode ser alterada com uma certa facilidade. Basta pô-los em contacto com outros sistemas a temperaturas diferentes, como a chama de uma vela, ou, em alternativa, forçá-los a movimentos relativos de escorregamento uns sobre os outros, provocando aumentos de temperatura por efeitos de actuação de forças de atrito, ou outras forças. É o que fazemos no Inverno quando esfregamos as mãos uma contra a outra com o fim de as "aquecer", ou quando batemos com os pés no chão.

Por outro lado, os chamados *sistemas termodinâmicos* vulgares estão no *estado líquido* ou no *estado gasoso*. São, em geral, caracterizados por um volume, uma pressão e uma temperatura, podendo normalmente desprezar-se, nas alterações físicas que sofrem, eventuais deslocações dos seus centros de massa ou variações de velocidades de translação ou de rotação global. No estado líquido temos, em geral, os átomos constituintes fortemente ligados em pequenas unidades estruturais, as moléculas, estando as moléculas ligadas entre si por forças de fraca intensidade. Como consequência, os líquidos, embora com um volume bem definido, não têm forma própria. Nos gases, também eles, em geral, constituídos por unidades moleculares, as forças entre as moléculas constituintes são quase nulas. As unidades estruturais encontram-se razoavelmente afastadas umas das outras. Uma aproximação utilizada para o estudo dos gases é o *modelo dos gases ideais*, no qual são consideradas totalmente nulas as forças inter-moleculares. Não é assim de admirar que os gases, além de não terem forma própria, tenham um volume fortemente dependente da pressão a que estão sujeitos.

É fácil compreender que, nos casos em que se podem desprezar variações de energia cinética de translação e de energia cinética de rotação dos sistemas em causa, bem como efeitos de eventuais divisões em pedaços, se possa escrever a expressão (5.5), que exprime o princípio da conservação da energia, sob a forma particular:

$$W + Q + Rad = \Delta E_c^{int} + \Delta E_p^{int} = \Delta E^{int} \qquad (5.16)$$

De acordo com a expressão (5.16), vulgarmente utilizada para o estudo de alterações de energia de sistema termodinâmicos, o trabalho realizado sobre estes sistemas (em geral devido a alteração de pressões, sejam elas exercidas por êmbolos sobre líquidos ou gases em contentores, ou pelo movimento das superfícies dos próprios contentores) adicionado ao calor fornecido e à radiação para eles transferida, é igual à variação de energia interna do sistema (nestes casos, a única alteração da sua energia própria).

Modelo do ponto material e pseudo-trabalho das forças de atrito

Como conclusão das considerações efectuadas nesta secção, analisemos a seguinte questão: *será que é um erro muito grave utilizar o modelo do ponto material para estudar as transformações e transferências de energia quando apenas há movimentos de translação de corpos sólidos*, como, por exemplo, no caso de um cubo que desce, com atrito, um plano inclinado?

A resposta a esta questão tem de ser dada com os devidos cuidados. Em geral, quando aplicamos um modelo científico, mais ou menos simples, ao estudo de uma situação física real, temos de fazer determinadas aproximações. Nestas condições, o aspecto mais importante é saber que aproximações se estão a utilizar, e qual o limite para a sua validade.

Como sabemos, é pedagogicamente recomendável que o significado das variáveis físicas (muitas vezes de natureza abstracta), estudadas na Escola, seja concretizado através da sua aplicação a situações da vida real, mas em condições obviamente simplificadas. Assim, é justificável que, numa primeira aproximação, se utilize o teorema do trabalho energia, ou da energia cinética (*apenas aplicável no modelo do ponto material*), para o estudo da situação apontada na questão inicial (*que envolve o movimento de um corpo com dimensões e efeitos de forças de atrito*). A aproximação que nesse caso se está a fazer corresponde a considerar tanto o cubo como o plano pelo qual ele desce como **infinitamente rígidos**.

Isto significa que (neste modelo) não é permitido que variem as temperaturas dos corpos – o que implica que ΔE_c^{int} seja sempre nulo – nem é permitido que haja deformações – o que implica que ΔE_p^{int} também seja sempre nulo. Naturalmente, também não poderá haver explosões.

Por outro lado, também não se podem considerar quaisquer alterações de energia do sistema, provocadas por trocas de calor ou de radiação.

Nestas condições, o princípio da conservação da energia, equação (5.5), aplicado a esta situação – cubo (infinitamente rígido) a descer um plano inclinado (também infinitamente rígido), sujeito a forças de atrito – considerando que não há movimentos de rotação, poderá escrever-se

$$W = \Delta(1/2)Mv_{CM}^2 \qquad (5.17)$$

Esta expressão é equivalente a expressão (5.1), que traduz o enunciado do teorema do trabalho energia no modelo do ponto material.

Consideremos a análise que se fez anteriormente para a situação do cubo que desce o plano inclinado, sujeito a efeitos de atrito. As conclusões a que se chegou [equação (5.12) e considerações que se lhe seguem] permitiram-nos verificar que nem todo o trabalho realizado pelo peso do cubo, durante o movimento descendente do mesmo, aparece como energia cinética do cubo no ponto mais baixo da sua trajectória. Então, para que a expressão (5.17) possa produzir o resultado contido na expressão (5.12) – ou seja, para que um modelo de ponto material possa incluir as consequências dos efeitos das forças de atrito – o valor de W no seu primeiro membro tem de ser igual ao trabalho realizado pelo peso, adicionado a um valor negativo. É a este valor negativo – que tem as dimensões de um trabalho – que muitas vezes se chama "trabalho das forças de atrito".

Verifica-se experimentalmente que o valor desta contribuição negativa pode ser calculado através do produto escalar de $\vec{F}_a$ – valor constante da resultante das forças de atrito, determinado pelas características cinemáticas do movimento – pelo deslocamento, $\vec{r}_{CM_{final}} - \vec{r}_{CM_{inicial}}$, do centro de massa do cubo.

Note-se no entanto que, tendo em atenção as origens das forças de atrito, não é correcto identificar o deslocamento do centro de massa de qualquer corpo com dimensões, com o "deslocamento do ponto de aplicação das forças de atrito". Então, o produto escalar indicado no parágrafo anterior, não é verdadeiramente um trabalho de uma força, uma vez que o vector deslocamento utilizado não é o deslocamento do ponto de aplicação dessa força. É devido a esta preocupação que, para evitar possíveis confusões de interpretação de conceitos, há autores que – ao utilizar o modelo do ponto material para estudos energéticos de movimentos de translação que envolvem forças de atrito – dão a essa parcela o nome de *pseudo-trabalho das forças de atrito*.

Este esclarecimento, importante para um professor que aplica o modelo do ponto material em situações de movimentos de translação de corpos sujeitos a efeitos de atrito, não deve ser abordado com os alunos no primeiro contacto com o conceito de trabalho realizado por forças. Deve, no entanto, estar bem compreendido por qualquer professor, de modo que possa ser utilizado no caso de surgirem dúvidas de interpretação de alguns conceitos pelos alunos, numa fase mais avançada da compreensão dos efeitos das forças de atrito, os quais, como sabemos, envolvem em geral alterações de temperatura.

Deve também ficar claro para todos os professores que a utilização do modelo do ponto material não é válida se houver variações apreciáveis de energia interna dos sistemas em estudo, como acontece nos automóveis reais que têm uma enorme energia potencial interna representada pelos depósitos (mais ou menos) cheios de gasolina. Também em trabalhos realizados no laboratório é necessário ter cuidado com as situações em que os carros utilizados nas experiências contêm molas, que no início estão comprimidas e posteriormente se distendem provocando a alteração das características dos seus movimentos.

6. FORÇAS E MOVIMENTOS DE SÓLIDOS EM FLUIDOS

Introdução

Dá-se o nome genérico de *fluidos* às substâncias que, em condições normais de pressão e temperatura, se encontram no estado líquido ou gasoso.

Será que é muito importante, para um cidadão comum, estudar a que tipo de forças os sólidos estão sujeitos quando inseridos nos fluidos, e relacioná-las com as características dos movimentos desses sólidos?

Qualquer cidadão comum vive na Terra, um planeta que possui *atmosfera*. Esta é uma camada de gás à sua superfície a que chamamos *ar*. O ar é invisível e inodoro. Assim, no nosso dia a dia, vivemos dentro de um gás do qual, em geral, não nos apercebemos, pois ele não provoca qualquer efeito nos nossos sentidos. Em geral não vemos o ar, não o cheiramos, não o ouvimos, ele não tem sabor,... É claro que precisamos dele para respirar, mas a respiração é, para um ser vivo, uma reacção automática desde a sua nascença, pelo que, na maioria das vezes, nem pensamos nela. Também é verdade que o ar exerce sobre nós uma determinada pressão, a que chamamos *pressão atmosférica*, mas também desta não nos apercebemos, a não ser que o valor da pressão a que estamos habituados se altere substancialmente – como acontece, por exemplo, quando subimos de automóvel a uma montanha, mudando bruscamente de altitude.

Em geral, na realidade do nosso dia a dia apenas notamos a existência de ar quando faz *vento*, isto é, quando o ar está em movimento em relação à Terra – com a qual estamos solidários. O movimento do ar pode ser caracterizado por uma determinada velocidade, à qual chamamos a *velocidade do vento*. Mas, mesmo em repouso, o ar, como qualquer fluido, interactua com os corpos nele mergulhados.

Por outro lado, também não nos podemos esquecer que a água é uma parte importante do nosso planeta. Todos nós já experimentámos deslocar-nos dentro de água – no mar ou numa piscina. Estudar os efeitos especiais causados pela água sobre corpos nela mergulhados, total ou parcialmente, é fundamental, para compreendermos muitos dos fenómenos presentes no nosso dia a dia.

Todas essas interacções entre os fluidos (líquidos e gases) e os corpos sólidos neles mergulhados, podem ser traduzidas por *forças*. É sobre as características e os efeitos dessas forças que os fluidos exercem sobre corpos sólidos neles mergulhados, que iremos debruçar-nos nesta secção.

Sabemos que existem forças de atracção entre as moléculas que constituem os fluidos, mais intensas nos líquidos que nos gases. Quando se insere um sólido dentro de um fluido passarão também a existir forças de atracção entre as moléculas do fluido e os átomos ou moléculas do sólido.

Vamos considerar que as forças inter-atómicas do sólido mergulhado no fluido são muito mais intensas que as forças de atracção entre os átomos do sólido e os átomos do fluido, de modo que o sólido mantém a sua forma, não se dissolvendo. Nestas condições, apenas se poderá formar uma pequena camada de fluido aderente ao sólido, como se pode verificar facilmente em muitas situações do nosso dia a dia. De facto, sabemos bem que se, por exemplo, mergulharmos uma pedra em água e posteriormente a retirarmos, ela vem "molhada". Deste modo, pode pensar-se que o movimento de qualquer sólido num fluido provoca um deslizamento relativo de camadas do fluido, umas sobre as outras.

Esta secção dedica-se ao estudo das influências de um fluido sobre qualquer corpo sólido que está no seu interior, quer em situações de repouso quer em situações de movimento relativo.

Pressão num fluido

Uma das forças que traduz uma das possíveis interacções de qualquer fluido com um sólido dentro dele é a *impulsão* que esse fluido exerce sobre o corpo sólido. Por exemplo, os barcos flutuam devido a forças de impulsão que sobre eles exerce a água, na qual está mergulhada uma parte (sólida) do barco. Como explicar a existência das forças de impulsão e determinar as suas características?

Consideremos um contentor com um *fluido qualquer em repouso* dentro dele, por exemplo, uma tina de vidro com água. As paredes do recipiente, representado na figura 6.1, exercem forças sobre qualquer pequeno elemento de volume do fluido, ΔV, que esteja em contacto com elas, não deixando o fluido sair (se existisse um pequeno orifício numa das paredes da tina, a água sairia por ele). Mas este elemento de volume ΔV não se move; na realidade, nenhuma porção do fluido *em repouso* tem movimento orientado. Então isso significa que outros pequenos elementos de volume do fluido, ao lado dos que estão encostados às paredes, exercem sobre estes forças que anulam as exercidas pelas paredes. Nestas condições, conclui-se, através da aplicação do princípio da igualdade da acção--reacção, que os elementos de volume junto das paredes exercerão forças sobre os outros que estão ao lado. Como também estes não se movem, outros elementos seus vizinhos têm de exercer sobre eles forças ...

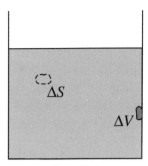

Figura 6.1

Como consequência da generalidade deste raciocínio, pode concluir-se que todos os pequenos elementos de volume de qualquer fluido contido num contentor, exercem forças uns sobre os outros. Diz-se então que no interior do fluido, em qualquer ponto, existem *forças de pressão* exercidas pelo fluido sobre si próprio em todas as direcções e sentidos. Como também não há rotações de partes de um fluido em repouso, estas forças de pressão têm de ser perpendiculares a qualquer superfície elementar de fluido que se considere.

Imagine-se então uma pequena superfície de fluido, ΔS, tão pequena quanto se queira, e seja ΔF o módulo da força de pressão exercida pelo fluido sobre essa superfície (apenas consideramos o módulo das forças de pressão, pois já vimos que elas se exercem em todas as direcções e sentidos); define-se *pressão*, p, nos pontos dessa superfície no interior do fluido, como sendo:

$$p = \frac{\Delta F}{\Delta S} \qquad (6.1)$$

Vemos assim que a pressão é um escalar que tem as dimensões de uma força por unidade de superfície.

Não esqueçamos que, embora existam estas forças de pressão, se pensarmos em qualquer elemento de volume, ΔV, do fluido *em repouso*, a resultante de todas as forças exercidas sobre o elemento de volume ΔV pelos elementos de volume seus vizinhos tem de ser nula, caso contrário esse pequeno volume não poderia estar em repouso (esta afirmação só está correcta quando se consideram elementos de volume, tão pequenos que se pode desprezar o peso da quantidade de fluido neles contida).

Impulsão sobre um corpo sólido mergulhado num fluido: princípio de Arquimedes

Consideremos agora, dentro de um contentor com um fluido em repouso, uma superfície *imaginária* fechada, S, que envolve um volume, V, do mesmo fluido, como se representa na figura 6.2. Sobre todo esse volume do fluido, limitado pela superfície S, o restante fluido exerce forças de resultante $\vec{R}$. Qual será o valor desta resultante $\vec{R}$?

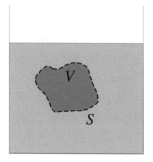

Figura 6.2

Analisemos todas as forças que actuam sobre o volume V de fluido contido na superfície imaginária S, o qual, sob a acção de todas essas forças, continua em repouso. Para além das forças exercidas pelo próprio fluido vizinho do volume V, apenas há outra força a exercer-se sobre este volume de fluido, e essa força é o peso do fluido nele contido, devido aos efeitos do campo gravítico a que todos estamos sujeitos na Terra. É óbvio que, nestas condições em que o volume de fluido considerado já não é elementar, o peso do fluido nele contido não é desprezável.

Assim, como todo o fluido está em repouso, somos levados a concluir que o restante fluido exerce, sobre o volume V de fluido limitado pela superfície imaginária fechada S, uma força vertical, com sentido de baixo para cima, com módulo igual ao do peso do volume de fluido contido nessa superfície (só assim o efeito do restante fluido anulará o efeito do peso do fluido contido no volume V, possibilitando que ele continue em repouso).

Vejamos o que acontece se a superfície S contendo fluido for substituída por um corpo sólido com uma superfície exterior (molhada, porque o sólido se encontra dentro do fluido) igual a S, portanto limitando o mesmo volume V. O fluido não tem qualquer maneira de identificar o que está dentro da superfície S!

Podemos então concluir que, *seja qual for o corpo mergulhado num fluido, esse fluido exerce sobre ele uma força vertical, apontando de baixo para cima,* com módulo igual ao do peso do volume de fluido deslocado. Este é o enunciado do denominado *Princípio de Arquimedes*, por razões históricas, mas que já não tem o "estatuto" de um princípio, uma vez que pode ser demonstrado facilmente a partir de leis fundamentais da dinâmica. A força exercida pelo fluido sobre o corpo nela mergulhado chama-se *impulsão*.

Massas volúmicas e movimento vertical de um sólido num fluido

Concluímos então, que todo o corpo sólido mergulhado num fluido fica sujeito a duas forças: o seu peso $\vec{P}_S = M_S \vec{g}$, vertical, com sentido de cima para baixo e com módulo que depende da massa M_S do corpo sólido, e portanto da sua *massa volúmica* $\rho_S = (dm/dV)_S$, e a força de impulsão, $\vec{I} = M_F \vec{g}$, vertical, com sentido de baixo para cima, e com módulo que depende de M_F, massa de fluido correspondente ao volume de fluido deslocado. A massa M_F pode ser calculada a partir da *massa volúmica de fluido*, $\rho_F = (dm/dV)_F$. Da resultante destas duas forças, $\vec{I} + \vec{P}$, depende o estado de movimento vertical de um corpo sólido rígido mergulhado num fluido.

Suponhamos o caso em que um sólido homogéneo de volume V está completamente mergulhado num fluido homogéneo, de modo que o volume de fluido deslocado é exactamente V. Teremos neste caso

$$|\vec{I}| = M_F |\vec{g}| = \rho_F V g \qquad \text{e} \qquad |\vec{P}| = M_S |\vec{g}| = \rho_S V g \qquad (6.2)$$

Pode concluir-se que, nestas condições, a razão entre o módulo do peso do corpo e o módulo da força de impulsão a que fica sujeito pode ser calculada pela razão entre as massas volúmicas do corpo e do fluido onde está completamente mergulhado.

Os valores das massas volúmicas das substâncias podem ser consultados em tabelas apropriadas.

Densidade

Verifica-se que *as massas volúmicas de sólidos e líquidos têm valores muito semelhantes* – embora, em geral, uma mesma substância tenha uma maior massa volúmica se estiver no estado sólido – da ordem de grandeza dos 1000Kg/m³ ou, em unidades utilizadas frequentemente, de uns poucos g/cm³. Estas últimas unidades são muito usadas porque a água pura a 4°C tem uma massa volúmica de

1g/cm^3, sendo por vezes a água considerada como tendo uma *densidade* unitária. Assim, dividindo a massa volúmica de cada substância pela da água pura a 4°C, obtém-se o valor da *densidade dessa substância* (em relação à água), uma grandeza física sem dimensões, cujo valor numérico coincide exactamente com o da massa volúmica da substância em causa.

Módulos das forças de impulsão nos líquidos

Podemos então dizer que *as densidades de sólidos e líquidos são da mesma ordem de grandeza*, de modo que, se mergulharmos um sólido num líquido, o módulo do peso do sólido é da ordem de grandeza do módulo da impulsão a que fica sujeito.

Como consequência, é vulgar observar movimentos ascendentes ou descendentes de um corpo sólido se o mergulharmos num líquido:
- No caso da densidade média do sólido ser inferior à do líquido em que é mergulhado (um exemplo é o de um pedaço de madeira ou de cortiça, colocados dentro de água), o sólido tem movimento ascendente até ficar a flutuar (nesta situação desloca menos líquido do que se estivesse completamente mergulhado, de modo que fica em condições em que se igualam os módulos do peso e da impulsão);
- Mas, se a sua densidade média for superior à do líquido em questão (por exemplo, um prego de ferro), o sólido desce dentro do líquido até tocar na superfície inferior do contentor. Nestas condições ele passa a estar também sujeito à força, $\vec{N}$, que esta superfície (suporte) exerce sobre ele. Esta força, adicionada às outras duas, dá origem a uma resultante nula e o corpo fica em equilíbrio.

Módulos das forças de impulsão nos gases

A densidade dos gases é cerca de 1000 vezes inferior à dos sólidos e líquidos. Isso permite-nos concluir que as forças de impulsão de gases sobre corpos sólidos ou líquidos neles mergulhados se pode desprezar (têm um módulo cerca de 1000 vezes menor que o peso dos referidos corpos), pelo menos numa primeira aproximação. Por isso ignoramos com frequência os efeitos da impulsão do ar sobre os corpos sólidos (ou líquidos) nele mergulhados.

O mesmo já não é válido se estivermos a comparar efeitos de impulsão de gases sobre corpos essencialmente gasosos, como é o caso de balões que enchemos de hidrogénio, de hélio ou de ar quente. Nestes casos, são comparáveis os efeitos dos pesos e das impulsões, de modo que, para sabermos se o movimento resultante é ascendente ou descendente, ou mesmo se não há qualquer movimento, teremos de comparar as densidades dos gases com que se enchem os balões com as densidades dos gases dentro dos quais se colocam os balões cheios (em geral no ar). Por vezes, nestas situações, não são desprezáveis os pesos das películas de material diverso (em geral com base na borracha) que constituem a superfície exterior dos balões.

Porque flutua um barco de ferro?

Embora o ferro seja cerca de oito vezes mais denso que a água, um barco de ferro flutua na água porque a sua *densidade média* (note-se que o barco tem muitas zonas interiores cheias de ar, e este tem uma densidade cerca de mil vezes inferior à da água) é inferior à da água. A densidade média de um corpo obtém-se dividindo a massa total do corpo (no caso do barco, incluindo tudo o que se encontra dentro dele) pelo seu volume total (no caso do barco, o seu volume exterior).

Quando um barco está a flutuar, uma grande parte do barco está mergulhada na água. Ele estará mais ou menos mergulhado consoante o seu peso, visto que, para que flutue, o volume de água deslocada por ele tem de ter um peso igual ao do barco. Se o peso do barco aumenta, por exemplo porque se aumentou a sua carga, o barco tem de deslocar mais água – para que o peso do volume de água deslocado ainda equilibre o seu peso total – e isso é conseguido mergulhando mais o casco. Se retirarmos carga de dentro do barco, ele sobe, passando a deslocar menos água.

Como exemplo de aplicação dos conceitos tratados, imaginemos que se coloca uma caixa de ferro maciço dentro de um barco que estava a flutuar. Contribuindo para um maior peso total do barco, a caixa faz com que o barco desloque mais água, comparada com a que deslocava quando a referida caixa não estava dentro dele. Isto é, pelo facto da caixa ter sido colocada no barco, ele tem de descer um pouco em relação ao nível da água, de modo a *deslocar uma quantidade de água adicional*, com peso igual ao da caixa.

No caso considerado, sendo a caixa feita de ferro maciço, a sua densidade tem um valor perto de 8; como a densidade da água tem um valor perto de 1 (em geral a água não é pura nem está a 4°C), a caixa dentro do barco faz este descer um pouco em relação ao nível inicial (sem caixa), deslocando um volume extra de água cerca de oito vezes superior ao da caixa (este volume adicional de água deslocada provoca um acréscimo na impulsão, que agora tem também de compensar o peso da caixa).

Podemos perguntar-nos o que acontece quando se retira a caixa de dentro do barco, atirando-a para dentro de água. Comparando com a situação em que a caixa estava dentro do barco, este sobe, desce, ou mantém a sua posição em relação ao nível da água? O nível das águas no lago (pequeno) em que encontra o barco sobe, desce ou mantém-se inalterado?

A caixa, agora dentro de água, desloca um volume de água igual ao seu próprio volume. O barco dentro de água subiu até ao nível que tinha antes de se ter colocado a caixa dentro dele, isto é, subiu deixando de deslocar um volume de água cerca de oito vezes superior ao volume da caixa. Portanto, olhando da amurada do barco, as águas estão agora mais longe, ou seja, o barco subiu em relação ao nível das águas.

Quanto ao nível das águas no lago (pequeno), embora a caixa esteja dentro de água e contribua para que esta tenha subido de uma quantidade equivalente ao seu volume, o barco deixou de deslocar um volume de água oito vezes superior ao da caixa. Assim, o nível geral das águas desceu.

Distribuição da carga num barco

Já vimos, então, que um barco a flutuar está sujeito a duas forças: o seu peso, (incluindo o da sua carga) e a impulsão, $\vec{I}$, exercida pela água em que o barco flutua. Nas condições indicadas, a resultante destas duas forças é nula. Mas será que os efeitos destas duas forças se anulam, sejam quais foram as condições de distribuição de carga num barco?

Um barco com a sua carga é um corpo com dimensões, ou seja, um sistema. Como tal, ao considerar os efeitos das forças exteriores, não podemos apenas fazer uma análise da respectiva resultante. Como sabemos, podemos assegurar que se esta resultante das forças exteriores for nula, o centro de massa do sistema constituído pelo barco com a sua carga não se move. Mas não existirá a possibilidade de rotações em torno do seu centro de massa?

A resposta a esta questão só pode ser dada depois de considerados os momentos das forças exteriores em relação ao centro de massa do sistema e a consequente rotação que, eventualmente, provocarão (alteração do momento angular $\vec{L}$, que deixará de ser nulo), de acordo com a equação:

$$\frac{d\vec{L}}{dt} = \vec{M}^{(ext)} \qquad (6.3)$$

Como o cálculo dos momentos de forças depende da localização dos respectivos pontos de aplicação, teremos que fazer considerações sobre os pontos de aplicação do peso, $\vec{P}$, do sistema constituído pelo barco e carga, e da impulsão, $\vec{I}$, a que está sujeito.

Sabemos que, em termos dos efeitos que provoca, o peso de qualquer sistema se pode *sempre* considerar aplicado no *centro de massa do sistema de corpos a que corresponde*. Assim, o momento do peso, $\vec{P}$, em relação ao centro de massa do sistema barco+carga, representado por C_b na figura 6.3, é sempre nulo.

E a impulsão? Como esta força está associada ao "peso da água deslocada" podemos considerá-la aplicada no centro de massa do volume de água deslocada, representado por C_a, ou seja – como a água é homogénea – no centro geométrico da figura que corresponde ao volume de barco mergulhado na água.

Podemos, portanto, concluir que, sempre que o centro de massa do sistema constituído pelo barco com toda a sua carga, coincidir com o *centro geométrico* da parte do barco que está mergulhada – o que só acontece se a distribuição de carga no barco for perfeitamente simétrica em relação a este ponto – não há momento das forças aplicadas sobre o sistema em relação ao seu centro de massa (neste caso coincidente com o seu centro geométrico) e, consequentemente, não há perigo do barco rodar em torno de um eixo horizontal e voltar-se. Esta situação está ilustrada na figura 6.3-a.

Mas se a distribuição de carga for assimétrica em relação ao centro geométrico da parte mergulhada do barco, $\vec{P}$ e $\vec{I}$ não estão aplicados no mesmo ponto, como se ilustra na figura 6.3-b, e, o barco roda em torno do um eixo horizontal que passa pelo centro de massa e pode voltar-se, enchendo-se de água e afundando.

Será que o barco se vira e afunda sempre que os pontos de aplicação do peso $\vec{P}$ e da impulsão $\vec{I}$ não coincidem?

Repare-se na figura 6.3-c, na qual o centro de massa do sistema barco+carga está num plano horizontal inferior ao do centro geométrico da parte do barco mergulhada na água. Nestas condições, mesmo que haja uma determinada assimetria na distribuição de carga no barco, o momento resultante das forças apenas faz com que o barco se incline um pouco, como se pode ver na figura 6.3-d. Salvo os devidos cuidados (a inclinação não ser demasiada – o que poderia provocar deslizamentos da carga – e não haver entradas de água no barco), a pequena rotação do barco em torno do seu centro de massa não faz afundar o barco, uma vez que se anula o momento do binário quando o barco ainda tem a amurada fora de água. É esta a razão de se dizer que quanto mais abaixo estiver colocada a carga de um barco, maior é a sua estabilidade.

Note-se que, em termos de segurança, para além da carga do barco ter de ser transportada em determinadas condições de armazenamento, a sua descarga em qualquer porto tem de ser cuidada, de modo a poder assegurar-se que, em qualquer instante, há condições de estabilidade para o barco e a carga que ainda contém.

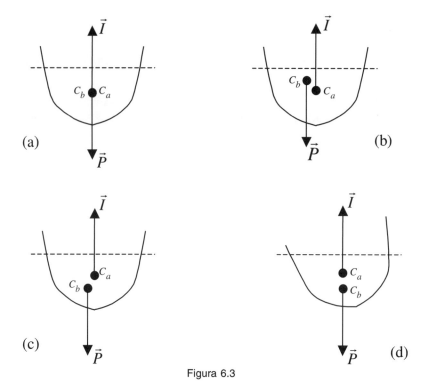

Figura 6.3

Movimentos de corpos sólidos em fluidos

Até aqui considerámos forças exercidas por fluidos sobre corpos sólidos neles mergulhados, em situações de equilíbrio. Vamos agora considerar situações de movimento relativo. É óbvio que, mesmo nas condições em que há movimento relativo entre os fluidos e os sólidos neles mergulhados, as pressões, as forças de pressão e a impulsão a que estes estão sujeitos quando mergulhados em fluidos, continuam a fazer-se sentir.

Forças de resistência de fluidos (forças de atrito?) e viscosidade

Pelo facto de haver forças de atracção entre as moléculas constituintes dos fluidos, há uma certa dificuldade apresentada pelos fluidos ao movimento de qualquer sólido dentro deles. Quando o sólido se encontra dentro do fluido, há camadas de fluido que aderem ao sólido. Portanto, quando o sólido se desloca dentro do fluido, está a provocar o deslizamento de camadas de fluido umas em contacto com as outras. É este efeito que dificulta o movimento do sólido.

Embora a resistência de um meio fluido ao movimento de um sólido tenha algumas semelhanças com os efeitos das forças de atrito – que dificultam o movimento de deslizamento relativo de um corpo sólido em contacto com um outro corpo sólido – o comportamento macroscópico e o estudo das consequências destes dois tipos de forças é tão diferente que, numa preocupação de clareza pedagógica, não devem os dois efeitos ser confundidos (atribuindo-se-lhes, por vezes, o mesmo nome). Por exemplo, embora as *forças de resistência de um meio* ao movimento de um sólido sejam, nas situações vulgares do dia a dia, sempre resistivas, isto é, dificultem o movimento dos corpos, as *forças de atrito* são muitas vezes as causas dos movimentos dos corpos. Este conceito é difícil de entender, pelo que qualquer contribuição para diminuir eventuais confusões, nos alunos e nos futuros professores, é pedagogicamente recomendável.

Por outro lado, as forças de atrito cinético, que estão presentes sempre que haja movimento relativo dos dois sólidos em contacto, são praticamente independentes da velocidade relativa dos dois sólidos. Como veremos, o mesmo não se pode dizer para as forças de resistência de um meio fluido ao movimento de um corpo sólido dentro dele.

A dificuldade de deslizamento relativo de camadas de fluido, umas sobre as outras, está relacionada com o conceito de *viscosidade* do fluido, sendo tanto maior quanto mais elevada for esta propriedade do fluido em questão. É fácil compreender que a viscosidade dos gases seja muito menor que a dos líquidos, e que, por exemplo, a viscosidade da glicerina seja maior que a da água. É uma propriedade que também depende da temperatura dos fluidos, diminuindo em geral quando se aumenta a temperatura.

Quando existe o cuidado de distinguir entre efeitos de atrito e efeitos de resistência de meios fluidos ao movimento de corpos no seu interior, nas situações em que se lubrificam (com um óleo qualquer) as superfícies de contacto entre dois sólidos – para que o seu movimento relativo de escorregamento seja facilitado – não se deve dizer que se diminuíram as forças de atrito, devendo afirmar-se que se *substituíram as forças de atrito por forças viscosas*, em geral de muito menor intensidade que as primeiras.

Analisemos as características das forças viscosas, ou de resistência ao movimento de um sólido mergulhado num fluido. Sob o ponto de vista da sua interpretação física, é indiferente termos uma situação em que um corpo sólido se move dentro de um fluido em repouso, ou a situação em que um corpo sólido está parado, dentro de um fluido que se move. Num caso e noutro, podemos caracterizar a situação através do movimento (relativo) do sólido em relação ao fluido.

Verifica-se experimentalmente que, quando um corpo sólido se desloca dentro de um fluido, com velocidade relativa $\vec{v}$ em relação a esse fluido, em condições normais a força de resistência apresentada pelo fluido a esse movimento, aplicada sobre o corpo, pode escrever-se:

$$\vec{F}_R = -k\,\vec{v} = -k\,|\vec{v}|\,\hat{v} \qquad (6.4)$$

sendo k uma constante de proporcionalidade, positiva, que:
- é tanto mais elevada quanto maior for a viscosidade do fluido e
- depende da forma do corpo (depende da secção frontal que o corpo apresenta ao movimento, isto é, é tanto maior quanto maior for a secção do corpo perpendicular ao deslocamento relativo);

$\hat{v}$ é um vector unitário com a direcção e sentido da velocidade do corpo em relação ao fluido.

Expliquemos o que significa a expressão "condições normais". Nos casos em que a velocidade relativa é muito elevada, o módulo da força indicada na expressão (6.4) pode envolver uma potência de $|\vec{v}|$ com um grau mais elevado, ou seja, a dificuldade apresentada ao movimento pode aumentar com o quadrado ou uma potência ainda mais elevada do módulo da velocidade do corpo em relação ao fluido. Por outro lado, as considerações que estamos a fazer são apenas válidas para *movimentos laminares* de camadas de fluido provocados pelo movimento do corpo dentro dele, isto é, movimentos em que se podem imaginar sucessivas camadas de fluido a deslizar ordenadamente uma sobre as outras. No caso de haver um *movimento turbulento*, no qual há vórtices, ou seja, zonas de fluido em rotação formando remoinhos, a dificuldade apresentada ao movimento do corpo sólido já não pode ser traduzida pela expressão (6.4).

Note-se que, em termos de consumo de energia, é aconselhável que a força de resistência do meio ao movimento de um corpo sólido dentro dele tenha o menor valor possível. Na verdade, havendo resistência do meio, mesmo para manter constante a velocidade do corpo é necessário assegurar que as forças de propulsão, seja qual for a sua origem, tenham um módulo igual ao das forças de resistência ao movimento. E, como veremos, muitas vezes estas forças de propulsão estão ligadas a um consumo de energia interna do sistema constituído pelo corpo em movimento.

Uma menor resistência do meio em que um sólido se tem de mover consegue-se para uma forma adequada do corpo, denominada *forma aerodinâmica*. Como a constante de proporcionalidade k da expressão (6.4) depende da forma do corpo, há muitos estudos, mais ou menos empíricos, sobre as formas de corpos que provocam valores mais reduzidos das forças de resistência dos meios em que habitualmente se movem.

Verifica-se que, para movimentos em qualquer fluido, quanto mais esguios forem os corpos sólidos, como é o caso dos peixes ou dos pássaros, menor é o valor da força de resistência do meio. Não é então de estranhar que se construam corpos com formas afuniladas, como é o caso dos automóveis de corrida, dos aviões e dos comboios de alta velocidade, quando é natural esperar que eles se movimentem no ar, com velocidades elevadas. Neste caso, a viscosidade do meio é muito pequena, mas o valor da força de resistência torna-se importante devido ao elevado valor das velocidades relativas.

A mesma preocupação se manifesta nas formas dos navios e submarinos. Estes corpos movimentam-se na água, fluido com uma viscosidade maior que a do ar, de modo que a força de resistência do meio é considerável, mesmo para velocidades relativas não muito elevadas.

Exemplos

Vamos considerar alguns exemplos de efeitos de fluidos sobre o movimento de corpos sólidos neles total ou parcialmente mergulhados.

Nadar, mover um barco sobre a água

Um exemplo de uma situação comum no dia a dia, de um corpo sólido em movimento dentro de um fluido, é o de um nadador. Mantemo-nos à superfície da água visto que a nossa densidade média é um pouco inferior a 1, a densidade aproximada da água normal (água "doce"). Esta diferença é mais notável na água salgada, uma vez que a densidade desta é cerca de 1,3. Assim, como muitos já notaram, é mais fácil flutuar no mar que nos rios ou nas piscinas de água doce. Dizemos que flutuamos quando o nosso peso está a ser equilibrado pela impulsão, de módulo igual ao peso do volume de água que o corpo desloca.

Para nos movermos na horizontal mexemos os braços e/ou as pernas, empurrando a água no sentido contrário àquele em que nos queremos deslocar. Pela lei da igualdade da acção-reacção, a água empurra-nos no sentido do nosso deslocamento.

Há uma certa resistência a esse deslocamento, devido ao facto de termos de separar camadas de água para continuar o nosso movimento. Assim, mesmo para mantermos um movimento com a mesma velocidade de translação, temos de continuar a empurrar a água para trás, ou seja, temos de continuar a nadar. De facto, se a força de resistência do meio tiver um módulo igual ao da força que, devido aos nossos movimentos de braços e pernas (os movimentos característicos do estilo de natação que estamos a praticar) exercemos sobre a água, continuamos a deslocar-nos com velocidade constante – a água exerce sobre nós uma força de resistência com módulo igual ao da força de propulsão que estamos a provocar ao empurrar a água para trás, e a resultante de todas as forças aplicadas sobre nós anula-se. Podemos então concluir que, durante a natação, é consumida energia potencial interna do ser vivo que nada. Esta energia é constantemente transformada em energia cinética envolvida nos movimentos dos braços e das pernas e – no início do deslocamento bem como sempre que aumentamos a velocidade do nosso corpo – em energia cinética de translação do corpo.

A análise das forças envolvidas nos movimentos horizontais dos barcos é semelhante à anterior. Seja através de remos, de hélices ou de qualquer outro modo de propulsão, os barcos empurram a água para trás. Pelo princípio da igualdade da acção-reacção, a água empurra-os para a frente. Durante o movimento dos barcos a remos é consumida energia interna dos remadores. Se os barcos tiverem motor, para os pôr em movimento e manter a sua velocidade é consumida energia potencial interna, armazenada no início da viagem sob a forma de combustível num depósito junto ao motor.

Quando se deseja diminuir a velocidade de um barco, podem desligar-se os motores, ou pô-los em "ponto morto", por exemplo. Neste caso, na direcção horizontal apenas fica a actuar, sobre o barco, a força de resistência do meio, que fará o barco parar em mais ou menos tempo consoante a forma do barco, a sua massa e a velocidade no instante em que desligou os motores. Quando se pretende provocar uma travagem mais pronunciada, criam-se as condições para que haja uma maior dificuldade ao movimento. Isto pode ser conseguido, por exemplo, fazendo a hélice do navio rodar em sentido contrário ao do movimento natural de propulsão: empurrando a água para a frente o barco sofre o efeito de uma força para trás aplicada pela água.

Vantagens dos "ailerons" dos automóveis

Os automóveis de corrida, e mesmo alguns automóveis de turismo, têm sobre o tejadilho uma barras quase horizontais, mas com uma pequena inclinação – os "ailerons" – muitas vezes colocados perto da zona traseira da viatura. Para que servem estas barras?

Já vimos que são as forças de atrito entre as rodas e o chão, as forças responsáveis pela variação da velocidade de um automóvel de massa M que se desloca numa pista horizontal. Nestas alterações de velocidade estão incluídas as situações em que se pretende que a viatura, embora mantendo a velocidade escalar v, descreva uma curva de raio R. Sabemos que, neste caso, é necessária uma força centrípeta aplicada pelo chão sobre os pneus do carro, cujo módulo é dado por:

$$F_{atrito} = M \frac{v^2}{R} \qquad (6.5)$$

Vemos então que, quanto maior for v, a velocidade escalar do automóvel, e quanto menor for R, o raio da trajectória, isto é, quanto mais pronunciada for a curva, maior tem de ser o valor da força de atrito aplicada pela estrada nos pneus, para que ele consiga descrever a trajectória curvilínea. Se não houver essa força de atrito o carro derrapa e não descreve a curva em condições de segurança.

Mas o módulo da força de atrito entre quaisquer dois corpos sólidos tem um valor máximo, igual ao limite da força de atrito estático. Recordemos os factores de que depende este valor. Sabemos que:

$$\left|\vec{F}_{atr.est.}^{max}\right| = \mu_{est} \times \left|\vec{N}\right| \tag{6.6}$$

O coeficiente de atrito estático, μ_{est}, depende do estado dos pneus e da estrada, sendo então fixado pelas condições em que estão os pneus do automóvel e a pista. No entanto é possível aumentar o módulo da força máxima de atrito estático através de um aumento de $\left|\vec{N}\right|$. É precisamente este aumento que é provocado pela existência dos "ailerons". Quando o automóvel se desloca com elevada velocidade, ou, o que é equivalente em termos de movimento relativo, quando o ar passa com elevada velocidade sobre o automóvel, na zona dos "ailerons" ele é fortemente empurrado para cima devido à inclinação destes. Pelo princípio da igualdade da acção-reacção, se o ar é desviado para cima, devido à interacção com o (força aplicada pelo) "aileron" do carro, o ar aplica no carro uma força de módulo igual mas sentido contrário, empurrando o carro contra o chão (ver figura 6.4). Este efeito traduz-se por um aumento do módulo da força de compressão, $\vec{N}$, do carro contra o chão, o que faz aumentar o valor limite do módulo da força de atrito disponível (ver expressão 6.6). Sendo assim, quando a velocidade do carro aumenta, o limite de segurança para que o automóvel mantenha condições de aderência ao chão também aumenta, permitindo que a curva seja descrita com uma velocidade de valor mais elevado, o que, por razões óbvias, é conveniente numa competição.

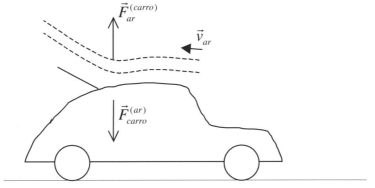

Figura 6.4

É claro que o mesmo efeito seria conseguido aumentando a massa do automóvel, e consequentemente o seu peso e o valor de $|\vec{N}|$. Mas isso aumentaria o coeficiente de inércia do carro durante toda a corrida, fazendo com que fosse mais difícil acelerá-lo sempre que necessário, em especial no início da corrida. Note-se que o efeito dos "ailerons" apenas se faz sentir se a velocidade do carro for já bastante elevada. Durante o início do movimento, os "ailerons" produzem um efeito desprezável.

Porque sobe um avião?

O efeito principal que faz subir um avião é, de certo modo, o oposto ao dos "ailerons" dos automóveis. Os aviões têm asas com partes móveis, as "flaps", que funcionam como "ailerons invertidos". No caso do avião ter uma determinada velocidade em relação ao ar, quando as "flaps" estão em determinadas posições as asas dos aviões fazem deslocar o ar no sentido descendente. Assim, enquanto o avião se desloca na pista, para levantar voo, as "flaps" fazem com que o ar empurre o avião para cima. Este efeito pode ser visualizado na figura 6.5, na qual se representa a asa de um avião em plena subida (nesta posição, as asas do avião empurram o ar para baixo e o ar, em movimento em relação aos avião, continua a empurrá-lo para cima). Note-se que a força exercida pelo ar durante o movimento do avião sobre a pista só é suficiente para conseguir elevá-lo quando a velocidade do avião atinge um determinado valor mínimo.

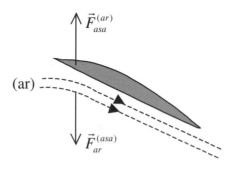

Figura 6.5

Além desta força ascendente, há outra contribuição para a subida do avião, que é fundamental para a sua manutenção no ar. Analisemos então a situação em que o avião tem as asas horizontais, como acontece quando se desloca no ar, num plano horizontal. Devido à sua forma aerodinâmica, as camadas de ar que passam por cima das asas (ver figura 6.6) não descrevem trajectórias iguais às descritas pelas camadas de ar que lhes passam por baixo. No entanto, num movimento laminar, as camadas de ar que passam por cima da asa vão juntar-se na parte traseira da asa às camadas que passam por baixo. Assim, a velocidade das camadas de ar por cima das asas tem um módulo maior que o da velocidade do ar que passa na parte inferior.

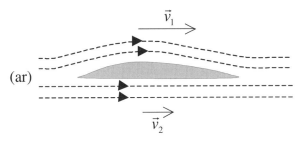

Figura 6.6

Este efeito tem como consequência um valor da pressão do ar na parte superior da asa, mais reduzido do que o respectivo valor na parte inferior da asa. Como as forças de pressão actuam perpendicularmente sobre as superfícies sólidas com as quais estão em contacto, a resultante de todas as forças de pressão sobre as asas do avião, e portanto sobre o próprio avião, não é nula, tendo um sentido ascendente.

Este fenómeno pode ser verificado se soprarmos sobre uma folha de papel ligeiramente encurvada, para que a sua superfície tenha uma forma parecida com a da parte superior da asa de um avião. Verifica-se que a folha é puxada para cima. Neste caso a velocidade do ar é nula na parte inferior, e é diferente de zero na parte superior. Assim a pressão exercida pelo ar na parte debaixo do papel é igual à pressão atmosférica, mas na parte superior, devido ao movimento do ar a passar sobre o papel em consequência de estarmos a soprar, ela é inferior à pressão atmosférica. Como resultado, o ar exerce sobre o papel uma força que o empurra para cima.

Este efeito de diminuição da pressão de um fluido sobre a superfície de um corpo quando se aumenta a velocidade com que o fluido passa sobre essa superfície, pode ser demonstrado por aplicação do teorema de Bernoulli, consequência do princípio da conservação da energia aplicado ao movimento laminar (ou que se pode considerar laminar) de fluidos incompressíveis (ou cuja densidade se pode considerar constante) e não viscosos (ou cuja viscosidade se pode desprezar), em contacto com corpos sólidos.

Efeitos no movimento de uma bola de futebol

Uma outra situação em que existe um efeito devido a pressões diferentes exercidas pelo ar em faces opostas de um sólido que se move dentro dele, decerto bastante observada por muitos alunos, é o do desvio das bolas de futebol quando o pé do jogador que as lança bate nelas de modo especial (com determinados efeitos). Em vez de descreverem uma trajectória característica de um projéctil com um determinada velocidade inicial – uma parábola descrita sempre no mesmo plano vertical – as bolas adquirem um efeito semelhante ao que lhes seria comunicado pela existência de uma outra força que as puxasse lateralmente, descrevendo uma parábola assente numa superfície vertical encurvada em determinado sentido.

Isto acontece devido a um efeito de rotação em torno do seu centro que é comunicado à bola pelo jogador que lhe dá um pontapé. A força exercida nestas circunstâncias pelo pé do jogador não tem a direcção do centro de massa da bola. Como consequência, a bola é lançada a rodar em torno de um eixo vertical, que passa pelo seu centro de massa.

Devido a este movimento de rotação, a velocidade relativa do ar que passa pelas duas faces opostas da bola (em relação a um observador que olha para o seu percurso, pelos lados esquerdo e direito da trajectória da bola) não é igual numa e noutra. Como consequência, a pressão exercida pelo ar nos dois lados da bola também é diferente. Sendo maior num dos lados que no outro, o efeito provocado é o de um conjunto de duas forças laterais com sentidos opostos, mas que, tendo módulos diferentes, têm uma resultante não nula. Assim, a bola é puxada para um dos lados, aquele no qual a pressão do ar tem um valor menor. Sabemos que este será o lado onde o ar passa com uma maior velocidade em relação à bola. Observando o movimento por cima, na direcção do eixo vertical em torno do qual ela roda, se a bola estiver a rodar no sentido contrário ao dos ponteiros do relógio, ela é puxada para a direita.

7. FENÓMENOS ELÉCTRICOS: CORRENTES CONTÍNUAS

Introdução

Tal como os fenómenos mecânicos, os fenómenos eléctricos estão presentes no nosso dia a dia. Acendemos uma luz, trabalhamos com um computador, ligamos um aquecedor eléctrico, usamos um telemóvel... E tal como na mecânica, os conceitos fundamentais envolvidos no estudo dos fenómenos eléctricos estão relacionados com movimentos, com forças, com energias.

O que distingue os fenómenos eléctricos dos mecânicos é a origem das forças (interacções) envolvidas. Os fenómenos eléctricos são devidos a interacções entre cargas eléctricas ou entre corpos com carga eléctrica.

Assim, neste estudo que agora vamos iniciar falaremos principalmente de movimentos de cargas eléctricas, de forças com origem em campos eléctricos, e de energias potenciais de interacção eléctrica. Continuaremos a falar em energias cinéticas de cargas em movimento e em transformações de energia (entre as quais aparecerão as energias de cargas eléctricas em campos eléctricos).

Nesta secção abordaremos apenas as situações em que as correntes eléctricas que percorrem fios metálicos são provocadas pela aplicação, nos seus extremos, de diferenças de potencial não variáveis com o tempo. Nestas condições, o campo eléctrico definido em todos os pontos do fio é constante e as correntes eléctricas provocadas são *correntes contínuas*.

Massa e carga de um corpo

Talvez uma das principais dificuldades neste tema – em comparação com o estudo dos problemas de mecânica – se deva ao facto das cargas eléctricas, responsáveis pelos comportamentos eléctricos dos corpos, não serem detectáveis por observação directa. Quando se olha para um corpo qualquer, nota-se se ele tem carga eléctrica ou se, pelo contrário, está neutro? Sob o ponto de vista de quem está a observar um fio metálico, haverá alguma diferença – que possa ser detectada directamente pelos nossos sentidos – entre a situação em que ele é percorrido por uma corrente eléctrica e a situação em que não há qualquer corrente eléctrica a percorrê-lo?

De facto há, mas essa diferença – que em geral se traduz em calor e/ou radiação libertados pelo fio percorrido por uma corrente eléctrica – só é facilmente detectável, por observação directa, se a corrente eléctrica que percorre o fio tiver uma intensidade tão elevada que aqueles dois efeitos se tornam óbvios. É o que acontece quando uma corrente eléctrica adequada percorre um aquecedor eléctrico ou uma lâmpada eléctrica.

Mas se, por exemplo, na banca de um laboratório montarmos um circuito eléctrico, constituído por um gerador ligado por fios metálicos a uma resistência e a um interruptor de corrente, parece não haver qualquer alteração pelo facto de se fechar ou abrir o interruptor inserido no circuito. Nestas condições não se "vê" qualquer efeito da eventual existência da corrente eléctrica. Não se "vêem" os movimentos das cargas nos fios metálicos. Não se "vêem" as cargas. Isto torna o entendimento dos circuitos eléctricos mais difícil que o entendimento dos movimentos dos corpos que se estudam nos problemas mecânicos, casos em que são facilmente detectáveis, por observação directa, os efeitos de forças exteriores.

Como sabemos – e podemos verificar directamente – os efeitos de quaisquer forças sobre quaisquer corpos estão sempre relacionados com a *massa* desses corpos. Todos os corpos têm massa, mas nem todos têm carga. Sabemos que a massa de qualquer corpo é devida à massa dos seus átomos (fundamentalmente à massa dos núcleos desse átomos, uma vez que a massa dos electrões é cerca de mil vezes menor que a dos núcleos). Por outro lado, também a carga de um corpo é devida às contribuições das cargas dos seus átomos (dos núcleos e dos electrões atómicos).

Sendo os átomos tão pequenos que não é possível vê-los nem com o microscópio mais potente, como é que dão origem ao valor elevado (à escala atómica) da massa de um corpo com dimensões? A verdade é que as massas dos milhões de milhões de milhões de milhões ($\approx 10^{24}/cm^3$) de núcleos dos átomos que constituem um corpo são todas aditivas – uma vez que uma massa apenas pode ter um valor positivo – o que tem como consequência o valor elevado para o somatório de todas as contribuições em causa.

Em contraste, como sabemos, em cada átomo há cargas positivas e cargas negativas, e a contribuição, para qualquer somatório, de cargas com o mesmo módulo e sinal contrário é nula.

São estas as razões que justificam que a maioria dos corpos existentes na Natureza tenha uma massa razoável, mas se encontre num estado electricamente neutro.

Existência de pré-concepções incorrectas

Em função destas considerações não é difícil aceitar os resultados da investigação educacional que indicam que, em relação a quase todos os conceitos físicos envolvidos no estudo das correntes eléctricas, são muito abundantes as pré-concepções incorrectas dos alunos.

Os alunos estão habituados, nas suas casas, a provocar a emissão de luz por uma lâmpada ou a pôr em funcionamento qualquer outro aparelho eléctrico, apenas porque deslocam a posição de um interruptor na parede de uma casa, ou no próprio aparelho – por sua vez ligado a uma tomada (de corrente) na mesma parede. Nada mais se vê relacionado com qualquer eventual movimento de cargas. Alem disso, os efeitos provocados – o funcionamento dos aparelhos – parecem ser instantâneos.

Num primeiro contacto com a escola, os comportamentos eléctricos são explicados aos alunos através da utilização de termos com significados mais ou menos herméticos, como *potencial, energia potencial, corrente eléctrica, intensidade de corrente, resistência, gerador de corrente*. Muitas vezes nem os próprios professores têm uma noção muito clara do que efectivamente se passa num circuito de corrente eléctrica, não sendo assim capazes de esclarecer as eventuais dúvidas de interpretação dos alunos. Não é, portanto, de admirar a existência de esquemas conceptuais dos alunos que pouco têm a ver com as teorias científicas que explicam estes comportamentos. Assim, entende-se ser da maior conveniência o tratamento que se segue, inserido na preparação dos futuros professores de Física.

Distribuição de cargas atómicas e corpos neutros

Para entender os circuitos eléctricos tem de se compreender muito bem qual é a origem da eventual *carga de um corpo*, ou, por outras palavras, *o que é um corpo com ou sem carga* e o que são *cargas móveis*. Estas noções devem ser introduzidas a partir do conceito de átomo como elemento fundamental para a constituição da matéria.

Numa boa aproximação, um átomo pode ser considerado como tendo um volume mais ou menos esférico, no centro do qual está um *núcleo* muito pequeno – podendo até ser considerado um ponto – onde se concentra quase toda a massa do átomo e que tem carga positiva. Esta carga está relacionada com o número de protões que existem no núcleo.

Mas, além do núcleo, existem electrões distribuídos no volume do átomo. Os *electrões*, em número igual ao dos protões que existem no núcleo, têm uma massa mil vezes inferior à dos protões e uma carga negativa de módulo igual à de cada protão. Assim sendo, um átomo não tem carga, uma vez que a sua carga total, soma de todas as cargas que o constituem, é nula. Dizemos que um átomo é *neutro*. Qualquer material formado apenas por átomos neutros é neutro. E só deixará de ser neutro quando se descompensa a contribuição de cargas positivas e negativas dos electrões e núcleos dos átomos que o constituem.

Ligações atómicas e cargas móveis

Nos materiais, os átomos encontram-se ligados uns aos outros.

Há forças de ligação inter-atómica mais ou menos intensas, responsáveis pelas ligações internas entre os constituintes de muitos sólidos – sequências quase infinitas (à escala atómica) de átomos ligados entre si – e de muitas moléculas – pequenas unidades estruturais intermédias, constituídas por um número maior ou menor de átomos ligados entre si. Exemplos de sólidos não moleculares são os metais e muitos sais iónicos. No entanto, também existem muitos sólidos moleculares, como, por exemplo, alguns compostos orgânicos. A maioria dos líquidos e gases são constituídos por moléculas, menos ou mais fracamente ligadas umas às outras.

As forças responsáveis pelas ligações inter-atómicas podem ter origem:
- na cedência, por alguns átomos, de electrões das últimas camadas, a outros átomos que têm por eles maior apetência, como nas *ligações iónicas*,
- na partilha de electrões entre dois ou mais átomos em *ligações covalentes*,
- na asfericidade da distribuição espacial de camadas electrónicas atómicas, como nas *ligações polares*, e
- na cedência de alguns electrões pelos átomos para uma espécie de "mar de electrões" que fica mais ou menos deslocalizado em todo o material, como nas *ligações metálicas*.

Os átomos que perdem ou ganham electrões passam a constituir *iões*.

Em todas estas situações o material resultante, com os átomos ligados entre si, ainda continua a estar num estado com carga eléctrica nula. De facto, globalmente ele não perdeu nem recebeu qualquer tipo de cargas do seu exterior, mantendo-se exactamente igual, e iguais entre si, o número total de cargas positivas e negativas que o constituem.

Corpos com carga

Por vezes é relativamente fácil retirar alguns dos electrões atómicos a um determinado material. Como consequência esse material fica com um excesso de cargas positivas. Diz-se que fica com *carga positiva*. Se os electrões que lhe foram retirados permanecerem num outro material que no início estava neutro, este ficará com *carga negativa*.

Esta situação acontece, por exemplo, quando se fricciona um material de plástico, como uma caneta ou uma régua, com um pano de lã. A este processo de carregar dois materiais (fazer com que eles fiquem com excesso de carga de um determinado sinal) chama-se *electrização por fricção*.

Outros processos de carregar corpos inicialmente neutros são a *electrização por contacto* e a *electrização por influência*. Na electrização por contacto, um corpo já com excesso de carga é posto em contacto com um corpo metálico neutro e a carga em excesso divide-se pelos dois corpos, ficando os dois carregados com carga do mesmo sinal.

Na electrização por influência, aproxima-se um corpo A carregado, por exemplo com uma carga positiva, de um corpo metálico B neutro, sem nunca permitir que os dois corpos se toquem. No corpo metálico B há um movimento orientado de electrões que se deslocam para o extremo mais próximo do corpo A (a carga positiva deste corpo atrai-os) deixando o outro extremo de B com uma carga positiva (devido à deficiência dos electrões deslocados). Mantendo os dois corpos perto um do outro, sempre sem se tocarem, liga-se à Terra o corpo B. Nestas condições passarão electrões da Terra (depósito infinito de cargas de qualquer sinal) para o corpo B, indo parcialmente compensar a falta de electrões no extremo que está mais afastado do corpo A. Desfaz-se a ligação de B com a Terra. Afastando agora os corpos, o corpo que inicialmente tinha carga positiva fica exactamente com a mesma carga e o corpo B fica carregado negativamente.

É óbvio que este processo pode realizar-se se o corpo inicialmente carregado tiver carga negativa. Nestas condições, o corpo carregado por influência fica com carga positiva.

Circuitos e correntes eléctricas

Quando se inicia o estudo da corrente eléctrica, considera-se, quase sempre, que esta percorre fios metálicos. Na realidade, estas são as condições usuais de utilização da corrente eléctrica nas nossas casas. E é apenas nestas condições que são aplicáveis as leis de Ohm e de Joule, que, em geral, são abordadas logo no início do estudo da corrente eléctrica.

O conteúdo físico destas leis deve ser ensinado aos alunos através de realização de diversas experiências num laboratório. Mas para que eles o possam compreender, têm de ter antes uma ideia razoável sobre o que significam os conceitos físicos que irão utilizar. Principalmente, é necessário que os docentes estejam bem esclarecidos sobre o significado das palavras e das frases que constroem nas aulas, bem como dos próprios esquemas conceptuais científicos que querem transmitir aos seus alunos.

Para montar os circuitos eléctricos usam-se geradores ou pilhas, fios metálicos, resistências, lâmpadas, interruptores, aparelhos de medida. Qual a realidade física de todos estes componentes de circuitos? Porque se comportam do modo como se comportam?

Fios metálicos e corrente eléctrica (contínua)

Os fios metálicos, como quaisquer metais, são constituídos por átomos que, ao juntar-se no sólido, cedem alguns dos seus electrões a todo o metal. Assim, podemos imaginar o fio metálico como constituído por uma *rede* de iões positivos – bem localizados numa distribuição ordenada – estando os electrões que foram libertados pelos átomos, distribuídos por todo o fio no qual não ocupam qualquer posição bem definida (ver figura 7.1. Lembremo-nos que, mesmo que o fio seja muito fino, a sua espessura – que pode ser, por exemplo, da ordem de grandeza de 10^{-4} m – é muito maior que as dimensões de qualquer átomo – da ordem de grandeza de 10^{-10} m).

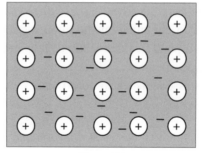

Figura 7.1

Mais uma vez se chama a atenção para o facto de os fios metálicos serem neutros. Eles têm tantas cargas positivas como negativas, de módulos iguais, e os efeitos eléctricos dos iões, com carga positiva, nos pontos da rede cristalina e os do "mar de electrões", com carga negativa, anulam-se mutuamente.

Os electrões do mar de electrões – por vezes chamados *electrões livres* ou *electrões de condução* – têm movimentos ao acaso, deslocando-se uns para a direita outros para a esquerda, uns para cima outros para baixo, e nos dois sentidos de todas as direcções que se possam imaginar. Como são muitos, cerca de $10^{24}/cm^3$, se num dado instante somarmos todas as suas velocidades (vectores) obtém-se um resultado nulo. Assim, podemos dizer que, embora todos os electrões livres de um metal se movam com elevadas velocidades escalares – cujo valor contribui para a energia cinética interna do fio, e está, portanto, relacionado com a temperatura do mesmo – a velocidade média (vectorial) dos electrões livres é nula, visto que não há qualquer direcção ou sentido preferido para o seu movimento.

No entanto, se sobre os electrões livres do fio actuar alguma força de origem eléctrica, isto é, se em todos os pontos do fio for definido um campo eléctrico – efeito que se consegue, por exemplo, ligando os extremos do fio a um gerador de corrente – uma vez que os electrões têm carga e bastante liberdade para se moverem nos metais, eles passarão a ter um movimento com alguma orientação.

Nesta secção apenas consideraremos *circuitos de corrente contínua*, ou seja, circuitos nos quais se inserem *geradores de corrente contínua*. Estes são caracterizados por (no caso de se encontrarem em boas condições de funcionamento) manterem entre os seus extremos uma diferença de potencial eléctrico que, para o mesmo circuito, é constante (isto é, não varia durante o tempo em que está ligado). Como consequência, fica definido em cada ponto de qualquer circuito a que se liga um ou mais destes geradores, um campo eléctrico que não depende do tempo.

Sendo assim, ao ligar um gerador de corrente contínua a um circuito está a provocar-se nele um movimento orientado dos electrões de condução com a direcção constante do campo eléctrico aplicado e com o sentido contrário. No entanto, é preciso não esquecer que este movimento se sobrepõe aos movimentos térmicos completamente ao acaso, com velocidades escalares da ordem de grandeza dos 10km/s, que os electrões de condução já possuíam antes de se ligar o gerador.

Se os electrões de condução fossem totalmente livres, em presença de um campo eléctrico constante ficariam com um movimento acelerado (com velocidade cada vez mais elevada, pois a aceleração, devida a uma força constante, seria constante). Mas, numa aproximação clássica, podemos considerar que esse movimento é dificultado pela "resistência do meio" onde os electrões se movem – nesta aproximação poderá dizer-se que os electrões, ao tentar movimentar-se de um extremo ao outro do fio, "chocam" com os iões da rede. O efeito conjunto do campo eléctrico constante (que tende a acelerar o movimento dos electrões de condução) e da *resistência* do meio (que tende a dificultar o movimento dos mesmos) tem como consequência um movimento dos electrões de condução num fio metálico com uma *velocidade média orientada de valor constante*.

Este efeito é semelhante ao do movimento de um pára-quedista que cai para a Terra. Se não fosse a resistência do ar sobre o pára-quedas, o pára-quedista mover-se-ia com velocidade cada vez maior devido à aceleração gravítica (constante). Mas como existe também a resistência do ar, o pára-quedista atinge uma velocidade limite que se manterá constante durante o resto do movimento, até tocar no chão.

Nos metais, pode dizer-se que esta velocidade média orientada dos electrões de condução, da ordem de grandeza de alguns cm/s, é atingida quase imediatamente após a criação de condições para haver corrente eléctrica.

Nota: Os movimentos electrónicos nos metais só podem ser cabalmente explicados através da aplicação de conceitos da Mecânica Quântica. No entanto, a explicação clássica aqui adoptada – a primeira proposta científica (feita no início do século XX) para se compreenderem os resultados experimentais obtidos com circuitos de corrente contínua, nomeadamente a lei de Ohm – tem um valor pedagógico muito considerável.

Resistência eléctrica; associação de resistências

Tendo em consideração a explicação anterior, é fácil entender que em corrente eléctrica se diga que o meio onde os electrões de condução se movimentam (o fio metálico) tem uma *resistência* característica, R. O próprio meio toma o nome de *resistência (eléctrica)*. O valor de uma resistência depende do tipo de metal de que é feita, nomeadamente de uma característica chamada *resistividade*, ρ, do metal em causa, do comprimento, ℓ, do fio e da sua secção S. Essa dependência é traduzida pela expressão

$$R = \rho \frac{\ell}{S} \qquad (7.1)$$

Considerando a origem proposta para o conceito de resistência, não é de estranhar que, para um mesmo metal, um fio mais comprido tenha uma maior resistência que um fio de igual secção, mas mais curto; e que um fio mais espesso tenha uma resistência menor que a de um fio do mesmo material, com igual comprimento e apenas mais fino.

Também não se deve estranhar que duas resistências, colocadas num circuito de modo que, uma a seguir à outra, são percorridas pela mesma corrente – *associação em série* – representem uma maior dificuldade ao movimento das cargas (são equivalentes a uma resistência mais elevada). Seguindo um raciocínio idêntico pode compreender-se que duas resistências ligadas de tal modo que constituam dois percursos possíveis para a corrente, dividindo-se as cargas em movimento entre esses dois percursos – *associação em paralelo* – ofereçam uma menor dificuldade à passagem de corrente (são equivalentes a uma menor resistência).

Apenas uma breve chamada de atenção para o que significa ter *fios de ligação*. Os fios de ligação são fios metálicos em geral feitos de cobre (um material de baixa resistividade), com comprimentos pequenos e secções elevadas. Assim, são caracterizados por oferecerem uma resistência muito pequena à passagem de corrente. Em geral a resistência dos fios de ligação despreza-se em comparação com os valores das *resistências* inseridas no circuito, de maneira a ser possível dizer, com boa aproximação, que *os fios de ligação não têm resistência*.

Intensidade de corrente, regime de corrente contínua

Suponhamos que passa corrente num fio condutor. Isso apenas significa que há nele um movimento orientado de cargas num determinado sentido. A direcção do movimento está fixa pela do próprio fio.

A *intensidade da corrente*, I, está relacionada com a quantidade de carga que passa por unidade de tempo numa determinada secção recta do fio condutor.

A figura 7.2 pretende representar uma secção recta, ΔS, de um fio. Num intervalo de tempo Δt passam por essa secção várias cargas móveis tanto num sentido como no outro (lembremo-nos que num fio metálico, à temperatura ambiente, os electrões de condução movem-se com elevada velocidade num movimento desordenado: se, em todos os seus pontos se definir um campo eléctrico, a essa velocidade sobrepõe-se apenas uma pequena componente, devida ao movimento orientado no campo eléctrico aplicado). Se, através de ΔS, no intervalo de tempo Δt, passarem mais cargas num determinado sentido que no sentido contrário, então é porque há uma certa orientação do movimento, isto é, há um excesso de carga Δq a passar num determinado sentido, o que é equivalente a dizer que há corrente eléctrica. A *intensidade de corrente* é, por definição, $I = \lim (\Delta q / \Delta t) = dq/dt$.

Figura 7.2

Como vimos, nos metais as cargas móveis são os electrões de condução, que são cargas negativas. Mas noutros meios, para além de movimento de cargas negativas podemos ter movimento de cargas positivas. Isso acontece, por exemplo, com o movimento orientado de iões positivos e negativos num electrólito, quando no seu interior está definido um campo eléctrico. Nestas condições, os iões positivos movem-se no sentido do campo aplicado e os iões negativos no sentido contrário. Qual é o sentido da corrente?

Convencionou-se atribuir o sentido da corrente eléctrica ao do movimento das cargas positivas. Será que esta convenção diminui a generalidade que se pretende para os casos a estudar?

Para responder a esta pergunta, vamos analisar uma situação concreta, ilustrada na figura 7.3. Consideremos então dois corpos, cada um com uma determinada carga: um corpo A com uma carga $q_A = 10\mu C$ e um corpo B com uma carga $q_B = -7\mu C$. Suponhamos que se faz passar a carga positiva de $5\mu C$ do corpo A para o corpo B (ver figura 7.3-a). Como consequência o corpo A fica com uma carga $q'_A = 5\mu C$ e o corpo B com uma carga $q'_B = -2\mu C$.

Suponhamos agora que, partindo do mesmo estado inicial dos corpos A e B, se faz passar uma carga negativa de $-5\mu C$ em sentido inverso, isto é, do corpo B para o corpo A. Qual é o estado final dos dois corpos? Pode ver-se na figura 7.3-b. que o estado final é exactamente o mesmo que o representado na figura 7.3-a.

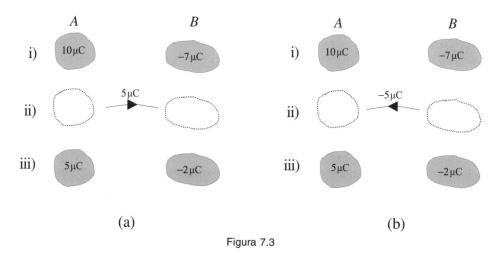

Figura 7.3

Este exemplo ilustra o seguinte facto: quando se consideram movimentos de cargas, é equivalente pensar num movimento de determinado número de cargas positivas num certo sentido ou no movimento de igual número de cargas negativas, com módulo igual, no sentido oposto.

Por *convenção universal*, seja qual for o sinal das cargas que realmente se movem em quaisquer circunstâncias em que haja corrente eléctrica, *define-se o sentido da corrente eléctrica como o do movimento das cargas positivas*.

Nos circuitos eléctricos vulgares, constituídos essencialmente por fios metálicos, *a intensidade de corrente* – com o sentido convencional do movimento das cargas positivas – *tem o sentido do campo eléctrico aplicado*. No entanto, esse sentido é contrário ao do movimento orientado dos electrões de condução, o movimento real das cargas móveis, negativas, que existem nos metais. Por isso se fala em *sentido convencional da corrente* (num circuito simples apenas com uma bateria e resistências, do pólo positivo da bateria para o pólo negativo, através das resistências) *e sentido real* do movimento dos electrões de condução (nas condições anteriores, do pólo negativo para o pólo positivo).

Vimos como é possível compreender que os electrões de condução num metal, quando sujeitos a um campo eléctrico constante e à resistência do meio, tenham um movimento com velocidade média orientada constante. De facto, verifica-se experimentalmente que, quando se define em todos os pontos de um circuito metálico filiforme um campo eléctrico constante, a *intensidade de corrente, I,* que o percorre, *é constante.* Quando tal se verifica dizemos que estamos *em regime de corrente contínua.*

Diferença de potencial e diferença de energia potencial

Tal como um corpo sujeito apenas à força de atracção da Terra cai para ela, de modo que diminui a sua energia potencial gravítica, também as cargas móveis, sujeitas apenas a forças de atracção ou repulsão de campos eléctricos, se movem no sentido em que diminui a sua energia potencial eléctrica.

Então, em que condições é que se dá origem a uma corrente eléctrica?

Por exemplo, teremos uma corrente eléctrica a percorrer um fio metálico sempre que nos extremos desse fio criarmos condições tais que os seus electrões de condução tenham neles energia potencial eléctrica diferente. Como estes electrões se podem mover através do metal, eles podem deslocar-se dos pontos onde têm energia potencial eléctrica mais elevada para aqueles em que a sua energia potencial eléctrica é menor, dando origem a uma corrente eléctrica – movimento orientado de cargas eléctricas.

Recorde-se que a energia potencial eléctrica de um corpo com carga q se pode escrever em função da carga do corpo e do potencial eléctrico V associado ao campo eléctrico a que o corpo está sujeito – através da expressão $E_p = qV$. Esta expressão é semelhante à da energia potencial gravítica de um corpo de massa m sujeito à atracção da Terra, $E_p = mgh_{CM}$. Neste caso, gh_{CM} é o potencial gravítico no ponto do campo gravítico da Terra onde se localiza o centro de massa do corpo em questão (calculada em relação a um referencial arbitrário).

Lembremo-nos no entanto que, tanto a energia potencial gravítica de um determinado corpo com massa m num campo gravítico, como a energia potencial eléctrica de qualquer corpo com carga q num determinado campo eléctrico, não são energias próprias desses corpos, uma vez que dependem de condições exteriores aos próprios corpos. São, de facto, energias potenciais de interacção desses corpos com os campos a que estão sujeitos.

Alteração da energia potencial eléctrica das cargas móveis

Consideremos uma situação que iremos encontrar com frequência: um fio metálico nos extremos do qual há uma determinada diferença de potencial eléctrico (por exemplo, devido a estar inserido num circuito eléctrico percorrido por uma corrente). Atendendo ao sinal da diferença de potencial nesses extremos, analisemos o sentido da corrente eléctrica que o percorre e o sentido do movimento dos seus electrões de condução. Para isso suponhamos a situação ilustrada na figura 7.4, na qual o extremo A do fio metálico está sujeito a um potencial eléctrico V_A e o extremo B a um potencial eléctrico V_B. Consideremos que $V_A > V_B$.

Como o campo eléctrico é conservativo, ele aponta no sentido dos potenciais decrescentes, portanto de A para B. Assim, o sentido da corrente, por convenção coincidente com o do movimento das cargas positivas, aponta de A para B.

A energia potencial eléctrica de qualquer carga q pode ser calculada através da expressão $E_p = qV$. Uma vez que $q > 0$ e $V_A > V_B$ obtém-se $E_p(A) > E_p(B)$. Então, devido aos efeitos do campo eléctrico as cargas positivas perdem energia potencial eléctrica no seu movimento orientado de A para B.

Podemos agora fazer uma análise semelhante, mas tendo em atenção o facto de, na realidade, haver nos circuitos metálicos um movimento de electrões de condução, neste caso no sentido contrário ao do campo eléctrico aplicado, movendo-se os electrões de B para A. Será que haverá mesmo perda de energia potencial eléctrica pelas cargas que, *na realidade* se movem nos fios metálicos, sujeitas aos efeitos do campo eléctrico aplicado?

Como, neste caso, $q < 0$ e $V_A > V_B$, temos que, para os electrões móveis, $E_p(A) < E_p(B)$. Portanto, mesmo analisando o movimento real dos electrões de condução – os quais sujeitos ao campo eléctrico aplicado vão mover-se de B para A – se verifica que as cargas que se movem através das resistências do circuito perdem energia potencial eléctrica.

Ou seja:
- Quer consideremos o movimento de cargas positivas dos pontos com potencial mais elevado para pontos com potencial mais baixo, quer consideremos o movimento real dos electrões de condução no sentido contrário – e já vimos que podemos fazer qualquer uma destas opções pois elas são igualmente válidas sob o ponto de vista dos efeitos da corrente eléctrica – ao deslocar-se num circuito eléctrico de corrente contínua **as cargas móveis perdem sempre energia potencial eléctrica**.
- No entanto, em corrente contínua a energia cinética das cargas móveis mantém-se constante (velocidade média orientada constante, intensidade de corrente constante em cada fio metálico sem derivações).

Geradores de corrente contínua

Consideremos que o pedaço de fio metálico, representado antes na figura 7.4, está a unir dois corpos, *A* e *B* – inicialmente a potenciais eléctricos diferentes, V_A e V_B – de acordo com a situação ilustrada na figura 7.5. Consideremos o movimento de cargas positivas. Se $V_A > V_B$, o que acontece quando estas cargas, sujeitas ao campo eléctrico $\vec{E}$ associado à diferença de potencial entre os dois corpos, se deslocam de *A* para *B*?

No corpo *A* ficará uma deficiência de cargas positivas, isto é, ficará uma carga negativa, e no corpo *B* ficará uma carga positiva de igual módulo. Ao fim de um certo tempo (extremamente curto) esta distribuição de cargas opõe-se a outros movimentos de cargas positivas de *A* para *B*. Ou seja, devido ao movimento orientado de cargas de um corpo para o outro, à diferença de potencial inicial sobrepõe-se uma outra diferença de potencial eléctrico de sinal contrário, que anula os efeitos da primeira. Assim, deixa de haver movimento orientado de cargas, deixando, portanto, de haver corrente eléctrica no fio que liga os dois corpos.

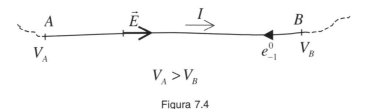

Figura 7.4

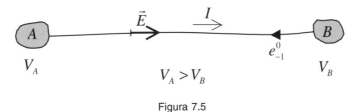

Figura 7.5

Será possível fazer com que a corrente continue e não seja anulada pelo efeito de concentração de cargas de sinais contrários em *A* e *B*?
Podemos entender que seja possível através de dois processos:
- retirando o excesso de cargas positivas do corpo *B* e voltando a colocá-las no corpo *A*, retomando assim as condições iniciais;

- mergulhando os corpos *A* e *B* num composto químico ou mistura de compostos químicos os quais, através de reacções químicas, anulam os excessos de carga em *A* e em *B*, provocado pelo movimento de cargas de *A* para *B*.

Um *gerador de corrente contínua* utiliza qualquer um destes processos para *criar condições de diferença de potencial constante* entre dois pontos de um circuito a que esteja ligado.

Características dos geradores

Quando se introduz um gerador num circuito, interessa saber quais são as *características do gerador*, isto é, como é que ele vai contribuir para dar origem a correntes eléctricas no circuito em causa. As características de um gerador apenas dependem dele, não podem depender dos circuitos a que se vai ligar.

Será que ao ligarmos um determinado gerador entre dois pontos de circuitos diferentes, a diferença de potencial entre esses dois pontos é sempre a mesma? Em geral não é, variando consoante o circuito. Portanto esta diferença de potencial não pode ser característica do gerador.

E a corrente que esse gerador provoca entre os pontos a que está ligado, será característica do gerador? Não, de modo nenhum. Dependendo da constituição do próprio circuito, para o mesmo gerador esta corrente pode variar entre um valor nulo e um valor elevado, em determinados casos quase infinito. Assim, a intensidade de corrente que é provocada num circuito pela ligação de um determinado gerador nunca pode ser uma característica do gerador.

As *características de um gerador* são:
- a sua *força electromotriz*, muitas vezes designada por *fem* e, em geral, indicada pelas letras E ou ε, e
- a sua resistência interna, r_i. A resistência interna funciona efectivamente como uma resistência que se insere no circuito em série com o gerador quando este se liga entre dois pontos de um circuito.

A *força electromotriz* de um gerador, embora tenha esta designação, não é fisicamente uma força, tendo as dimensões de uma diferença de potencial. Não é, em geral, igual à diferença de potencial nos extremos do gerador ligado a qualquer circuito. Só podemos dizer que o é nos casos em que a *resistência interna do gerador se pode considerar nula*, como num *gerador ideal*, ou quando o gerador se encontra em circuito aberto, isto é, fora de qualquer circuito.

De facto podemos dizer que a diferença de potencial, $V_A - V_B$, nos extremos *A* e *B* do gerador de características ε e r_i é dada por

$$V_A - V_B = \varepsilon - r_i I \qquad (7.2)$$

em que I é a intensidade de corrente que percorre o ramo onde está inserido o gerador. Como o valor de I depende do circuito em causa, também o valor de $V_A - V_B$ não pode ser, em geral, característico do gerador.

Lâmpadas, interruptores, circuitos abertos e curto-circuitos

As *lâmpadas de incandescência* são constituídas por fios de materiais metálicos com elevado ponto de fusão, uma vez que as condições de funcionamento adequado das lâmpadas impõem que os fios metálicos que as constituem estejam a temperaturas suficientemente elevadas de modo a poder emitir radiação branca. Esses fios encontram-se numa atmosfera inerte, dentro de um invólucro de vidro selado. A figura 7.6 representa uma lâmpada pondo em evidência as ligações que têm de ser feitas para se poder considerar que ela está ligada entre os pontos A e B.

Os *interruptores* contidos num circuito permitem que se controle facilmente a interrupção de corrente, sendo equivalentes, quando abertos, à inserção no circuito de resistências infinitas. Quando fechados, pode considerar-se que não oferecem qualquer resistência à passagem de corrente eléctrica.

Um *circuito aberto* entre dois pontos C e D é equivalente a ter entre C e D uma resistência infinita. Nestas condições não passará qualquer corrente entre C e D. Se, pelo contrário, os pontos C e D estiverem ligados por um fio do qual se pode desprezar a resistência, como por exemplo por um dos fios de ligação, entre eles haverá um *curto-circuito*. Nestas condições nenhuma corrente passará por ramos do circuito em paralelo com o curto-circuito, sendo todo o movimento de electrões de condução feito por este ramo.

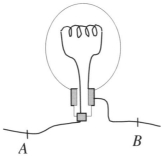

Figura 7.6

Lei de Joule e princípio da conservação da energia

A lei de Joule é a aplicação do princípio da conservação da energia a cargas que percorrem fios metálicos nos quais estão definidos campos eléctricos. É óbvio que, nestas condições, temos de considerar energias potenciais eléctricas.

Um dos enunciados desta lei indica que a potência P (energia por unidade de tempo) libertada por uma corrente eléctrica de intensidade I que percorre um fio condutor de resistência R é dada por:

$$P = R\,I^2 \qquad (7.3)$$

Como podemos entender o conteúdo desta lei com base na conservação da energia?

Consideremos um circuito simples com um gerador, fios de ligação, uma resistência R e um interruptor, representados na figura 7.7. Suponhamos, numa primeira fase, que o circuito está aberto, como em 7.7-a. Nas condições da figura o gerador, ligado entre os pontos A e B, faz com que todos os electrões de condução nos constituintes metálicos do circuito até ao ponto C estejam a um determinado potencial V_A (como o circuito está aberto, $I=0$, e não há qualquer queda de potencial entre A e C). Pela mesma razão, todos os pontos do circuito desde B até ao extremo D do interruptor estão ao potencial V_B. Com o circuito aberto os electrões não se podem movimentar entre pontos a potenciais diferentes, logo não há movimento orientado de cargas e não há qualquer energia libertada na resistência R.

Para haver libertação de energia – e consequentemente de potência – na resistência R é necessário que o circuito esteja fechado (ver figura 7.7-b). Nestas condições os electrões podem mover-se através do circuito, do extremo B do gerador, onde têm uma energia potencial, $E_p(B) = -e\,V_B$ mais elevada (negativa de menor módulo), para o extremo A, onde têm uma energia potencial eléctrica menor (mais negativa). Como se considera que os fios de ligação não têm resistência e que o interruptor fechado também não apresenta qualquer resistência à passagem de corrente, toda a perda de energia potencial eléctrica pelos electrões de condução se processa ao atravessar a resistência R.

Ao chegar ao ponto A, os electrões entram no gerador. Seja qual for o tipo de gerador considerado, podemos sempre supor que, quando os electrões "passam através dele", é-lhes fornecida energia (mecânica, química, ...) de modo a que haja novamente electrões disponíveis no ponto B (saída do gerador) com a energia potencial eléctrica inicial, $E_p(B) = -e\,V_B$. Na realidade *o papel do gerador é manter as condições para que nos seus extremos os electrões dos condutores metálicos a eles ligados mantenham sempre a mesma diferença de energia potencial eléctrica.*

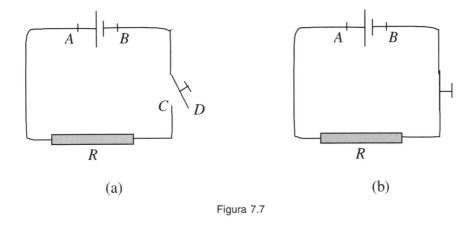

Figura 7.7

Consideremos então as alterações de energia dos electrões de condução durante um ciclo completo. Ao passar na resistência R, no seu trânsito de B para A através dos fios condutores que constituem o circuito e estão ligados aos extremos do gerador, os electrões de condução perdem energia potencial eléctrica. A sua energia cinética mantém-se constante, uma vez que a corrente é contínua, ou seja, a velocidade média orientada dos electrões de condução mantém-se constante. Pode considerar-se que a energia potencial eléctrica dos electrões é perdida devido aos "choques" com os iões da rede do metal que constitui a resistência. Durante estes choques os movimentos dos iões da rede são alterados, passando a processar-se com velocidades médias mais elevadas, ou seja, aumenta a energia potencial interna da resistência R. Associado a este aumento está um aumento de temperatura, de modo que a resistência fica a uma temperatura mais elevada que o meio exterior com o qual está em contacto. Sendo assim, há transferência de calor e radiação entre a resistência e o meio exterior, um e outro a temperaturas diferentes.

Nalguns casos, quando a energia fornecida pelos electrões de condução à resistência é tal que o aumento de temperatura desta é suficientemente elevado, a resistência pode emitir radiação visível. É o que se passa nas lâmpadas de incandescência.

Quando, através do gerador, se pode considerar que os electrões de condução passam de A para B, estes recebem energia (frequentemente de origem química) fornecida pelo gerador, e ficam novamente nas condições iniciais. Pode então dizer-se que a energia fornecida ao exterior pela resistência, sob a forma de calor ou radiação, é consequência de uma diminuição de energia (interna) acumulada inicialmente no gerador.

Quando se mantém o circuito fechado por algum tempo, o gerador pode ficar sem possibilidade de fornecer mais energia aos electrões, o que leva a que deixe de haver diferença de energia potencial dos electrões de condução ligados aos seus extremos e, consequentemente, cessa a corrente. Na linguagem comum diz-se que a bateria "ficou descarregada". Esta é uma terminologia perigosa pois leva os alunos a pensar que "a bateria tem cargas que fornece ao circuito", quando, como vimos, a bateria a funcionar em boas condições apenas assegura que os electrões de condução dos fios metálicos ligados aos seus extremos tenham energias potenciais eléctricas diferentes.

Aparelhos de medida

É frequente utilizar aparelhos de medida inseridos nos circuitos eléctricos, para indicar valores das variáveis que caracterizam a corrente eléctrica no circuito em questão. A sua utilização pode ser muito pedagógica, visto que através deles se podem comparar, por exemplo, valores de intensidades de corrente em pontos diferentes do circuito. É muito frequente os alunos pensarem que "a intensidade de corrente diminui ao longo de um circuito fechado". Uma simples montagem experimental com dois ou mais amperímetros, permite esclarecer este aspecto. As lâmpadas apenas devem ser usadas para detectar se há ou não passagem de corrente, e, como tal, devem ser utilizadas nas montagens iniciais de circuitos eléctricos, abertos e fechados, ou, eventualmente, nos estudos preliminares de associações de resistências (estudos qualitativos). Mas a utilização de aparelhos de medida é muito útil para uma análise quantitativa destas associações e para o prosseguimento das experiências sobre as leis de Ohm e Joule.

Os *amperímetros* medem as intensidades de corrente que percorrem os ramos dos circuitos em que são inseridos em série, e que nestas condições percorrem os fios condutores que fazem parte do próprio amperímetro. Sendo assim, ao inserir um amperímetro no ramo de um circuito estamos a alterar a resistência total desse ramo, adicionando-lhe a *resistência interna*, r_{iA}, do amperímetro. Para que a introdução do amperímetro altere o menos possível o circuito inicial (sem amperímetro), o valor de r_{iA} deve ser muito pequeno quando comparado com a resistência inicial do ramo em que o amperímetro é inserido. Um *amperímetro ideal* é caracterizado por ter uma *resistência interna que se pode considerar nula*.

Note-se então que, se ligarmos um amperímetro ideal entre dois pontos de um circuito, estamos a criar um curto-circuito entre esses dois pontos. Tudo se passa como se esses pontos estivessem ligados por um simples fio de ligação, sem resistência.

Os *voltímetros* medem a diferença de potencial entre os dois pontos do circuito aos quais estão ligados. Também com estes aparelhos de medida é necessário ter em conta que, ao introduzi-los no circuito em causa, se está a alterar o próprio circuito. Tal como os amperímetros, quando se inserem voltímetros no circuito também os seus próprios constituintes metálicos vão ser percorridos por correntes eléctricas. Assim, também estes aparelhos apresentam uma certa resistência à passagem de corrente, a *resistência interna do voltímetro*, r_{iV}. Tendo em atenção que os voltímetros são ligados em paralelo com as porções de circuito compreendidas entre os dois pontos entre os quais se quer medir a diferença de potencial, é fácil compreender que quanto maior for a resistência interna do voltímetro menos corrente ele retira à porção de circuito com a qual está em paralelo. Então, um *voltímetro ideal* é aquele cuja resistência interna tem um valor tão elevado que se pode considerar infinito.

Pode portanto dizer-se que um voltímetro ideal, ligado entre dois pontos de um circuito, é equivalente a um novo ramo de circuito entre esses dois pontos, mas em circuito aberto – isto é, em boa aproximação pode considerar-se nula a intensidade de corrente que passa através do voltímetro.

8. FENÓMENOS ELÉCTRICOS: CORRENTES VARIÁVEIS. ELECTROMAGNETISMO

Introdução

Um primeiro contacto científico dos alunos dos Ensinos Básico e Secundário com os fenómenos eléctricos reduz-se, em geral, a algumas noções sobre movimentos de cargas em regime de corrente contínua, focando as suas causas e algumas consequências. A conveniência deste conhecimento é justificada, e bem, pelo facto de todos utilizarmos no dia a dia os mais variados aparelhos que funcionam exactamente com base em fenómenos eléctricos. É necessário que os alunos se apercebam que a Física não é mais que um conjunto de conhecimentos desenvolvidos ao longo de séculos para nos permitir entender melhor o comportamento da Natureza. Quando se consegue organizar um bom modelo para esse comportamento, pode tirar-se partido do seu entendimento, no sentido de potenciar efeitos benéficos e, se possível, evitar, ou pelo menos reduzir, alguns efeitos prejudiciais.

No entanto as correntes eléctricas que utilizamos com mais frequência no nosso dia a dia não são correntes contínuas. Nas nossas casas temos disponíveis ligações – as tomadas de corrente – aos extremos de fontes de corrente alternada, os seja, aos extremos de geradores de diferença de potencial cujo valor não é constante, variando sinusoidalmente com o tempo. Sendo assim, é pelo menos conveniente que todos os futuros professores da área da Física tenham bem presentes as especificidades e as vantagens da utilização de correntes eléctricas alternadas.

Grande parte destas vantagens é explicada com base em efeitos electromagnéticos. Assim, torna-se também conveniente recordar alguns aspectos dos fenómenos magnéticos e da sua relação com correntes eléctricas.

Correntes alternadas

No dia a dia utilizamos nas nossas casas *correntes eléctricas alternadas*. Num circuito de corrente alternada, a intensidade de corrente varia de modo sinusoidal com o tempo, passando ciclicamente pelos mesmos valores extremos, um positivo e outro negativo, e tendo um valor intermédio nulo. A figura 8.1 ilustra uma possível variação com o tempo da intensidade da corrente eléctrica que passa num determinado aparelho em nossa casa, quando se liga este a uma tomada de corrente e se fecha o interruptor do circuito. Matematicamente pode escrever-se para a função $i(t)$:

$$i(t) = I_0 \sin(\omega t) \qquad (8.1)$$

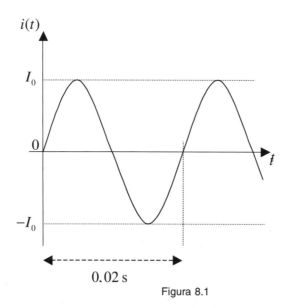

Figura 8.1

Como vemos, essa variação é periódica, com período $T = 2\pi/\omega$, podendo então falar-se em frequência, $f = 1/T$, da corrente alternada. Em Portugal a corrente alternada fornecida tem uma frequência de 50 ciclos/segundo.

Um gerador de corrente alternada provoca uma diferença de potencial alternada entre os pontos do circuito a que está ligado; esta *diferença de potencial*, vulgarmente denominada *tensão* ou *voltagem*, também varia sinusoidalmente com o tempo, com a mesma frequência da corrente que vai percorrer esse circuito devido à ligação ao referido gerador. Uma possível expressão analítica para uma diferença de potencial alternada fornecida a um circuito é:

$$v(t) = V_0 \sin(\omega t + \alpha) \qquad (8.2)$$

Recorde-se que nem sempre a diferença de potencial entre dois pontos de um circuito de corrente alternada está em fase com a intensidade de corrente que o percorre, por isso se utilizou o valor α na expressão (8.2).

Como se verifica nesta expressão, também a diferença de potencial, $v(t)$, entre dois pontos de um circuito de corrente alternada tem valores extremos, um positivo e outro negativo, de igual módulo.

Pode definir-se um *valor eficaz da tensão alternada*, $V_{ef} = V_0/\sqrt{2}$, de certo modo relacionado com o efeito médio de uma tensão sinusoidal. Ele é definido como o *valor da diferença de potencial constante* (de corrente contínua) *que teria de se aplicar aos extremos de um circuito para que fosse nele libertada uma potência igual à potência libertada pela tensão alternada de valor máximo V_0 ligada aos extremos do mesmo circuito*. É este valor eficaz que é em geral indicado para caracterizar um gerador de corrente alternada.

Nos circuitos que utilizamos em nossas casas, o gerador de corrente alternada está nas centrais de fornecimento de energia eléctrica (diz-se que estas centrais fornecem energia à *rede de distribuição*) e os terminais de ligação ao gerador estão nas tomadas que existem em cada casa, às quais se ligam os aparelhos que utilizam a corrente eléctrica da rede para funcionar. Em Portugal, o valor eficaz do potencial alternado fornecido pelas centrais eléctricas às nossas casas é de 220V.

Pelo menos aparentemente, é mais difícil estudar as correntes alternadas e os seus efeitos (as expressões analíticas vêm dificultadas pelo envolvimento de funções sinusoidais) do que estudar as correntes contínuas caracterizadas por intensidades de corrente e diferenças de potencial constantes. Então haverá alguma vantagem em utilizar correntes alternadas?

Veremos que a principal vantagem provem de efeitos de indução electromagnética, especificamente aplicáveis a correntes que variam com o tempo. Esses efeitos permitem, por exemplo, a construção de geradores de corrente alternada que utilizam energia mecânica transmitida por águas em movimento num queda de água e outros que utilizam a energia cinética do vento. Na realidade, todas as centrais eléctricas, sejam de origem hídrica, eólica, térmica ou nuclear, são equivalentes a enormes geradores de corrente alternada. Mas o facto mais importante, que torna fundamental a utilização de correntes alternadas, é o seu comportamento electromagnético, que permite uma distribuição de energia eléctrica por áreas bem distantes das centrais geradoras sem perdas significativas de energia (por efeito de Joule) nos cabos de transporte.

Electromagnetismo

Façamos então uma breve revisão dos conceitos fundamentais do electromagnetismo. Experimentalmente é fácil verificar que um dos efeitos da corrente eléctrica (seja contínua seja variável com o tempo) que passa em qualquer circuito é a criação de um campo magnético nos pontos próximos do circuito. De facto, tal como um magnete tem a capacidade de atrair pequenos pedaços de ferro (limalha de ferro) situados na sua vizinhança, também uma espira ou sucessão de espiras percorridas por uma corrente eléctrica atrai a limalha de ferro ou faz mover a agulha de uma bússola. Estas experiências podem com facilidade ser realizadas numa aula, por exemplo com um circuito de corrente contínua.

Este *comportamento magnético da corrente eléctrica* está sintetizado na lei (empírica) de Biot-Savart, que indica as características do campo magnético criado por qualquer carga pontual em movimento, desde que tenha uma velocidade de módulo bastante inferior à velocidade da luz. Como sabemos, uma corrente eléctrica é devida a movimentos orientados de cargas, com velocidades que obedecem a estas condições.

Mas o que é que está na origem do *comportamento magnético de um magnete*?

Campo magnético

Tal como acontece com qualquer campo de forças, a existência de um campo magnético só pode ser detectada através dos seus efeitos. Possivelmente, o primeiro contacto que os alunos têm com os efeitos de campos magnéticos é através dos pequenos magnetes colados a motivos que aderem a algumas superfícies metálicas, como por exemplo ao frigorífico. Brincando com esses pequenos magnetes, verificam que eles se atraem ou se repelem uns aos outros, consoante a sua orientação relativa. Comprova-se assim que, de um modo semelhante ao campo eléctrico, o campo magnético pode ser atractivo ou repulsivo.

Também é fácil verificar com os alunos que os efeitos de campos magnéticos não se fazem sentir sobre todos os corpos. Por exemplo, um magnete não atrai um pedaço de madeira ou um plástico. Além disso pode notar-se que, embora muitos metais sejam atraídos pelos magnetes (pode suspender-se o boneco magnético em muitas superfícies metálicas) nem todos os metais têm este comportamento, como por exemplo o cobre, a prata e o alumínio.

Origem das propriedades magnéticas dos corpos

Como compreender a razão das propriedades magnéticas evidenciadas por alguns corpos? Qual a origem dessas propriedades? Porque será que a maioria dos magnetes são metálicos? Porque será que nem todos os metais se comportam como magnetes?

- Sabe-se do estudo do electromagnetismo, através da lei de Biot-Savart, que uma espira plana percorrida por uma corrente eléctrica contínua cria um campo magnético em todos os pontos à sua volta;
- por outro lado, por aplicação da lei de Laplace pode compreender-se que essa espira fique sujeita a um binário de forças, quando colocada numa região em que está definido um campo magnético constante $\vec{B}$. O momento deste binário tende a fazer rodar a espira até que ela se coloque na perpendicular à direcção do campo magnético $\vec{B}$.

Este último efeito pode ser estudado atribuindo à espira de área S, percorrida por uma corrente contínua de intensidade I, um *momento magnético* $\vec{\mu}_m$:
- de módulo IS,
- com a direcção perpendicular à espira e
- com o sentido da progressão de um saca-rolhas que rode com o sentido da corrente que percorre a espira.

Portanto, por aplicação da lei de Laplace pode verificar-se que quando se coloca qualquer espira plana percorrida por uma corrente eléctrica numa zona em que existe um campo magnético $\vec{B}$, o binário de forças a que fica sujeita tende a fazê-la rodar até que o seu momento magnético $\vec{\mu}_m$ fique paralelo a $\vec{B}$.

Momentos magnéticos atómicos

A origem do comportamento magnético de determinados materiais só pode ser compreendida com base no conhecimento da estrutura dos átomos. Como iremos ver numa versão simplificada, o modelo científico proposto para a estrutura atómica explica porque é que apenas alguns materiais se comportam como magnetes, ou seja:
- têm capacidade de criar campos magnéticos à sua volta, e
- quando colocados numa zona onde está definido um campo magnético $\vec{B}$, comportam-se como tendo um determinado momento magnético não nulo, sofrendo efeitos de forças originadas pela presença desse campo.

Uma análise detalhada das características dos comportamentos magnéticos dos átomos implica a utilização da Mecânica Quântica e as consequentes noções de funções de onda electrónicas. No entanto, para o estudo qualitativo que pretendemos fazer, basta-nos usar como base uma extensão do modelo de átomo de Bohr, aplicável a átomos polielectrónicos. Este modelo pode ser desenvolvido com base em conceitos semi-clássicos, o que tem vantagens pedagógicas para alguém que não domina os efeitos quânticos. As conclusões a que iremos chegar podem ser compreendidas por alunos do Ensino Secundário, e, em termos de comportamentos magnéticos previstos, são inteiramente válidas.

Qualquer aluno já sabe que um átomo tem um núcleo e electrões atómicos. De acordo com o modelo de Bohr podemos considerar que os electrões atómicos descrevem órbitas circulares em torno do núcleo, atraídos por forças centrípetas de Coulomb.

Sabemos, através da lei de Biot-Savart, que as cargas em movimento criam à sua volta campos magnéticos. Então é fácil compreender que a principal contribuição – tanto para o campo magnético criado pelo átomo como para o seu momento magnético atómico $\vec{\mu}_m$ (que indica como ele reagirá em presença de um campo magnético exterior) – seja devida aos movimentos dos seus electrões.

Momentos magnéticos orbital e de spin

O *momento magnético de um átomo* é o somatório de todos os momentos magnéticos dos seus electrões.

Vamos então analisar a *contribuição de cada electrão* para o momento magnético atómico. Uma parte desta contribuição, o chamado *momento magnético orbital*, pode ser associada ao movimento dos electrões atómicos sob a influência do núcleo. Outra parte, o *momento magnético de spin*, só pode ser entendida com base em efeitos quânticos. No entanto, como veremos, algumas conclusões obtidas para a contribuição orbital são extensíveis à contribuição de spin, o que nos permite inferir resultados possíveis para o momento magnético (total) de cada átomo. Neste contexto apenas nos interessa compreender quais as razões para este momento ser nulo ou ser diferente de zero, o que corresponderá, respectivamente, a materiais sem, ou com, comportamento magnético evidente.

Consideremos primeiro a *contribuição orbital* de cada electrão. Numa primeira aproximação, servindo-nos de uma adaptação do modelo atómico de Bohr, podemos considerar que os electrões atómicos descrevem *órbitas* (umas circulares, outras elípticas...) em torno do núcleo. Sendo assim, nos seus movimentos orbitais os electrões são equivalentes a pequenas espiras percorridas por uma determinada intensidade de corrente, o que lhes confere um pequeno momento magnético (orbital).

Num átomo, alguns dos possíveis estados electrónicos têm energia idêntica, mas outros têm energias diferentes. Para considerar esta situação, usa-se um *modelo em camadas* (energéticas). De acordo com este modelo, os electrões em estados orbitais pertencentes a uma camada têm todos a mesma energia, mas podem estar a mover-se descrevendo um determinado número de órbitas diferentes. Por exemplo, os electrões na camada 2p podem estar a descrever 3 tipos diferentes de órbitas, indicadas pelos símbolos p_x, p_y e p_z. Todos estes estados electrónicos orbitais correspondem à mesma energia electrónica.

As camadas diferentes correspondem a energias diferentes. Assim, os electrões atómicos, numa distribuição de menor energia total possível para os átomos, vão preenchendo as orbitais de camadas correspondentes às menores energias (apenas dois electrões de um mesmo átomo podem estar no mesmo estado orbital e há um número reduzido de orbitais por camada), completando camadas energéticas sucessivas. Por exemplo, o átomo de cobre tem 29 electrões distribuídos do seguinte modo: 2 na camada 1s (camadas tipo s apenas admitem uma orbital), 2 na camada 2s, 6 na camada 2p (a qual, como dissemos, admite 3 orbitais), 2 na camada 3s, 6 na camada 3p, 10 na camada 3d (camadas tipo d admitem 5 orbitais) e 1 na camada 4s. Quando os átomos de cobre se associam formando o metal, os electrões da camada 4s são disponibilizados para todo o sólido, constituindo os electrões de condução. Nas posições da rede (ver figura 7.1) ficam apenas os iões Cu^+.

É agora preciso considerar que as orbitais electrónicas correspondentes a um determinado valor da energia – pertencentes a uma camada – podem ser descritas por electrões com movimento num sentido ou no sentido contrário. Deste modo um conjunto de electrões em orbitais correspondentes a uma camada atómica completa (por exemplo os 6 electrões que se podem acomodar nas 3 orbitais da camada 2p) corresponde a uma contribuição nula para o momento magnético orbital do átomo (uma vez que cada par de electrões na mesma orbital, a mover-se em sentidos contrários, origina duas contribuições simétricas para o momento magnético).

A outra contribuição dos electrões atómicos para o momento magnético do átomo em questão, *a contribuição de spin*, pode ser atribuída a uma característica intrínseca, o spin dos electrões. Este é um efeito quântico que não tem qualquer analogia com os comportamentos clássicos que nos são mais familiares. Mas, também para uma camada electrónica completa, o somatório de todas as contribuições magnéticas de spin dos electrões que lhe pertencem conduz a um resultado nulo.

Através destas considerações conclui-se então que *apenas poderão ter um momento magnético não nulo os átomos (ou iões) com camadas electrónicas incompletas*.

Nos metais, além dos electrões que se mantêm localizados devido à atracção dos respectivos núcleos, constituindo os iões da rede cristalina, temos de pensar na eventual *contribuição dos electrões de condução*. No entanto pode mostrar-se experimentalmente que a contribuição destes *para o comportamento magnético dos átomos, embora não seja nula, é muito pequena,* não se tornando evidente no comportamento magnético macroscópico dos materiais.

De facto os resultados experimentais indicam que os melhores condutores, como o cobre ou a prata (que além dos electrões de condução, têm todas as camadas electrónicas completas) não evidenciam comportamento magnético. Os magnetes elementares mais conhecidos são o ferro, o níquel e o cobalto. Para além dos electrões da camada 4s – que são disponibilizados para a rede como electrões de condução – estes metais têm a camada electrónica 3d incompleta. Os electrões desta camada mantêm-se localizados em torno dos núcleos respectivos. Fazem, portanto, parte dos iões da rede e não se comportam como portadores de corrente, não sendo electrões de condução. São, de facto, eles os responsáveis pelo comportamento magnético específico destes materiais.

Magnetização de um material

Suponhamos então um material sólido constituído por átomos (ou iões) com momento magnético não nulo. Podemos imaginar esse material como uma distribuição de momentos magnéticos (pequenos vectores com uma determinada direcção e sentido) localizados nos pontos da rede cristalina, como se representa na figura 8.2.

Se não houver uma razão especial para que os momentos magnéticos atómicos se alinhem preferencialmente numa determinada direcção e sentido, o momento magnético resultante do material – soma de um elevado número de mo-mentos magnéticos atómicos, cada um com uma orientação ao acaso – será nulo.

Define-se *magnetização* $\vec{M}$ de um material como *o momento magnético resultante de todas as contribuições atómicas, por unidade de volume*. No caso do material representado na figura 8.2 a magnetização é nula.

Se aplicarmos um campo magnético em todos os pontos do material em causa, os momentos magnéticos dos seus átomos tenderão a orientar-se no campo aplicado, ficando cada momento magnético individual com uma maior ou menor projecção na direcção e sentido do campo aplicado. Como os átomos não têm facilidade de rodar num sólido, o alinhamento é apenas tendencial e não completo. Um material com este comportamento chama-se *paramagnético*.

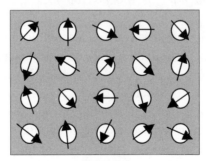

Figura 8.2

Assim, num campo magnético exterior aplicado nos pontos do material, a magnetização de um material paramagnético deixa de ser nula passando a ter um valor muito pequeno numa direcção e sentido coincidentes com os do campo aplicado. Quando o campo exterior deixar de actuar, as orientações dos momentos magnéticos atómicos voltam à situação inicial e a magnetização anula-se novamente.

Mas um pedaço de ferro, por exemplo, não tem este tipo de comportamento. Tem um comportamento *ferromagnético*. O que caracteriza este comportamento é o *facto de haver uma tendência para o alinhamento local dos momentos magnéticos atómicos mesmo na ausência de campo magnético exterior*. Há como que um efeito de um *campo magnético interno* – que actua para temperaturas inferiores a uma determinada temperatura de transição característica de cada material – que implica que regiões (com dimensões apreciáveis à escala atómica) de qualquer amostra de material ferromagnético tenham intrinsecamente uma orientação preferida para o alinhamento dos momentos magnéticos atómicos. Em geral esta orientação preferida coincide com uma determinada direcção cristalográfica denominada *direcção de fácil magnetização*.

As regiões dentro das quais os momentos magnéticos estão alinhados chamam-se *domínios (magnéticos)*. A figura 8.3 representa uma possível estrutura de domínios magnéticos num pedaço de ferro acabado de ser solidificado ao sair de um forno. As dimensões dos domínios dependem da rapidez de solidificação, sendo tanto maiores quanto mais lenta esta for. Dentro de cada domínio a orientação dos momentos magnéticos atómicos é praticamente perfeita, mas considerando o somatório das magnetizações de todos os domínios, a magnetização resultante do pedaço de ferro é nula. Nestas condições, este pedaço de ferro não evidencia comportamento magnético macroscópico.

Figura 8.3

No entanto, pudemos submetê-lo a um campo magnético exterior, orientado na direcção e sentido de um dos domínios, ou muito próximo. Neste caso, a orientação dos momentos magnéticos dos domínios vizinhos altera-se a partir das fronteiras do domínio em questão, de modo que se pode dizer que os domínios com uma orientação de momento magnético numa direcção e sentido próximos dos do campo aplicado crescem à custa dos domínios vizinhos. Esta situação está ilustrada na figura 8.4.

Retirado o campo exterior, há situações em que as fronteiras entre os domínios já não voltam à situação inicial, de modo que, nestes casos, permanecerá uma magnetização efectiva no pedaço de ferro sujeito a este tratamento, chamada *magnetização remanescente*. Diz-se que se *magnetizou* o pedaço de ferro. É o que podemos fazer friccionando uma agulha com um magnete (deve friccionar-se sempre no mesmo sentido) quando com ela queremos construir uma bússola.

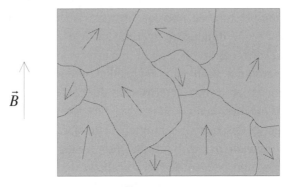

Figura 8.4

Electroíman

Recordemos então que uma corrente eléctrica dá origem a um campo magnético e que um campo magnético pode magnetizar um pedaço de ferro. Sendo assim, pode construir-se um *electroíman* enrolando um fio metálico em torno de qualquer pedaço de ferro e, ao inseri-lo como resistência num circuito metálico fechado, fazendo com que uma corrente contínua percorra o fio. Esta situação está ilustrada na figura 8.5. O pedaço de ferro constitui o *núcleo* do electroíman.

Como consequência da corrente eléctrica que percorre o fio, fica criado um campo magnético em todos os pontos do pedaço de ferro que constitui o núcleo, um material ferromagnético. Assim, enquanto durar o campo aplicado, o ferro fica magnetizado.

Se o ferro utilizado no núcleo do electroíman contiver impurezas, ou se em vez de ferro se utilizar aço (ferro com cerca de 8% de impurezas de carbono), parte da magnetização do material permanece depois de se abrir o interruptor, desligando a corrente. Devido à dificuldade dos movimentos das fronteiras dos domínios magnéticos quando encontram as impurezas, o núcleo fica com alguma *magnetização remanescente*.

Mas se utilizarmos ferro macio no núcleo de um electroíman, um ferro bastante puro, solidificado com alguns cuidados de modo que a sua estrutura cristalina contenha poucas imperfeições, poderá desprezar-se (por ser diminuta) qualquer magnetização remanescente no pedaço de ferro depois de interrompida a corrente (as paredes dos domínios magnéticos voltam praticamente às posições que ocupavam inicialmente).

O módulo da força atractiva exercida pelos electroímanes sobre corpos sensíveis aos efeitos magnéticos (isto é, feitos de materiais que evidenciam comportamento magnético, como é o caso de muitos metais, mas, como vimos, não de todos) colocados na sua vizinhança é bastante elevado. Por exemplo, um electroíman construído no laboratório da escola com um núcleo em forma de U e algumas espiras, como o representado na figura 8.5, é capaz de levantar corpos com massa de alguns quilogramas quando as espiras são percorridas por intensidade de correntes de alguns amperes.

Nas fábricas e oficinas usam-se potentes electroímanes com núcleos de ferro macio, que são capazes de elevar cargas de algumas toneladas, como automóveis ou camiões. Quando se desliga a corrente, deixa de haver magnetização do núcleo e o electroíman solta a carga.

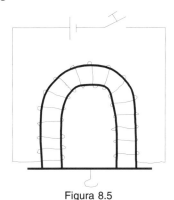

Figura 8.5

Funcionamento do amperímetro

Recorde-se que é o efeito de rotação provocado numa espira quando ela é percorrida por uma corrente eléctrica e se encontra numa região na qual está definido um campo magnético, o responsável pelo próprio funcionamento do amperímetro. A figura 8.6 ilustra o comportamento de um amperímetro. A espira, que é percorrida pela corrente que passa no ramo onde se insere o amperímetro, está acoplada a um ponteiro, de modo que este também roda quando a espira fica sujeita ao binário de forças provocado pelo campo magnético existente entre os pólos do magnete.

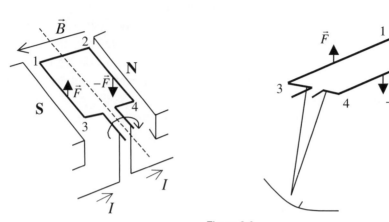

Figura 8.6

Mas a espira tem também uma ligação a uma mola elástica metálica, M_e, que dificulta a sua rotação. Assim, sujeita aos efeitos opostos do binário de forças magnéticas e da força elástica, a espira irá rodar atingindo uma posição de equilíbrio. Nesta posição, o ponteiro indicará um valor numa escala calibrada.

É possível mostrar que, com este tipo de construção, o ângulo de rotação do ponteiro é directamente proporcional à intensidade de corrente que percorre a espira, o que permite a utilização de uma escala linear onde pode ser lido o valor dessa intensidade de corrente. A construção desta escala baseia-se em geral numa prévia calibração do amperímetro.

Motor eléctrico de corrente contínua

Outro exemplo de dispositivo que utiliza fenómenos electromagnéticos é o motor eléctrico de corrente contínua. Este converte energia eléctrica em energia mecânica, envolvida no movimento de rotação de um corpo.

Através da explicação do funcionamento do amperímetro verificou-se que uma corrente eléctrica contínua pode dar origem a um movimento de rotação de uma espira. Sendo assim, uma espira acoplada a um eixo, e montada em condições que permitam a sua livre rotação, pode constituir a base de um motor. A figura 8.7 ilustra essa montagem. Note-se que a espira tem de poder rodar livremente entre os pólos de um magnete. Além disso é necessária a utilização de um *comutador*, ilustrado na figura pelas letras A e B, para que o efeito do binário de forças que faz rodar a espira provoque sempre um movimento de rotação no mesmo sentido. Note-se, no entanto, que durante este movimento de rotação, os efeitos do campo magnético são muito diferentes quando a espira passa na posição horizontal e quando passa na posição vertical. Nestas condições, a velocidade de rotação do motor não é constante.

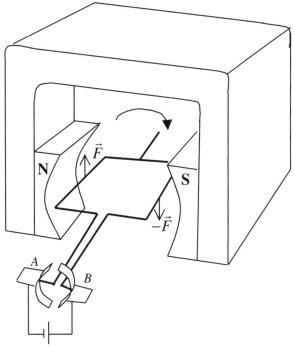

Figura 8.7

A figura 8.8 ilustra um esquema mais eficaz sob o ponto de vista de se manter aproximadamente constante a velocidade de rotação do motor. Como se pode ver neste esquema, há quatro conjuntos independentes de espiras a ser percorridos, um de cada vez, pela corrente contínua. Cada conjunto contacta com o comutador em intervalos de tempo sucessivos. Com esta montagem, os efeitos do campo magnético que provocam a rotação estão sempre a actuar sobre um dos conjuntos de espiras, aproximadamente nas mesmas condições (o conjunto que, em cada instante, está mais próximo da posição horizontal).

Indução electromagnética

Já vimos que a origem do comportamento magnético dos materiais pode ser, em grande parte, atribuída a movimentos dos electrões atómicos, num modelo simplificado semelhantes a pequenas correntes eléctricas em micro-espiras planas

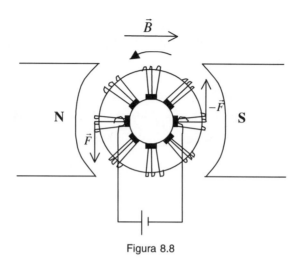

Figura 8.8

coincidentes com as órbitas electrónicas nos átomos. Entendemos esse comportamento partindo da evidência experimental da criação de campos magnéticos por correntes eléctricas.

E os campos magnéticos poderão criar correntes eléctricas?

Em determinadas condições podem, denominando-se o processo de criação de tais correntes de *indução electromagnética*. Verificou-se experimentalmente que um campo magnético constante, que pode ser devido, por exemplo, a colocarmos um magnete perto de uma espira metálica fechada, não cria qualquer corrente eléctrica nessa espira. Mas, quando se faz variar o valor do campo magnético nas proximidades da espira – por exemplo afastando e aproximando o magnete da espira – essa variação tem as funções de um gerador, provocando na espira um movimento orientado dos seus electrões de condução. Isto é, deste modo dá-se origem a uma corrente eléctrica de intensidade não nula, que percorre toda a espira fechada mesmo na ausência de qualquer tipo vulgar de gerador de corrente, como uma pilha ou uma bateria.

Faraday estudou cuidadosamente os vários processos de originar uma corrente induzida numa espira fechada, tendo concluído que para tal era necessário *variar o fluxo do campo magnético através de qualquer superfície que se pudesse considerar apoiada na espira*. Se lembrarmos a definição de fluxo de um vector $\vec{B}$ através de uma superfície S:

$$\phi = \int_S \vec{B} \cdot \hat{n}\, dS \tag{8.3}$$

em que $\hat{n}$ é um vector unitário perpendicular a um elemento, dS, da superfície, verifica-se facilmente que para variar o fluxo ϕ basta:
- variar $\vec{B}$; ou

- variar a superfície S, por exemplo alterando as dimensões da espira; ou
- variar a orientação relativa de $\vec{B}$ e da superfície S.

A lei de Faraday diz exactamente que *a força electromotriz de indução é simétrica da derivada em ordem ao tempo do fluxo do campo magnético através da superfície apoiada na espira em causa.*

Pode ilustrar-se qualitativamente que existe força electromotriz induzida sempre que o fluxo do campo $\vec{B}$ varia, montando um circuito fechado constituído apenas por uma resistência e um galvanómetro (detector de corrente eléctrica); movendo perto dele um magnete – aproximando-o e afastando-o sucessivamente da espira, ou alterando alternadamente a sua orientação em relação à espira – o detector de corrente indica a passagem de uma corrente variável com o tempo, tendo ora um sentido, ora o sentido inverso. Se o movimento de vai-vem do magnete for harmónico simples, a intensidade de corrente no circuito variará sinusoidalmente, isto é, induz-se no circuito uma corrente alternada.

Produção de corrente eléctrica

Os fenómenos de indução electromagnética abrem a porta a uma grande variedade de modos de produção de correntes eléctricas, contínuas ou alternadas. Todos estes fenómenos se baseiam na transformação de energia mecânica associada ao movimento macroscópico de corpos (como o magnete no exemplo anterior) em energia potencial eléctrica (como a que é comunicada aos electrões de condução da espira no mesmo exemplo).

Podemos então concluir que, quer se mova uma espira metálica (inserida num circuito fechado) num campo magnético constante (por exemplo, entre os pólos de um magnete fixo), quer se mova um magnete perto de uma espira fixa, essa espira é percorrida por uma corrente eléctrica.

A figura 8.9 ilustra a produção de corrente alternada devido ao movimento de rotação de uma espira entre os pólos de um magnete fixo. Enquanto a espira roda, o fluxo do campo magnético através de qualquer superfície que se considere assente nela vai variando. Consideremos uma superfície plana nessas condições. O fluxo do campo $\vec{B}$ através dessa superfície é nulo na posição ilustrada na figura 8.9-a ($\vec{B}$ é perpendicular a $\hat{n}$) e máximo na posição ilustrada na figura 8.9-b ($\vec{B}$ é paralelo a $\hat{n}$). Continuando a rotação da espira, o valor do fluxo vai diminuir até se anular, passando depois a ter um valor negativo. Então, se a espira rodar com velocidade angular ω constante, gera-se nela uma corrente alternada com um período $T = 1/f$ e uma frequência angular $\omega = 2\pi f$, exactamente igual à velocidade angular que caracteriza a rotação da espira. Esta corrente alternada varia com o tempo do modo ilustrado no gráfico da figura 8.10. A este gerador de corrente chama-se *alternador* ou *dínamo*.

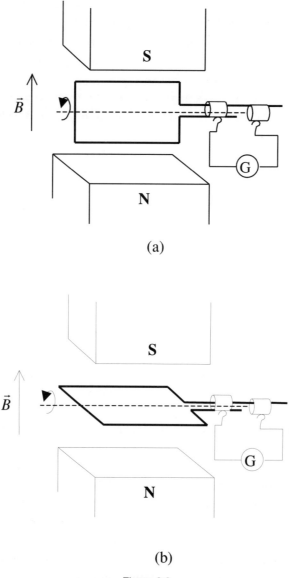

Figura 8.9

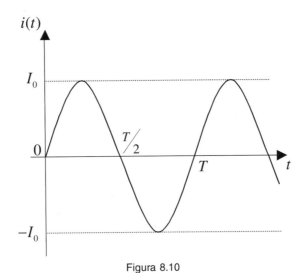

Figura 8.10

É possível dar origem a correntes contínuas utilizando uma pequena variante desta montagem. Com um *comutador* como o ilustrado na figura 8.11-a consegue--se uma corrente cuja intensidade varia com o tempo de acordo com o gráfico ilustrado na figura 8.11-b. Aumentando o número de sectores do comutador consegue-se uma corrente de intensidade praticamente constante, ou seja, uma corrente contínua.

Fontes de energia

Suponhamos que o *vento* faz mover uma vela de um moinho a cujo eixo está acoplada uma espira que, em consequência, roda entre os pólos fixos de um magnete. Temos nestas condições produção de energia eléctrica com base na energia cinética do ar em movimento. À energia (cinética) do vento chama-se *energia eólica*.

Outro modo de fazer mover uma espira em relação a um magnete pode basear-se no aproveitamento dos movimentos das *ondas do mar*.

Tanto o primeiro caso como o segundo são exemplos de movimentos produzidos na natureza, cuja utilização, à primeira vista, seria muito vantajosa para a produção de energia. Estes tipos de fontes de energia são inesgotáveis. Em termos de consequências nefastas para o ambiente são razoavelmente neutros, não provocando poluição devida a excedentes. No entanto estes dois processos de produção de energia têm dificuldades inerentes devido ao facto de a velocidade do vento e a velocidade das águas do mar se alterarem de modo aleatório e com ritmos incontroláveis.

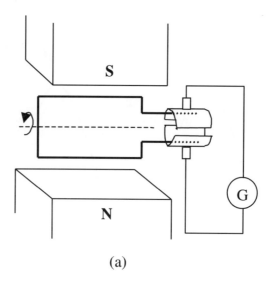

(a)

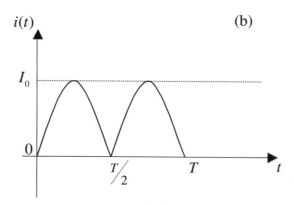

(b)

Figura 8.11

No entanto, numa barragem (depósito de água num nível superior a outro para onde ela terá tendência a cair) é fácil prever e controlar o movimento de queda da água devido aos efeitos da força gravítica. Essa é a razão da utilização frequente das centrais hidro-eléctricas para gerar energia eléctrica, nas quais a perda de energia potencial gravítica de grandes massas de água em queda são convertidas em energias cinéticas envolvidas no movimento de turbinas acopladas a magnetes ou espiras metálicas. Para a construção destas centrais apenas é necessário que haja um rio, de preferência a correr entre montanhas, o que facilita a rentabilidade da barragem. Durante a queda força-se a água a passar por uma *turbina*, uma espécie de roda com pás como as que existem nas azenhas, provocando o movimento de rotação da turbina e dos sistemas que lhe estão acoplados.

Assim este movimento é comunicado seja a espiras que se movem dentro de magnetes parados, seja a magnetes que se movem no meio de espiras estáticas, produzindo-se em qualquer um dos casos energia potencial eléctrica.

Distribuição da corrente eléctrica

A energia potencial eléctrica é distribuída à rede de consumidores sob a forma de diferença de potencial eléctrico disponível entre dois pontos – as tomadas de corrente – às quais se podem ligar os circuitos contidos no interior dos aparelhos utilizados nas nossas casas.

Naturalmente essa distribuição de energia é feita a partir das centrais de produção para as várias cidades e aldeias, através de fios de ligação (metálicos) percorridos por correntes eléctricas. Nestes fios de ligação distribuídos por todo o país, portanto com comprimentos consideráveis, é libertada energia sob a forma de calor, a qual é perdida para a atmosfera (não é energia útil). O valor desta *potência eléctrica perdida no transporte* pode ser calculado aplicando a lei de Joule:

$$P_{perdida} = R_{fios\ de\ ligaçao} \times i^2 \qquad (8.4)$$

Para reduzir o valor destas perdas de energia, à primeira vista poderia parecer que deveria diminuir-se o mais possível o valor da resistência dos fios, $R_{fios\ de\ ligaçao}$, utilizados no transporte.

Como sabemos, a resistência de um fio é tanto menor quanto maior for a sua secção. Então, tornar muito pequena a resistência de um fio implica aumentar significativamente a sua secção (uma vez que o comprimento está fixo pela distância das centrais de produção às cidades). Isso significaria a utilização de muito mais matéria-prima para a construção dos fios de condução e torná-los-ia muito caros e pesados, o que acarretaria custos ainda mais elevados para os suportes dos mesmos.

Um outro modo de reduzir as perdas de potência devidas ao transporte será, de acordo com a expressão (8.4), diminuir a intensidade da corrente fornecida. Mas uma diminuição do valor da intensidade, sem qualquer outra compensação, implica uma redução no valor da potência transmitida. Por razões óbvias, é conveniente que a potência transmitida aos consumidores seja elevada.

Pode relacionar-se o valor da *potência eléctrica transmitida* com a intensidade i e a diferença de potencial v fornecidos pela central:

$$P_{transmitida} = v \times i \qquad (8.5)$$

Então verifica-se que, mesmo diminuindo i (de modo a reduzir as perdas de energia por efeito de Joule), pode manter-se o valor da potência transferida se, concomitantemente, for possível aumentar o valor do potencial v. Ora isto é possível – e até fácil – para as correntes alternadas, não o sendo para as correntes contínuas. É por isso que se opta por centrais geradoras de corrente eléctrica alternada – não sendo necessárias montagens um pouco mais complicadas, e, portanto, mais caras, para dar origem a correntes contínuas – e se distribuem correntes alternadas para a rede geral de consumidores.

Transformadores

Os *transformadores* são constituídos por enrolamentos em dois lados opostos de um mesmo magnete (ferro macio) com forma de anel quadrado, como ilustra a figura 8.12. Há então dois tipos de enrolamentos, o primário e o secundário, respectivamente com n_p e n_s espiras.

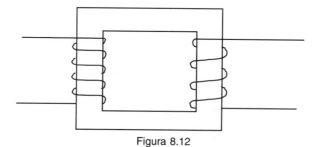

Figura 8.12

Aplicando uma diferença de potencial alternada v_p entre os terminais do circuito primário, por exemplo ligando esses terminais a uma vulgar tomada de corrente, ela provoca neste circuito uma corrente alternada. Esta corrente, de intensidade variável, vai criar um campo magnético variável em todos os pontos do magnete, o qual vai dar origem a um fluxo de campo magnético variável na região em que se encontram as espiras do circuito secundário. Como consequência existirá uma força electromotriz de indução no circuito secundário, que provoca entre os terminais deste circuito uma diferença de potencial alternada v_s.

Note-se que se a corrente eléctrica no primário fosse devida a um gerador de corrente contínua, não haveria qualquer corrente induzida no secundário.

Considerando os valores dos campos magnéticos criados em consequência da aplicação da tensão alternada no primário e os das variações dos respectivos fluxos através de superfícies que se podem considerar assentes nas espiras, é possível relacionar a diferença de potencial nos terminais do secundário, v_s, com a diferença de potencial aplicada nos terminais do primário, v_p, através da expressão:

$$\frac{v_p}{v_s} = \frac{n_p}{n_s} \tag{8.6}$$

Verifica-se assim que, mediante a utilização de um transformador, pode aumentar-se ($n_s > n_p$) ou diminuir-se ($n_s < n_p$) uma diferença de potencial alternada num circuito secundário em relação ao correspondente valor no circuito primário.

Em condições normais é possível desprezar as perdas de energia na passagem de potência eléctrica do primário para o secundário. Nesse caso pode dizer-se que:

$$v_p \times i_p = v_s \times i_s \tag{8.7}$$

de modo que a utilização de um transformador pode permitir que seja transferida à distância uma elevada potência através de uma corrente de pequena intensidade. Nesses casos a diferença de potencial (ou tensão) transferida é muito elevada. É por isso que se chama "fios de alta tensão" aos fios que, através dos campos, transmitem a energia eléctrica das centrais aos consumidores.

Junto das grandes cidades e dos grandes centros industriais há pequenas *centrais transformadoras* que reduzem um pouco o valor da diferença de potencial eléctrico transmitida, aumentando o valor da respectiva intensidade de corrente. Mas só muito perto da casa de cada um, em transformadores geralmente colocados nos postes de iluminação mais próximos das casas, essa diferença de potencial é finalmente convertida para os valores eficazes de 220V, normalmente utilizados pelos consumidores. Procedendo deste modo consegue-se que seja muito pequena a perda de energia eléctrica durante o transporte, mesmo que este tenha de ser feito a distâncias muito consideráveis.

9. ONDAS MECÂNICAS. SOM E AUDIÇÃO

Introdução

De acordo com o que está proposto nos actuais programas do Ensino Básico, o estudo do som e da audição deve ser abordado na disciplina de Ciências Físico-Químicas, com alunos dos 7º / 8º anos de escolaridade.

Os sons são uma realidade do dia a dia destes alunos, mas os conceitos que estão na base da explicação científica dos seus comportamentos – em termos de produção, propagação e recepção – fazem parte de *modelos ondulatórios*. Estes modelos físicos, devido a uma certa complexidade intrínseca (a sua descrição envolve funções de duas variáveis) e ao seu carácter abstracto, não são de fácil compreensão por alunos deste nível de escolaridade.

Por outro lado, em condições normais, o som propaga-se entre o emissor e o receptor através do ar, e este papel intermédio do ar também passa totalmente despercebido para qualquer cidadão comum.

No entanto entendemos que é possível fazer com que os alunos apreendam as noções fundamentais do comportamento das ondas mecânicas, de modo simples e interessante, mas que não deixa de ser correcto. Acreditamos que este entendimento os encaminhará para a compreensão dos fenómenos físicos envolvidos na produção, propagação e audição dos sons.

Propomos então que, como primeiro passo, se explore o conceito de *ondas mecânicas* utilizando um tratamento que deverá partir dos conhecimentos dos alunos, baseados em situações do seu dia a dia. Só depois de terem entendido o que são ondas mecânicas, se deverão abordar com os alunos as considerações específicas sobre o som e a audição.

Ondas mecânicas

Podemos considerar exemplos de perguntas possíveis para introduzir este assunto: *Se vos perguntassem o que pensam que é uma "onda", que respon-*

deriam? ... Quem pode dar um exemplo de uma situação em que se fala de "onda" ou "ondas"?...

Respostas possíveis poderiam estar relacionadas com as ondas do mar, ou a onda (holla) no estádio de futebol... (as ondas dos cabelos não têm nada a ver com o conceito físico de onda; são apenas constituídas por linhas curvas a duas ou três dimensões...).

Os exemplos das ondas do mar e das ondas nas bancadas dos estádios de futebol são, em determinados aspectos, muito bons. Consideremos este último caso.

Pergunte-se aos alunos como se inicia a onda num estádio de futebol. Pode ser que algum dos alunos tenha participado nesse movimento colectivo das pessoas que estão num estádio. Mas, mesmo que tal não aconteça, é fácil levar os alunos a aceitar a seguinte explicação: numa determinada zona das bancadas do estádio um conjunto de pessoas levanta-se, levanta os braços e depois senta-se; ao ver isto, as pessoas que estão ao lado levantam-se (um pouco depois das primeiras), levantam os braços e também se sentam; as que estão a seguir fazem o mesmo... e assim sucessivamente.

Como explorar este exemplo de propagação de uma onda mecânica, que todos os alunos já observaram num estádio ou através da televisão?

Poderá chamar-se a atenção para a seguinte sequência:
- Antes de se formar a onda, todas as pessoas estavam sentadas, mais ou menos sossegadas nos seus lugares.
- Por uma determinada razão, a partir de um certo instante um conjunto de pessoas em determinado local agitou-se e voltou à sua posição inicial (sentada no mesmo lugar).
- Esta agitação foi sendo transmitida às pessoas ao seu lado e às outras e às outras, etc.
- No fim, todas as pessoas se tinham levantado e sentado, ficando exactamente como estavam no início.

Em resumo, houve uma *perturbação que se propagou através dos constituintes de um meio*. A *perturbação* é o facto de cada pessoa se levantar, elevar os braços e sentar-se. O *meio* é o conjunto de todas as pessoas sentadas no início lado a lado e que ficam igualmente sentadas nos mesmos lugares no fim da onda passar. E não há dúvida que, porque as pessoas assim o quiseram, isto é, porque *houve interacção entre os componentes do meio*, a perturbação se *propagou* nesse meio.

Estamos então a ver que há efeitos *mecânicos* que se podem propagar num *meio material* mais ou menos contínuo, devido a interacções entre as "partículas" do meio – é a essa propagação que se chama uma *onda mecânica*.

Um outro exemplo de onda mecânica, cuja ilustração experimental é de fácil execução numa aula, é a que se propaga num slinky, ou mola elástica comprida, quando se agita um extremo dessa mola.

Para que os alunos a possam ver, estende-se o slinky sobre a mesa de trabalho, com o professor a segurar numa das extremidades e um aluno a segurar na outra extremidade. O professor agita uma vez o seu extremo da mola (esta agitação é a *perturbação* numa determinada zona do meio que inicialmente estava em repouso). Porque o meio é elástico e as espiras estão todas ligadas umas com as outras, há *interacção* entre as "partículas" do meio (as várias espiras que o constituem) e a *perturbação propaga-se* até ao outro extremo da mola. Depois da perturbação passar por cada uma das espiras, elas ficam novamente em repouso, exactamente no local em que se encontravam no início.

Pode verificar-se que, ao atingir o outro extremo da mola, nas mãos do aluno, a perturbação *volta para trás*, isto é, a onda vai propagar-se agora em sentido contrário. Diz-se que a onda foi *reflectida*, continuando a propagar-se no mesmo meio – a mola – mas invertendo o sentido da propagação (um pouco mais tarde falaremos deste efeito de reflexão, comum a todos os movimentos ondulatórios).

Ondas transversais e ondas longitudinais

Tanto a onda que se propaga no estádio de futebol como a que se propaga no slinky, (devida, neste caso, a uma perturbação causada na mola por um movimento mais ou menos brusco efectuado numa direcção perpendicular à direcção da mola esticada) são *ondas transversais* – movimentos ondulatórios em que a perturbação que se propaga no meio é uma oscilação de partículas, com a direcção perpendicular à da sua propagação através do conjunto de partículas que constitui o meio.

Com o slinky também é relativamente fácil ilustrar experimentalmente a propagação de *ondas longitudinais* – aquelas em que a perturbação (movimento de oscilação ou de vai-vem de cada espira) que se propaga tem a mesma direcção da sua propagação. Basta que, com a mola esticada como anteriormente, se agrupem no seu início várias espiras (*comprime-se* a distribuição de espiras nessa parte da mola, isto é, aumenta-se a sua *densidade linear* nesse local) e, depois se larguem (isto é, se permita que as espiras se descomprimam ou *rarefaçam* novamente, diminuindo a densidade local para o valor inicial, igual à densidade média da mola). Pode verificar-se que, em consequência deste movimento das espiras iniciais, pela mola propaga-se um movimento de compressão e sucessiva descompressão de agrupamentos de espiras. Também esta onda se *reflecte* ao atingir o outro extremo da mola, na mão do aluno.

Nota: Neste contexto, a *densidade* (linear) da mola é o número de espiras por unidade de comprimento da mesma.

Velocidade de propagação

A onda que se propagou na mola elástica (ou no estádio) percorreu todo o comprimento da mola (ou todo o estádio) durante um determinado intervalo de tempo. De facto, uma onda propaga-se sempre numa determinada direcção e sentido (ou num conjunto de direcções e sentidos). Estes são em geral definidos para cada caso em estudo. Por exemplo, a onda que se propaga na mola elástica desloca-se na direcção da própria mola e no sentido da mão do professor para a mão do aluno. No outro exemplo, o da onda que se propaga no estádio, a perturbação desloca-se em torno do estádio no sentido dos ponteiros do relógio ou no sentido contrário.

Tendo especificado devidamente a(s) direcção(ões) e sentido(s) de propagação, para caracterizar totalmente a *velocidade de propagação de uma onda*, basta indicar um valor positivo, relacionado com o facto do espaço percorrido pela perturbação, desde o ponto onde se iniciou até uma determinada distância desse ponto, ter sido feita num maior ou menor intervalo de tempo. Concretamente, dividindo o comprimento da mola (ou o perímetro do estádio) pelo intervalo de tempo que a onda demorou nesse percurso, obtém-se a velocidade de propagação de cada uma destas ondas. De acordo com esta definição, a velocidade de propagação de uma onda num meio vai depender do *atraso* que existe entre a execução do movimento por uma zona do meio e pela zona vizinha que o executa logo a seguir.

Imagine-se a situação em que o estádio está cheio de jovens, todos com mochilas às costas. Comparem-se as velocidades de propagação de uma onda no estádio nos casos das mochilas estarem vazias ou muito cheias de objectos pesados. É óbvio que no segundo caso a onda se propaga mais lentamente. Por outro lado, a velocidade de propagação da onda também será diferente nos casos em que as pessoas estão muito atentas e desejosas de executar uma onda bonita, ou estão distraídas, não dando uma rápida sequência ao movimento da onda.

Assim, é fácil compreender que também a velocidade de propagação de uma onda mecânica numa mola elástica dependa das características físicas da mola, nomeadamente da sua elasticidade (relacionada com a maneira como se comunicam movimentos entre espiras vizinhas).

Ondas sucessivas

Nos casos que considerámos até aqui, houve apenas uma perturbação inicial que se propagou no meio em causa.

Um outro exemplo é o de uma onda que se propaga no mar. Nesta situação, também bem presente na realidade do dia a dia da maioria dos alunos, por razões diversas (um golpe de vento, um barco que passa, etc.) uma zona das águas do mar fica mais elevada que o nível médio da sua superfície livre. Essa zona mais elevada vai baixar, uma vez que está sujeita à atracção gravítica e as causas que a fizeram elevar-se já não existem. Mas antes de baixar – e devido ao efeito das forças elásticas que traduzem interacções entre partículas vizinhas – a zona mais elevada da água puxa para cima a água que está logo ao lado, em contacto com ela. Também esta depois vai baixar, mas antes puxa para cima a porção de água vizinha... Então, devido a uma perturbação causada numa zona da superfície do mar por uma qualquer causa exterior, todas as porções de água junto dela vão executar uma oscilação vertical, voltando à posição de equilíbrio. Estas oscilações não são simultâneas, antes se processam sucessivamente, para zonas da água cada vez mais distantes da zona inicialmente perturbada. Em resumo, propaga-se pelo mar uma onda mecânica.

Um efeito semelhante pode ser produzido numa tina com água, sobre a superfície da qual se toca uma vez, por exemplo com a ponta de um lápis ou com uma régua. A onda provocada pela ponta do lápis é circular (propaga-se radialmente, em círculos concêntricos com um raio cada vez maior). A onda provocada pela régua chama-se onda plana, e é mais semelhante às ondas do mar (propaga-se na direcção perpendicular à régua, sobre linhas rectas paralelas que estão cada vez mais distantes da zona onde se iniciou a perturbação).

Mas todos sabemos que, se olharmos para o mar durante algum tempo, vemos que de vez em quando chega à praia uma onda... Isto é, há neste caso uma determinada repetição das causas que provocam as perturbações locais, de modo que, ao sítio onde nos encontramos a observar, chegam umas ondas a seguir às outras. Passa algum tempo entre a chegada de ondas sucessivas... Há dias em que, durante um minuto, chegam cerca de dez ondas à praia, noutros dias, durante um outro minuto chegam quinze ou vinte... Vamos ver como, lembrando este exemplo, é possível introduzir a noção de frequência de um movimento ondulatório periódico.

Ondas periódicas

Consideremos o exemplo das ondas que se propagam numa tina com água; mas em vez de provocar apenas uma perturbação isolada, com a régua ou a ponta do lápis executemos um *movimento repetido a intervalos de tempo iguais*, tocando sucessivamente na superfície da água, tanto quanto for possível sempre nas mesmas condições (este efeito pode ser produzido por um vibrador mecânico pontual). O movimento de propagação das sucessivas oscilações, *repetido periodicamente*, ainda constitui uma onda ou movimento ondulatório. Não se trata da propagação de uma única perturbação, mas da propagação de sucessivas perturbações idênticas, cuja origem é repetida periodicamente no mesmo local. Nestas condições podemos falar em *onda periódica* a propagar-se na superfície da água.

Tem interesse estudar em Física as características destas *ondas periódicas*, uma vez que alguns fenómenos muito importantes do nosso quotidiano têm como base a propagação deste tipo de ondas. São exemplos o *som* e o modo como *ouvimos*, bem como a *luz* e o modo como *vemos* – embora neste último caso as ondas periódicas não sejam de origem mecânica nem necessitem da existência de um meio para se propagar.

Um professor de Física deve recordar que uma vez conhecidas as características das ondas periódicas simples, as ondas sinusoidais, todos os outros movimentos ondulatórios, periódicos ou não, podem ser estudados (através da utilização de sínteses de Fourier) com base nas características destas ondas periódicas.

É óbvio que, nesta fase inicial da abordagem dos movimentos ondulatórios com os alunos do 3º ciclo, o nosso estudo apenas tem como objectivo transmitir aos alunos conhecimentos que lhes permitam entender os conceitos fundamentais que caracterizam as ondas periódicas simples. Estes são, para além do conceito de *velocidade de propagação*, já introduzido, os de *período, amplitude, frequência* e *comprimento de onda*. Apreendido o conteúdo destes conceitos, ficam os alunos preparados para compreender os significados de muitas palavras utilizadas frequentemente quando nos referimos a sons que interpretamos como sendo diferentes uns dos outros, tais como *altura, timbre* e *intensidade*.

Período

Suponhamos então que se toca periodicamente com uma régua na superfície da água de um tina, ou, o que produz efeitos fisicamente equivalentes, se agita periodicamente o extremo de um slinky esticado (é evidente que estas demonstrações devem ser efectuadas nas aulas). Deve chamar-se a atenção do aluno para essa repetição periódica e para o seu significado: efectuar *periodicamente* um movimento do início do slinky significa repeti-lo com as mesmas características passados intervalos de tempo iguais. Ao *intervalo de tempo que medeia entre repetições sucessivas da mesma perturbação num determinado local* chama-se *período*. O período é uma característica *das oscilações* de cada ponto do meio e do *movimento ondulatório* que, em consequência, se propaga no meio elástico.

Amplitude

Seja para uma onda transversal seja para uma onda longitudinal, pode mostrar-se facilmente com o slinky que *a propagação de uma onda periódica provoca em todos os pontos do meio em que se propaga sucessivos movimentos de vai-vem em torno de determinada posição de equilíbrio*, neste caso a posição inicial de cada espira da mola.

Esta demonstração pode ser facilmente visualizada pelos alunos, se numa espira localizada aproximadamente a meio do slinky se colar um pequeno pedaço de papel. Durante a propagação de uma onda periódica na mola elástica, cada espira da mola executa oscilações idênticas às das espiras iniciais, passando periodicamente por pontos extremos da sua trajectória rectilínea. A *distância destas posições extremas à posição de equilíbrio* chama-se *amplitude* – uma característica das oscilações e do movimento ondulatório que, consequentemente, se propaga no meio elástico.

Frequência

Se fixarmos a nossa atenção sobre uma das espiras do slinky durante um determinado intervalo de tempo, por exemplo cerca de cinco segundos, vemos que durante esse intervalo de tempo ela oscila várias vezes (esta observação pode ser feita por dois alunos, dos quais um olha para uma espira, assinalada com um papel, e conta o número de oscilações e o outro, com um cronómetro, indica-lhe quando deve começar a contar e quando deve terminar). Contando o número de oscilações e dividindo esse número pelo intervalo de tempo considerado, obtém-se a *frequência*, característica da oscilação e do movimento ondulatório periódico. A *frequência* é, portanto, *o número de oscilações completas efectuadas por qualquer ponto do meio durante um segundo*.

Devido ao modo como são definidos o período e a frequência, verifica-se que estas duas características de um movimento oscilatório e ondulatório periódico não são independentes, sendo uma o inverso da outra. Assim, designando o período pela letra T e a frequência pela letra f, podemos dizer que

$$T = \frac{1}{f} \tag{9.1}$$

Frentes de onda, comprimento de onda

Levantando e baixando sucessivamente uma régua que toca na superfície da água contida numa tina gera-se uma onda periódica (se possível, esta onda deve ser provocada por um oscilador mecânico ao qual se acopla a régua). Durante a propagação dessa onda, procuremos um processo de visualizar as posições dos vários pontos da superfície da água *num determinado instante*. Podemos imaginar que nesse instante se tira uma fotografia à água contida na tina – repare-se que uma fotografia indica as posições *instantâneas* de todos os pontos fotografados. Nesse instante veremos algumas zonas da água acima do nível normal das águas em repouso, formando linhas rectas paralelas à régua, separadas entre si por zonas da água abaixo do mesmo nível. Cada *conjunto de pontos vizinhos exactamente nas mesmas condições* (neste caso sobre linhas rectas paralelas à régua) forma uma *frente de onda*.

Fixemo-nos, por exemplo, sobre as frentes de onda que têm todos os pontos na altura máxima atingida pela água. Em cada instante teremos, portanto, várias frentes de onda deste tipo, todas paralelas à régua que as originou, e separadas umas das outras por distâncias idênticas. Com o passar do tempo essas frentes de onda (como todas as outras) deslocam-se na direcção e sentido da propagação da onda, mas as distâncias entre elas mantêm-se.

À *menor distância entre duas frentes de onda idênticas* chama-se *comprimento de onda*. Pode provar-se que *cada frente de onda se desloca exactamente de um comprimento de onda* λ *durante um período T da perturbação que se propaga*.

O conceito de comprimento de onda também pode ser ilustrado no exemplo de uma onda periódica a propagar-se numa mola elástica (slinky). No entanto, neste caso é necessário ter um cuidado especial para evitar que haja alterações no movimento ondulatório original provocadas pela sobreposição da onda reflectida na mão do aluno, que se propaga em sentido inverso. Evita-se esta sobreposição desde que apenas se mantenha a perturbação inicial até ao instante em que a onda chega ao outro extremo do slinky. Nestas condições nunca haverá onda reflectida, mas apenas onda incidente (a deslocar-se no sentido de se aproximar da mão do aluno).

Nota: Como sabemos, se, para além da onda inicial, existir também a onda reflectida, a sobreposição das duas ondas forma uma *onda estacionária*, cujas características são um pouco diferentes das que queremos ilustrar (por exemplo, uma onda estacionária não se propaga, mantendo-se sempre as mesmas "partículas" do meio a oscilar entre posições de afastamento máximo e mínimo da posição de equilíbrio, havendo outras "partículas" que estão sempre paradas).

Relação entre o comprimento de onda, a velocidade de propagação e o período ou a frequência

Devido ao modo como são definidas todas estas variáveis, verifica-se que o comprimento de onda de uma onda – em geral designado pela letra grega λ – é igual ao comprimento do percurso de propagação da onda no meio durante um intervalo de tempo com a duração de um período T. Assim, caso o aluno já tenha uma noção de velocidade num movimento rectilíneo uniforme, não é difícil aceitar que o comprimento de onda seja igual ao produto da velocidade de propagação da onda, V (constante num meio homogéneo elástico), pelo período da mesma, ou seja:

$$\lambda = VT = \frac{V}{f} \qquad (9.2)$$

Na última igualdade da expressão (9.2) utilizou-se a relação (9.1) entre o período do movimento ondulatório e a sua frequência, f.

Energia transportada num movimento ondulatório

Pelo que vimos até aqui, para que um movimento ondulatório se propague num meio é necessário que haja, num certo instante, uma perturbação efectuada em determinados pontos desse meio. Seja no caso das ondas do mar, no caso das ondas que se propagam no slinky ou no caso das ondas na tina com água, é sempre um agente exterior ao meio que provoca essa perturbação.

Então, como origem da propagação da onda, vários pontos do meio que estavam em repouso foram postos em movimento. A sua *energia* foi temporariamente aumentada, tendo sido, nestes casos, fornecida por um agente exterior.

O que acontece a essa energia, agora contida nos pontos do meio? Como vimos, ela propaga-se aos outros pontos do meio passando sucessivamente de pontos a pontos vizinhos.

Se o meio for elástico, as zonas do *meio elástico* por onde passou a onda não mantêm qualquer energia da que inicialmente lhes foi comunicada. Por exemplo no caso da onda do mar, depois da onda passar cada pequena zona da superfície das águas volta exactamente à sua situação inicial de equilíbrio, no local que tinha antes de ter sido perturbada. Isto é facilmente verificado se houver um barco sobre o mar. Vemos que ele sobe quando passa a onda e depois baixa novamente à sua posição anterior, exactamente sobre a mesma porção de água. Então *a energia comunicada ao meio num determinado ponto por um agente exterior apenas se propagou através do meio* até um ponto no outro extremo desse meio (no exemplo das ondas do mar, até à praia ou ao cais).

No caso da onda no estádio de futebol, a situação é, nalguns aspectos, diferente da situação anterior, uma vez que neste movimento é consumida energia interna de cada espectador, não havendo cedência de energia ao meio por um agente exterior a ele – uma vez que as pessoas são as próprias constituintes do meio onde se propaga a onda. Podemos dizer que o elemento de ligação (as interacções) entre as "partículas" através das quais se propaga esta onda é a "vontade de se levantar e baixar", que tem como efeito a conversão de energia interna de cada pessoa em energia cinética (as pessoas movem-se) e energia potencial gravítica (as pessoas elevam-se). Depois de passar a onda todos ficam exactamente no mesmo lugar – com um pouco menos de energia potencial interna (com mais fome? Comer, como respirar, faz recuperar a energia potencial interna de um ser vivo...) e um pouco mais de energia cinética interna (que, a seguir, cedem ao exterior sob a forma de calor e radiação). Espera-se que não tenha havido destruição da bancada...

Como nota final, atendendo ao conceito de amplitude de um movimento, é fácil convencer os alunos que, para provocar nos pontos do meio um *movimento de oscilação com maior amplitude, terá de haver uma maior transferência de energia* do exterior para os pontos do meio (ou, no caso da onda no estádio de futebol, se cada pessoa saltar mais alto, haverá uma maior diminuição da sua energia potencial interna). De facto, *uma onda mecânica* devida à propagação, num determinado meio, de oscilações *com maior amplitude, transporta mais energia* que outra que se propaga, no mesmo meio, através de oscilações de menor amplitude.

Por exemplo, as ondas do mar com vagas muito altas transportam elevada energia para o cais onde batem; exercendo sobre ele forças muito intensas, que tendem a pô-lo em movimento ascendente com elevada amplitude, podem fazer com que seja total ou parcialmente destruído.

Reflexão

Antes de terminar o estudo geral dos movimentos ondulatórios (mecânicos), deve chamar-se a atenção dos alunos para o efeito de *reflexão* das ondas mecânicas, que já foi ilustrado no caso da onda que se propaga no slinky, quando esta atingiu a mão do estudante que mantém presa a extremidade oposta àquela em que se provocou a perturbação.

De facto, as ondas mecânicas que se propagam num meio podem ser reflectidas (se não forem totalmente absorvidas) quando encontram na sua propagação pontos impedidos de vibrar (no caso exemplificado, as espiras presas na mão do aluno).

Na realidade, como qualquer professor sabe, qualquer onda (seja mecânica seja electromagnética) pode ser reflectida, refractada, difractada, absorvida, difundida... mas, neste contexto de aprendizagem de alunos dos 7º / 8º anos de escolaridade é válido que apenas se considerem, e mesmo assim de modo empírico, os aspectos da reflexão das ondas mecânicas. Como são efeitos fundamentais a discutir no contexto do som, que estão especificamente na origem do *eco*, eles serão abordados mais à frente.

Considerações finais sobre ondas mecânicas

Façamos um resumo das considerações até agora efectuadas sobre as *ondas mecânicas*:
- São perturbações que se propagam através dos constituintes de meios elásticos, traduzidas por movimentos sucessivos (e idênticos, nos meios elásticos e propagações a 1D) dos pontos de cada meio, comunicados partícula a partícula devido às interacções que existem entre elas. Necessitam, portanto, de um meio para se propagarem. De facto, *as ondas mecânicas não de propagam no vazio*, isto é, não se propagam na ausência de qualquer meio material.
- Há *movimentos ondulatórios periódicos*, provocados por perturbações periódicas que se propagam a todos os pontos de meios elásticos. Todos os outros movimentos ondulatórios podem ser estudados com base nos movimentos periódicos (para já, o nosso estudo apenas se debruçará sobre estes). Nestas condições os movimentos ondulatórios podem ser caracterizados por um *período* ou uma *frequência*, um *comprimento de onda*, uma *velocidade de propagação* e uma *amplitude*.
- Nos movimentos ondulatórios mecânicos, as partículas do meio elástico movem-se mas voltam sempre à sua posição inicial depois de cessar a perturbação, ou oscilam *em torno de posições de equilíbrio* no caso da propagação de ondas periódicas. Assim, *num movimento ondulatório não há transporte de massa (matéria) através do meio, mas apenas de energia*.
- Se o meio onde as ondas se propagam for elástico, a energia comunicada ao meio através da perturbação inicial é integralmente transmitida a todos e por todos os pontos do meio, isto é, não há absorção de energia pelo meio.
    ✓ Nestas condições, se a propagação for *unidimensional* (caso da onda que se propaga no slinky ou da onda provocada pela agitação da régua sobre a superfície da água numa tina), a amplitude dos movimentos executados por todas as partículas é a mesma.

✓ Se a propagação da onda, embora num meio elástico, *não for unidimensional* (caso de uma onda circular provocada na superfície das águas por um bico de um lápis que oscila periodicamente, ou de uma onda esférica que se propaga no ar, para todo o volume a três dimensões) nem todas as partículas do meio oscilam com a mesma amplitude. Isto acontece *mesmo sendo o meio elástico*, uma vez que a energia sobre uma frente de onda (círculos, a 2D, e superfícies de esferas a 3D) tem de ser comunicada a frentes de onda sucessivas, cada vez com um maior número de pontos do meio (por exemplo, círculos com o mesmo centro, envolventes uns dos outros, têm cada vez maior perímetro). Nestes casos, os pontos das sucessivas frentes de onda que se afastam do ponto inicial vão oscilando cada vez com menor amplitude (mesmo que o meio seja elástico) até que é impossível notar qualquer movimento nos pontos do meio já muito afastados do ponto inicialmente perturbado.

Som e audição – introdução

Todos nós já ouvimos sons. Ninguém duvida que os alunos já ouviram sons. No entanto, quando, no início desta unidade, se pede aos alunos exemplos de ondas, é muito pouco provável que alguém nomeie o *som*. Mas o som é, de facto, um exemplo de uma *onda mecânica*.

Como tal, qualquer som tem de ter uma origem, ou seja, uma perturbação inicial do estado de movimento oscilatório das partículas constituintes do meio onde o som se vai propagar – por exemplo, das partículas constituintes do ar. Ao corpo que provocou essa oscilação inicial chama-se *fonte sonora* ou *emissor do som*. Exemplos de fontes sonoras são as nossas cordas vocais a vibrar, quando falamos, ou um balão que estoira, libertando ar sob pressão, que vai empurrar, bruscamente, as partículas de ar suas vizinhas.

O som depois de ser emitido vai *propagar-se*. Pode propagar-se através de qualquer meio, cujas partículas constituintes possam vibrar em torno de posições de equilíbrio. Então, pode propagar-se através das vibrações atómicas em sólidos, líquidos e gases. Apenas não se propaga no vazio, ou seja, na ausência de qualquer meio material, visto que no vazio não há "partículas" que possam vibrar.

A *audição* está relacionada com os *receptores* das ondas sonoras. Entendendo o que é o som e quais as suas possíveis origens, e percebendo como se propaga, em geral, no ar que nos rodeia a todos nós, é fácil levar os alunos a entender que as perturbações que se vão propagando podem atingir alvos, pondo-os, eventualmente, a vibrar.

Estando nós inseridos no ar, e tendo uma espécie de campânulas, *os ouvidos*, preenchidas por esse mesmo ar – no qual se propagam tantas ondas sonoras – pode compreender-se que as membranas do tímpano, localizadas ao fundo dos ouvidos (externos), estejam quase constantemente a ser solicitadas a vibrar. Por isso estamos quase sempre a ouvir sons. E por isso tapamos os ouvidos quando não desejamos ouvir alguns sons desagradáveis.

Mas como as nossas próprias mãos também são constituídas por matéria, apenas conseguimos fazer com que os sons que chegam às membranas dos tímpanos (a partir das quais é conduzida informação ao cérebro) tenham que passar através das vibrações da matéria que constitui as mãos, e, consequentemente, cheguem menos intensos e mais difusos. Mas, como todos sabemos, embora abafados, continuam a chegar!

Propagação do som

O *som é uma onda mecânica*, do tipo das que se consideraram nas secções anteriores. Por exemplo, tal como qualquer onda mecânica *o som propaga-se apenas através de meios materiais*. Será que é mesmo necessário que exista um meio material para que o som se propague? Numa sala de aula o professor fala e os alunos ouvem. Será que entre o professor e os alunos existe um meio material? Claro que existe! Neste caso não vemos qualquer meio material a ligar o professor aos alunos (os nossos olhos não o detectam). Mas entre o *emissor* de som – o professor que fala, ou seja, executa movimentos com as suas cordas vocais, fazendo vibrar o ar que está em contacto com elas na boca e na garganta – e um *receptor* – qualquer um dos alunos que ouve, porque o ar em vibração entra nos seus ouvidos – existe o ar, *o meio através do qual o som se está* (neste caso) *a propagar*.

Para os alunos se convencerem que, em condições vulgares, o som apenas se propaga porque há ar entre o emissor e o receptor deve, se possível, fazer-se a experiência de colocar um despertador a tocar dentro de uma campânula de uma bomba de vazio, da qual, posteriormente, se extrai o ar.

Verifica-se que inicialmente se ouve bem o som do despertador através da campânula da bomba. Mas, à medida que a rarefacção do ar dentro da campânula vai aumentando, vai deixando de se ouvir o som do despertador. Porquê?

O som propaga-se no ar devido à interacção entre as moléculas que o constituem. Na bomba de vazio, à medida que se retira o ar de dentro da campânula, o ar que lá vai restando vai-se distribuindo igualmente por todo o espaço no interior do vidro, de modo que, em torno do despertador, haverá uma cada vez menor densidade de partículas – ou seja, as moléculas de ar estarão cada vez mais longe umas das outras. Quando as moléculas de ar dentro da campânula começam a estar muito afastadas entre si, a interacção entre elas começa a ser muito diminuta, até que, para densidades muito pequenas – grandes afastamentos entre as moléculas que constituem o ar – o som deixa de se propagar e nós deixamos de o ouvir.

Nesta experiência é preciso ter o cuidado de chamar a atenção dos alunos para o facto de ainda se ouvir distintamente o som quando se coloca a campânula, antes de ligar a bomba de vazio. Colocar a campânula abafa um pouco o som. Porquê?

Com a campânula, o som tem de passar do ar dentro da campânula para o vidro e deste novamente para o ar exterior à campânula – ou seja, o estado de vibração das moléculas de ar dentro da campânula tem de ser comunicado às moléculas do vidro da campânula, as quais, começando a vibrar transmitem as sua vibrações a outras moléculas de ar no exterior da campânula – só depois atingindo os nossos ouvidos. Estes dois processos de alteração do meio de propagação do som (nos quais há reflexão, refracção e, eventualmente, absorção do som) fazem com que parte do som emitido pelo despertador não chegue a atingir os nossos ouvidos, em comparação com o que acontecia na ausência da campânula.

Mas nesta experiência só se deixa totalmente de ouvir o som emitido pelo despertador a tocar, quando o grau de rarefacção do ar dentro da campânula já é suficiente para impedir a transmissão das vibrações entre moléculas de ar vizinhas.

O som também se propaga através de outros meios materiais. Por exemplo, na experiência anterior, ele propaga-se através do vidro da campânula (quando dentro desta ainda há ar com densidade suficiente para que o som emitido pelo despertador se propague até ao vidro).

O som propaga-se através do tampo de uma mesa, por exemplo. Poderão os alunos experimentar encostar o ouvido à mesa e ouvir o som que resulta de um pequeno movimento da mão de um colega que com a unha raspa, ao de leve, o outro extremo da mesa. Todos se lembram (leram ou viram em filmes) que os índios na América encostavam os ouvidos aos carris do comboio, quando queriam saber a que distância é que este se encontrava – através da intensidade do som escutado, tinham informação sobre a sua maior ou menor proximidade. Como veremos, a intensidade de uma onda sonora está relacionada com a quantidade de energia transportada. Mas mesmo sem conhecimentos científicos, os índios já usavam (empiricamente, isto é, apenas baseados na sua experiência do dia a dia) o facto do som ter melhores condições de propagação através dos sólidos que através do ar – neste caso, com a vantagem acrescida da propagação do som através dos carris ser a uma dimensão, portanto sem diminuição da respectiva intensidade apenas por se espalhar em todas as direcções pelo ar).

Velocidade de propagação do som

É um facto bem compreensível que o som se propague melhor e com maior velocidade através dos sólidos, sendo também melhores as condições de propagação nos líquidos que nos gases. Porquê?

Porque os sólidos são os meios em que os átomos constituintes da matéria estão mais próximos uns dos outros (com excepção da água um pouco abaixo do ponto de congelamento, o estado sólido é o estado em que qualquer tipo de matéria tem maior densidade). Além disso, nos sólidos (não amorfos) há um elevado grau de ordem na distribuição dos átomos (ou moléculas) seus constituintes, de modo que a interacção elástica entre os constituintes que vibram, conveniente para uma boa propagação do som, é mais facilitada.

A velocidade de propagação do som no ar, em condições normais de pressão e temperatura (a pressão e a temperatura contribuem para a densidade do ar, logo influenciam o valor da velocidade de propagação do som), é de 340m/s, sendo de cerca de 1000m/s nos líquidos e de cerca de 5000m/s nos sólidos.

Sem perder a generalidade dos conteúdos a tratar, vamos, no entanto, a partir de agora considerar sempre exemplos de propagação do som no ar. São estas as situações mais vulgares, portanto também as mais familiares para os alunos.

Emissão (origem) de sons, percepção (detectores) de sons, sons agudos e sons graves

Tal como qualquer onda mecânica, os sons que ouvimos são, em geral, produzidos por uma perturbação ao estado de movimento das moléculas de ar num determinado local. Em condições normais e em equilíbrio térmico, as moléculas de ar têm movimentos mais ou menos ao acaso, em todas as direcções e sentidos. Mas podem ser postas a vibrar em torno de posições médias de equilíbrio. Como?

Lembremos o caso (deve voltar-se a fazer a experiência) em que se propagava num slinky uma onda longitudinal. Com a mola esticada e com um extremo na mão de um aluno, juntavam-se, no outro extremo, algumas espiras da mola, largando-as de seguida. Esses movimentos sucessivos de compressão e rarefacção das espiras da mola deslocavam-se ao longo de toda a mola.

O mesmo acontece quando se provoca num determinado ponto (pequeno volume) do espaço uma *compressão na distribuição das moléculas* de ar (cuidado, não são as moléculas que são comprimidas, no sentido de ficarem distorcidas; apenas se aproximam mais umas das outras). Isto pode ser devido a um qualquer movimento, mais ou menos brusco, de um corpo no ar.

Por exemplo, quando se move uma mão no ar, origina-se uma compressão na distribuição das moléculas de ar à frente da mão (e uma descompressão na distribuição das moléculas de ar atrás dela). Este movimento provoca (faz com que seja emitida) uma onda sonora? Dir-se-ia que não, visto que *ninguém ouve* qualquer som originado pelo movimento da mão... Mas será que o facto de não se ouvir um som implica que ele não exista?

Como se ouve? Dizemos que ouvimos quando, através dos nossos *ouvidos*, são comunicadas informações ao cérebro. Nesta altura vem a propósito fazer a descrição resumida da constituição do ouvido humano. A parte fundamental do ouvido é a *membrana do tímpano* que pode vibrar e através da qual a informação é transmitida ao cérebro. Sabendo já que o som resulta da propagação de uma onda mecânica, constituídas pelas vibrações das partículas do meio em que se propaga, não será difícil de compreender que – estando o nosso ouvido cheio de ar – as vibrações que se propagam pelo ar vão atingir as membranas dos tímpanos e, eventualmente, permitem-nos ouvir.

Mas, acontece que nem todas as ondas mecânicas que se propagam pelo ar e atingem os nossos tímpanos, são transmitidas ao cérebro pelo ouvido e interpretadas como sensações sonoras. Isso justifica que, quando se move uma mão pelo ar, como descrito acima – embora se provoquem compressões e descompressões na distribuição das moléculas do ar, que se propagam sucessivamente aos conjuntos de moléculas vizinhas, e se possa dizer que se estão a produzir ondas mecânicas longitudinais – os ouvidos humanos não transmitem ao cérebro qualquer informação. Pode dizer-se que se estão a produzir *sons que não são audíveis por um ser humano*.

E quando se executa com a mão um movimento de vai-vem, oscilando periodicamente a mão para trás e para diante em torno de uma posição de equilíbrio? Mesmo assim, em geral não se ouve nada. Só passará a ouvir-se som se a frequência de oscilação (lembremo-nos que a frequência é igual ao número de oscilação completas num segundo) atingir, pelo menos, um valor perto de 16 oscilações por segundo (frequência de 16Hz). De facto este é o valor limite inferior das *frequências audíveis* por um ser humano.

Como se compreende, esta frequência – 16 oscilações completas num segundo – é demasiado elevada para ser possível atingi-la com os movimentos das mãos. Mas pode ser atingida, por exemplo, com uma lâmina (uma régua, por exemplo, de preferência metálica) presa num extremo e com o outro extremo a oscilar devido a uma pequena pancada; ou com uma corda metálica presa nos dois extremos, que é dedilhada mais ou menos no centro; ou com um tambor sobre cuja pele se bate com um pequeno martelo de feltro.

Todos estes são exemplos de produção de sons audíveis: eles são originados por corpos que vibram no ar com determinadas frequências, comunicando às partículas do ar suas vizinhas movimentos de vibração que estas comunicam às outras, e às outras... sempre com as frequências das vibrações originais – nestes casos frequências audíveis – até que as ondas sonoras atingem os nossos ouvidos. Nestes, as vibrações que se propagam são comunicadas às membranas do tímpano. Estas transmitem a informação ao cérebro, que a interpreta como sensações sonoras diferenciadas.

Também se podem produzir sons, e todos nós já os ouvimos, com um pacote que rebenta, um foguete que estoira ou um trovão. Em todos estes casos os sons são provocados por movimentos bruscos originados em determinadas zonas do ar, nas duas últimas situações devidos a expansões bruscas de volumes de ar provocadas por enormes aumentos da temperatura local. Nestas circunstâncias as ondas sonoras provocadas, que se propagam pelo ar, não são periódicas mas podem ser consideradas uma sobreposição de ondas periódicas com diversas frequências.

Os limites de percepção de sons por um ser humano, em termos de frequência, são cerca de 16Hz e cerca de 20000Hz, mas dependem no entanto também da intensidade dos sons que correspondem a cada uma das frequências. Conforme os sons têm frequências mais baixas ou mais elevadas, são percebidos como sons mais *graves* ou mais *agudos*.

Vibrações sonoras com frequência inferiores a limite mínimo audível chamam-se *infrasons*. No caso de terem uma frequência superior ao limite máximo audível, denominam-se *ultrasons*.

Os infrasons e os ultrasons não são detectados pelos ouvidos dos seres humanos – estes não os ouvem. Mas podem ser detectados pelos ouvidos de outros animais.

Intensidade do som e surdez

A intensidade do som está relacionada com a quantidade de energia transportada na onda sonora. Como já vimos, para qualquer onda mecânica a energia transmitida está directamente ligada ao valor da amplitude de vibração dos constituintes do meio através dos quais se propaga essa onda.

Os sons podem ser tão pouco intensos que, mesmo atingindo os nossos ouvidos, as vibrações de pequena amplitude das moléculas do ar não conseguem fazer vibrar a membrana do tímpano. Neste caso, não os ouvimos. Por outro lado, os sons muito intensos a propagar-se no ar correspondem a elevadas amplitudes de vibração das moléculas do ar através das quais eles se propagam. Quando estes sons atingem os nossos ouvidos, a membrana do tímpano é suscitada a vibrar com grande amplitude. Isso não é biologicamente possível sem uma sensação dolorosa.

Numa resposta de defesa intuitiva, aos primeiros contactos com sons de intensidade demasiado elevada a membrana do tímpano retrai-se no sentido de não vibrar com tanta amplitude. Como consequência, ao fim de alguma exposição a sons muito intensos a membrana do tímpano perde parte da sua elasticidade (desenvolve uma estrutura endurecida) de modo que perde a capacidade de vibrar para sons pouco intensos. Fica-se parcialmente *surdo*.

Este é um dos problemas de certos trabalhadores, forçados a permanecer num ambiente de trabalho com elevada intensidade sonora (por exemplo, nas fábricas de têxteis ou em oficinas mecânicas). Nestas condições, devem fornecer-se aos trabalhadores protecções adequadas para os ouvidos.

Mas actualmente a tendência para a surdez é também um problema relativamente grave para muitos jovens, que apreciam e se expõem a sons musicais demasiado intensos, ou mesmo a sons de intensidade normal mas produzidos tão perto da membrana do tímpano que a fazem retrair e "calejar".

Timbre dos instrumentos musicais, sons musicais e ruídos

Cada nota musical corresponde a uma determinada frequência fundamental de vibração. Esta frequência é característica dos diapasões, instrumentos que são construídos para a emitir quando percutidos com um pequeno martelo de feltro. Existem diapasões adequados às várias frequências das notas musicais.

Qualquer instrumento musical tem de ser afinado. Vejamos porquê. Por exemplo, muitos instrumentos usam fios metálicos para produzir os sons desejados – é o caso de uma guitarra, um piano, ... – e a frequência da onda sonora provocada pela vibração de um fio metálico depende do tipo de fio usado mas também da tensão a que ele está sujeito nas suas extremidades. Assim, é frequente ver um guitarrista a "apertar as cordas" da sua guitarra. De facto, está a aumentar a tensão (de distensão) aplicada nos extremos das cordas. Um instrumento é, em geral, afinado através da comparação do som que emite com o som emitido por um diapasão correspondente à mesma nota musical.

Quando se tocam diversos instrumentos em conjunto, numa orquestra por exemplo, é necessário afiná-los uns em relação aos outros antes do espectáculo. Tem de se ter a certeza que quando se supõe que dois deles tocam, por exemplo, um mesmo *dó*, ambos têm de emitir um som correspondente exactamente à mesma frequência fundamental.

Mas todos conseguimos distinguir um piano ou uma guitarra a emitir o mesmo *dó*. Dizemos que os instrumentos diferentes têm *timbres* diferentes. De facto eles emitem um som correspondente à mesma frequência fundamental (o mesmo dó), mas emitem-no sobreposto a outros sons com frequências múltiplas da fundamental, chamados *harmónicos*. E cada instrumento, devido à sua constituição e à forma da sua "caixa-de-ar" (caixa de ressonância), emite diferentes conjuntos de harmónicos para o mesmo som fundamental. A onda resultante da sobreposição de uma frequência fundamental com as dos seus harmónicos (ondas de frequência dupla, tripla, etc.) ainda é uma onda periódica, com a mesma frequência do som fundamental (embora já não seja uma onda harmónica simples ou sinusoidal).

É precisamente o facto de uma onda emitida por qualquer emissor ser ou não periódica que permite que o nosso ouvido distinga entre *sons musicais* (ondas periódicas), agradáveis ao ouvido humano, e *ruídos* (ondas não periódicas, que, portanto, não são apenas sobreposição de sons harmónicos de determinados sons fundamentais), mais ou menos desagradáveis ao ouvido humano.

Eco

O *eco* é o resultado da reflexão do som por um obstáculo (constituído por pontos de outro meio que é muito difícil pôr a vibrar). Invertendo o sentido da sua propagação, o som "volta para trás" e é novamente percebido pelo nosso ouvido, que já o havia detectado inicialmente quando o som fora emitido. Por essa razão se liga o conceito de eco ao de repetição.

Como qualquer onda mecânica, todas as vezes que o som se propaga no ar e encontra na sua propagação um meio tal que é difícil pôr a vibrar os seus pontos (como os constituintes da superfície de um sólido, por exemplo), pelo menos parte da onda sonora é reflectida. Lembremo-nos do que aconteceu com a onda que se propagava no slinky e que invertia o sentido da propagação sempre que atingia as espiras presas na mão do aluno.

Uma parede, principalmente uma parede muito lisa – que não absorve muito o som – reflecte quase totalmente as ondas sonoras que nela incidem. Isso levar-nos-ia a pensar que sempre que estamos num compartimento com paredes mais ou menos lisas – como acontece numa cozinha, por exemplo – devíamos ouvir o eco, porque o som emitido voltaria para trás e iria novamente fazer vibrar os nossos tímpanos... No entanto, é do conhecimento do nosso dia a dia que nem sempre se ouve o eco.

É verdade que o som emitido dentro de uma sala é parcialmente reflectido por qualquer parede lisa da mesma. O som reflectido (com uma intensidade tanto mais próxima da inicial quanto mais lisas forem as paredes) entra também nos nossos ouvidos. Mas se tal acontecer antes de se terem passado 0,1 segundos da percepção do som original, não nos apercebemos dos dois como sons distintos. Ou seja, para os nossos ouvidos eles são simultâneos, e ao nosso cérebro é transmitida uma única informação sonora.

Então a que distância tem de estar uma parede reflectora para se distinguir o eco do som original (só deste modo o nosso cérebro os interpreta como duas informações sonoras distintas, uma a seguir à outra)? É fácil fazer as contas com base no conhecimento do valor da velocidade de propagação do som no ar; o resultado obtido é 17m. Apenas para reflexões em obstáculos a distâncias superiores a este valor se ouvem distintamente o som original e o seu eco.

Mas em determinados salas com paredes muito lisas, mesmo com dimensões menores que 17m – como acontece em refeitórios ou em certos pavilhões polivalentes de muitas escolas – embora os sons reflectidos não se consigam distinguir perfeitamente dos sons originais, ao sobrepor-se ao som original com um atraso muito pequeno (inferior a 0,1 segundos) provocam o efeito de *reverberação*, que perturba mais ou menos fortemente as condições de audição entre os ocupantes dessas salas. Costumamos dizer que "há muito barulho de fundo". Assim, sempre que possível, devem ser evitadas as paredes lisas em salas comunitárias de dimensões apreciáveis. Já é frequente ver salas com estas dimensões com paredes parcialmente forradas a cortiça, paredes com estrias de madeira ou paredes alcatifadas. Todos estes tipos de paredes absorvem o som, não se produzindo reflexão apreciável.

O eco pode ser utilizado com vantagens óbvias no *sonar*. Através do eco provocado por uma onda sonora emitida por um barco, devido a um obstáculo à sua propagação representado, por exemplo, por um cardume de peixes, pode localizar-se esse cardume e ir lá apanhar os peixes... Também o sonar permite localizar submarinos que queiram passar despercebidos...

O eco também é usado na ecografia. As ondas sonoras (neste caso com frequências muito elevadas, características dos ultrasons) enviadas a partir de uma fonte através dos tecidos do corpo humano, podem ser parcialmente reflectidas por um corpo de maior densidade encontrado no seu caminho de propagação. Voltando para trás, dão indicações não só sobre a localização desse corpo que as reflectiu, como também sobre a sua dureza ou opacidade à continuação da propagação das ondas sonoras... Essa informação é fundamental para um médico, que a pode comparar com o modo como as ondas sonoras se comportam quando atravessam ou são reflectidas por diversos tipos de tecidos humanos.

Difracção do som

A este nível não tem sentido falar aos alunos dos Ensino Básico sobre a *difracção do som*. No entanto é conveniente que os professores tenham a capacidade de estabelecer relações entre os vários assuntos de Física com os quais vão ter de lidar, para melhor poderem esclarecer os seus alunos no caso de surgirem dúvidas sobre situações que têm de ser clarificadas. Nesse sentido vão as notas que se seguem.

Em geral, ao encontrar um obstáculo (ou orifício) com dimensões finitas, o som contorna esse obstáculo. Por exemplo, o som emitido por alguém que fala num corredor propaga-se em linha recta até às paredes e às portas desse corredor. No entanto se uma porta estiver aberta, o som contorna a parede entrando pela porta, sendo possível que todas as pessoas dentro de uma sala o ouçam. Ou seja, o som não se propaga apenas na linha recta definida pela fonte sonora e por uma pessoa que estivesse dentro da sala junto à porta, de modo a poder ver a fonte emissora.

É esse facto que permite que – mesmo em duas salas de aula separadas por paredes mais ou menos insonorizadas – uma pessoa que esteja numa sala ouça distintamente alguém que fala na sala ao lado, *se as portas estiverem abertas*. O som emitido por quem fala, em vez de apenas continuar a propagar-se pelo corredor em frente à porta aberta, contorna as paredes e continua a propagar-se em todas as direcções dentro da sala ao lado.

Estabelecendo uma comparação, sabemos que *tal efeito não se passa com a luz*. Por exemplo, um observador não recebe nos seus olhos informação luminosa sobre qualquer objecto que esteja numa sala ao lado daquela em que se encontra, a não ser que chegue perto da porta e esse objecto esteja em linha recta com os seus olhos, mesmo em frente da porta aberta da sala. Concluindo, o *som contorna os obstáculos* (difracta-se) e *a luz*, em condições normais de observação, *propaga-se em linha recta* (nestas condições, não se difracta).

A explicação para estes diferentes comportamentos está na comparação entre as ordens de grandeza
- dos comprimentos de onda das ondas sonoras (cerca de 1 metro),
- ou dos comprimentos de onda da luz visível (ondas electromagnéticas com comprimentos de onda menores que 10^{-6}m),

e as ordens de grandeza das dimensões dos orifícios (neste caso a porta) pelos quais vão passar as ondas.

Quando estas duas ordens de grandeza são iguais, há difracção das ondas que se propagam – é, em geral, o caso das ondas sonoras. Quando as dimensões dos "orifícios" entre obstáculos forem muito maiores que o comprimento de onda das ondas que se propagam aproximando-se desses orifícios, as ondas passam em linha recta pelos orifícios – é, em condições gerais de observação, o que acontece com a luz visível. Como veremos, é este comportamento que dá origem à formação de sombras.

Comprimento de onda das ondas sonoras

Para se fazer um cálculo da ordem de grandeza dos comprimentos de onda das ondas sonoras usa-se o conhecimento da sua velocidade de propagação no ar (cerca de 340m/s) e o de qualquer frequência característica de uma nota musical, por exemplo 440Hz. Para estas ondas, aplicando a expressão (9.2) obtém-se:

$$\lambda = \frac{V}{f} \quad \rightarrow \quad \lambda = \frac{340}{440}\text{m} \quad \rightarrow \quad \lambda = 0,77\text{m}$$

o que nos permite afirmar que, em condições gerais, as ondas sonoras são difractadas pelos obstáculos e orifícios de dimensões macroscópicas que encontram no seu caminho, contornando-os.

10. LUZ E VISÃO (ÓPTICA GEOMÉTRICA)

Introdução

Este tema – *luz e visão* – faz parte do programa obrigatório do 7º / 8º anos de escolaridade do Ensino Básico. Numa perspectiva de formação básica, esta associação de conceitos tem toda a razão de ser. De facto, para qualquer pessoa, o conceito de luz está muito ligado ao de visão. Quando se pergunta a alguém "*o que é a luz?*" a resposta "*é o que nos permite ver*" é, decerto, a que primeiro ocorre a qualquer cidadão comum.

Por outro lado, *ver* é uma das maneiras mais importantes de receber informação sobre o que nos rodeia. Será interessante fazer os alunos reflectir sobre esse processo, com o qual estão tão habituados a conviver desde que nasceram mas que, muito provavelmente, nunca se lembraram de pensar como funciona.

A proposta de abordagem que se segue é desenvolvida numa perspectiva de utilizar os conhecimentos mais ou menos intuitivos que os alunos já têm, de lhes chamar a atenção para alguns comportamentos da luz – sempre com uma profunda preocupação da sua ligação a fenómenos com os quais os alunos (e os professores) contactam no dia a dia – e, naturalmente, de tentar corrigir, sempre que necessário, algumas noções cientificamente incorrectas.

Para atingir os objectivos indicados, o tratamento que se propõe nesta unidade é fundamentalmente empírico – muito baseado em experiências que se podem efectuar com os alunos ou propor que eles efectuem. Entende-se que o conceito de onda electromagnética é demasiado abstracto para ser apreendido, com alguma profundidade, por alunos destas idades. Portanto, quase todas as considerações que se fazem nesta secção têm como base a óptica geométrica. Um tratamento da luz como onda electromagnética, conteúdo de um modelo físico de explicação de comportamento da natureza, será abordado noutra secção.

Partindo de algumas analogias entre o som e a luz, apenas se introduzirão, de modo mais ou menos leve, as noções de propagação da luz e de velocidade de propagação. Ter-se-á o cuidado de chamar a atenção dos alunos para o facto das ondas de luz terem, nalguns aspectos, um comportamento muito diferente do das ondas mecânicas, anteriormente abordadas como ponto de partida para o tratamento do som.

Uma opinião pessoal: se os alunos, nos níveis de 7º / 8º anos de escolaridade, ficarem com as noções desenvolvidas nesta secção, não será necessário "bombardeá-los" com conceitos ondulatórios, difíceis de entender nestas idades uma vez que envolvem noções demasiado abstractas – para a compreensão das quais a maioria destes alunos ainda não desenvolveu capacidades nem adquiriu conhecimentos suficientes.

Porque é que se vê?

Esta questão, colocada aos alunos na sala de aula, poderá provocar respostas do tipo: "porque há luz, ..." ou "porque temos os olhos abertos ...". Com base na sua intuição, os alunos podem ser levados a concluir que, para que consigam ver alguma coisa, *é necessário que haja luz e que ela entre nos seus olhos*.

Há alunos que pensam que a luz poderá ser algo que *sai dos nossos olhos* e vai embater nos objectos, permitindo-nos vê-los. Neste caso, se forem solicitados a fazer um esquema explicativo da visão, eles desenharão linhas a sair dos olhos de um observador, dirigindo-se para os objectos. Por palavras ou através de símbolos, essas linhas conterão informação sobre o sentido que lhes atribuem.

Esta maneira de explicar a visão tem semelhanças com a utilizada por distintos autores da Antiguidade. Também neste campo da Física se nota que muitas das afirmações intuitivas dos alunos de hoje têm algo de comum com as explicações ainda incipientes, sob o ponto de vista científico, de alguns antigos pensadores ou filósofos.

Como sabemos, pode considerar-se que a ciência física, com a inerente necessidade de comprovação experimental e de aceitação por toda a comunidade científica, só começou a ser desenvolvida a partir dos estudos de Galileu, no século XVI. Mas já muito antes alguns autores se tinham preocupado em entender diversos aspectos do comportamento da Natureza. O método por eles utilizado não era científico, sendo fundamentalmente baseado na observação, na intuição e no debate de ideias com os seus seguidores. Assim, não é de estranhar que, hoje em dia, se obtenham algumas respostas intuitivas a questões deste tipo, com semelhanças com os primeiros conceitos pré-científicos de autores antigos.

Para levar os alunos a ficarem convencidos que *a luz é algo que vem de fora e entra nos nossos olhos* (trazendo informação sobre o exterior) pode desenvolver-se o seguinte raciocínio: "se a luz saísse dos nossos olhos para ir tocar nas coisas e voltar, trazendo informação sobre elas, poderíamos ver os objectos colocados num quarto escuro, sem qualquer outra luz. Abríamos os olhos, a luz saía deles e iria tocar nos objectos, permitindo-nos que os víssemos".

Todos os alunos sabem que, num quarto escuro, mesmo com os olhos abertos, não vemos nada. Para ver temos de abrir uma janela (*para que entre a luz do Sol*), ou acender um candeeiro (*para com a luz que vem dele iluminar os objectos à nossa volta*). Assim, terão de aceitar que é necessário que haja luz (com origem em qualquer tipo de fonte exterior ao observador) para que os vários objectos enviem, através dela, informação variada para os nossos olhos.

Depois da luz entrar nos olhos de um observador, a informação transportada vai ser comunicada ao seu cérebro através de sensores e terminações nervosas que existem no fundo dos olhos. Assim, *ver* os corpos significa receber no cérebro informação sobre eles, transportada através da luz que vem dos corpos e entra nos olhos do observador.

Corpos luminosos e iluminados

De facto *só se vê se houver luz*. De dia vemos porque há luz, a que vem do Sol, e de noite temos de acender uma lâmpada para podermos ver, por exemplo, uma mesa.

Portanto podemos ver *corpos luminosos* (o Sol ou o candeeiro aceso numa sala), mas também podemos ver *corpos iluminados* (pela luz do Sol ou pela luz emitida pelas lâmpadas eléctricas ou pelos fósforos, quando acesos). Além disso há corpos que ora se comportam como sendo luminosos ora como iluminados, dependendo das condições em que estão. Por exemplo, um candeeiro ou um fósforo, apagados, só podem ser vistos se forem iluminados pela luz do Sol (de dia) ou pela luz emitida por qualquer outro corpo luminoso.

É relativamente fácil fazer os alunos compreender as noções de *corpos luminosos* (fontes de luz, ou seja, corpos que, devido a determinadas características, emitem luz própria, como o Sol, ou uma lâmpada ou um fósforo, acesos) e de *corpos iluminados* (corpos que têm de receber luz dos corpos luminosos e a *difundem* para os nossos olhos, para que os possamos ver).

Visão

Dizemos que, para ver, é necessário que haja luz. Mas só vemos quando a informação luminosa pode entrar nos nossos olhos. Só vemos se os olhos estiverem abertos. De facto, tal como os *ouvidos* e as suas ligações biológicas ao nosso cérebro funcionam como os nossos *sensores do som*, os *olhos* funcionam como nossos *sensores da luz*. Fechando os olhos, estamos a impedir esses sensores de actuar. É curioso que possamos fechar os olhos e não seja possível "fechar os ouvidos"...

Pode então dizer-se que a luz se *propaga* dos corpos que observamos para os nossos olhos. Mas será que ela se propaga apenas em determinadas direcções, ou seja, partindo dos objectos apenas para os olhos de alguns observadores?

Pensando um pouco na nossa experiência do dia a dia podemos afirmar que a luz se propaga a partir dos corpos (luminosos ou iluminados) em *todas as direcções*. A verdade é que *todos* os alunos podem, *simultaneamente*, receber a informação luminosa que vem, por exemplo, da estante que está na parede ou do livro que a professora tem em cima da mesa. Outro exemplo que confirma esta mesma conclusão é o facto da luz – que, por exemplo, numa sala, à noite, vem da lâmpada de um candeeiro acesso – *iluminar tudo o que está à sua volta*, e não apenas alguns corpos em direcções determinadas.

Propagação rectilínea da luz, raios de luz

O conceito de propagação rectilínea da luz é fundamental para se compreenderem muitos fenómenos luminosos do nosso dia a dia, explicáveis através da óptica geométrica. Este conceito é bastante intuitivo e fácil de demonstrar.

- É intuitivo porque – embora não se tenha uma percepção muito clara das razões por que o fazemos – sempre que vemos uma coisa e desejamos agarrá-la, dirigimo-nos para ela como se ela estivesse exactamente no prolongamento da linha recta desenhada a partir dos nossos olhos até ao sítio em que a vemos. E em geral ela está lá. É exactamente esta "convicção" que dá origem a uma certa frustração quando, por vezes, batemos num espelho que se encontrava na nossa frente e no qual não tínhamos reparado...

- É fácil de demonstrar experimentalmente. Basta, para tal, ter vários cartões opacos com um orifício e, olhando através deles, tentar ver um corpo que se encontra do outro lado do conjunto dos cartões. Quando é possível desenhar uma linha recta através de todos os orifícios dos cartões, e a linha toca no corpo, colocando os olhos no prolongamento dessa linha, vê-se o corpo. Caso contrário, não é possível ver o corpo. A experiência de alinhamento dos orifícios e dos olhos pode ser ilustrada com um arame que passe através dos vários orifícios dos cartões.

Está então verificado empiricamente (com base na experiência) que *a luz se propaga a partir dos corpos luminosos ou iluminados, em todas as direcções e em linha recta*.

Consideremos então que estamos a observar um corpo, luminoso ou iluminado. Se imaginarmos uma circunferência desenhada à volta dele, de modo que o corpo observado se encontra no centro da circunferência, sabemos que a partir do corpo se propaga luz em *todas as direcções* – caso contrário nem todos os observadores à sua volta poderiam vê-lo – as quais podemos fazer coincidir com os raios dessa circunferência imaginária. Então não é de estranhar que se diga que de um corpo, luminoso ou iluminado, saem *raios de luz*, que podem ser desenhados como linhas rectas (imaginárias) que partem dos corpos com o sentido de se afastarem deles, portanto com a direcção e sentido da propagação da luz. Se alguns desses raios de luz entrarem nos nossos olhos, vão permitir que vejamos o corpo que os emitiu (se for luminoso) ou difundiu (se estiver a ser iluminado).

Corpos transparentes, opacos e translúcidos

Uma outra noção que deve explorar-se é a de corpos ou meios transparentes, translúcidos e opacos. Esta é uma caracterização de cada corpo ou meio, baseada no modo como a luz se propaga (ou não) através dele, ou seja, como através dele podemos, ou não, ver objectos colocados do outro lado.

Os *meios transparentes* são os que se deixam atravessar pela luz (por exemplo, os vidros transparentes de uma janela, a água límpida, o ar que nos rodeia). Os *meios opacos* não deixam que a luz os atravesse (por exemplo, os cartões da experiência anterior, um livro, as paredes de uma casa). Os *meios translúcidos* deixam passar alguma luz mas não nos permitem obter, através deles, informação distinta sobre os corpos que estão do outro lado (por exemplo as nuvens, que deixam passar alguma luz do Sol, mas não nos permitem ver o Sol ou um avião que voa sobre a nuvens, ou um vidro fosco da porta de uma sala, através do qual passa a luz que vem da sala iluminada, mas não passa informação sobre os vários objectos que se encontram lá dentro.

É óbvio que a *luz*, além de se propagar através de corpos ou meios transparentes e translúcidos, também *se propaga no vazio*, isto é, no espaço em que não há qualquer meio material. Se tal não acontecesse, a luz do Sol não podia chegar até nós.

A atmosfera, zona acima da superfície da Terra em que há ar, tem uma extensão em altura de algumas dezenas de quilómetros (com características semelhantes às das camadas mais próximas da Terra), para lá dos quais fica muito rarefeita e acaba por desaparecer. Fora da camada atmosférica, entre os astros, há apenas espaço vazio. E, no entanto, a luz vinda do Sol chega até nós. Então temos de aceitar que a luz é capaz de atravessar o espaço vazio, ou seja, não precisa da existência de um meio material para se propagar.

Essa é uma das diferenças importantes entre a luz e o som (que, como sabemos, se transmite através de ondas mecânicas, as quais necessitam de um meio material para se propagarem). Este facto leva-nos a concluir que *a luz, embora se propague entre os objectos e os nossos olhos – e, como tal, possa ser entendida como uma onda – não é uma onda mecânica.*

Velocidade de propagação da luz

Atendendo às considerações feitas até aqui, podemos atribuir à luz algumas características dos movimentos ondulatórios, embora já saibamos que a luz não pode estar relacionada com ondas mecânicas. Sem nos preocuparmos por agora com discussões sobre a possibilidade de existirem outros tipos de ondas, já verificámos que, nas condições normais de observação dos objectos, a luz se propaga em linha recta entre as fontes luminosas e os objectos iluminados ou entre os objectos, luminosos ou iluminados, e os nossos olhos.

Como consequência do estudo anterior sobre os movimentos ondulatórios, efectuado a propósito do som, sabemos que implícita na noção de *propagação* de uma onda está a noção de *velocidade de propagação*.

Seja qual for a origem das ondas de luz, a sua velocidade de propagação tem de estar relacionada com o tempo que a luz leva a deslocar-se entre uma fonte luminosa e um objecto a uma determinada distância, o qual vai ser iluminado pela luz emitida pela fonte.

Por exemplo, quando acendo uma lâmpada num corredor, quanto tempo leva a luz a deslocar-se da lâmpada até uma parede ao fundo do corredor e a voltar dessa parede para entrar nos meus olhos, permitindo-me ver a parede iluminada? Isto é, depois de mover o interruptor, ao fim de quanto tempo é que se vê a parede? Todos nós já experimentámos uma situação semelhante a esta. O intervalo de tempo que decorre depois de ligar o interruptor até ver a parede é tão pequeno que os dois efeitos nos parecem simultâneos.

Este facto é uma consequência da velocidade de propagação da luz ser extremamente elevada. Para termos uma ideia concreta, consideremos alguns valores numéricos. Entre o instante em que se acende uma luz perto de nós e o instante em que essa luz – depois de ter atingido o fundo de um corredor comprido, à distância de 15m da lâmpada, e de ser difundida pela parede – entra nos nossos olhos, passa um intervalo de tempo de 0,0000001 segundos! Não admira que os dois efeitos nos pareçam simultâneos.

A velocidade de propagação da luz no vazio, em geral indicada pela letra c, é semelhante à velocidade de propagação da luz no ar. O valor dessa velocidade é $c \approx 300000000 \, \text{ms}^{-1}$. Em qualquer meio transparente, como por exemplo o vidro ou a água, a velocidade de propagação da luz é um pouco inferior ao valor de c.

Nota: Para caracterizar a *velocidade de propagação da luz* em qualquer meio, é vulgar indicar-se apenas um valor escalar positivo. Sabendo que uma velocidade é um vector, como é que podemos indicar uma *velocidade* apenas por um escalar positivo? Não deveríamos também indicar sempre a direcção e o sentido desse vector?

Isso é, de facto, verdade para qualquer vector. Mas no caso da velocidade da luz – que caracteriza o modo como a luz se propaga – já sabemos que ela se propaga *em todas as direcções* e que o *sentido de propagação é o da emissão ou difusão pelo objecto* (real). Estas duas informações estão contidas na representação gráfica de qualquer raio luminoso, que se dirige de um objecto (real) para o observador. Assim, tudo o que resta saber sobre a velocidade da luz é o seu módulo. Este, como vimos, difere consoante o meio material transparente em que a luz se propaga.

Como consequência, em casos gerais a velocidade da luz é caracterizada apenas por um escalar positivo, uma vez que as outras duas características – direcção e sentido – estão, nestes casos, bem definidas em todas as situações concretas que possamos considerar.

Sombras

A luz propaga-se em linha recta desde uma fonte luminosa até um corpo iluminado por ela. Mas o que acontece se no caminho da luz se interpuser um corpo opaco? A luz não pode atravessar corpos opacos (não se propaga nesses corpos), de modo que não pode ir iluminar qualquer outro corpo, *A*, que esteja atrás de um corpo opaco *B*. Diz-se que o corpo *A* está na *sombra* do corpo *B*.

Como a luz se propaga em linha recta, é muito fácil desenhar a sombra projectada, por exemplo, num passeio, por uma pessoa que se encontra no caminho da luz que vem de um único candeeiro perto dela.

Quando passeamos nas noites de verão é vulgar ver as nossas sombras, que se deslocam à medida que andamos pela rua. Elas são provocadas pelo facto de o nosso corpo, opaco à luz, se interpor no caminho rectilíneo da luz que vem do candeeiro da rua. O candeeiro envia raios de luz para todo o passeio e estrada. Podemos dizer que o nosso corpo impossibilita a propagação de alguns raios de luz, aqueles que estão a embater em nós e que não podem continuar o seu trajecto para ir iluminar a estrada (ou o passeio). Assim, na estrada fica desenhada a nossa sombra – à volta dela tudo está iluminado pelo candeeiro, mas não na zona à qual não chegam os raios de luz, visto que eles não podem passar através de nós.

Quando nos deslocamos, vamos evitar a propagação de outros raios enviados pelo candeeiro, deixando de estar no caminho de alguns que antes não se podiam propagar. Assim, a sombra também "se desloca". A sombra é então uma zona não iluminada (escura, porque não sendo luminosa e não estando a ser iluminada, não difunde luz para os nossos olhos) colocada atrás de um corpo opaco que está iluminado.

Compreendendo qual é a origem das sombras, podemos perceber que, para que uma sombra de um determinado corpo esteja bem definida, é conveniente que exista apenas uma fonte de luz, mais ou menos pontual, a iluminá-lo. Se existirem outras fontes de luz colocadas em vários sítios, a luz que vem de algumas delas irá iluminar (parcialmente) a zona que estaria na sombra originada pelo corpo opaco, no caminho dos raios luminosos vindos da primeira fonte.

Consideremos, por exemplo, a situação ilustrada na figura 10.1, na qual se representam duas fontes pontuais de luz, uma no ponto M e outra no ponto N. Coloca-se um livro entre as duas fontes e uma parede. Como consequência irá formar-se na parede uma "sobreposição de duas sombras do livro".

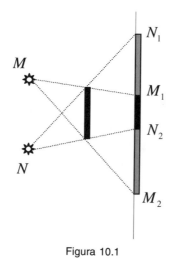

Figura 10.1

Com base na propagação rectilínea da luz, é fácil determinar a localização dessas sombras, que depende das posições relativas do livro e de cada uma das fontes. Na perspectiva do desenho, as sombras são representadas por segmentos de recta. Nesta representação
- se apenas existisse a fonte M, a sombra do livro teria como extremos os pontos M_1 e M_2;
- se apenas existisse a fonte N, a sombra do livro teria como extremos os pontos N_1 e N_2.

As duas sombras, correspondentes à existência simultânea das duas fontes, sobrepõem-se parcialmente. À zona compreendida entre os pontos M_1 e N_2 não chega qualquer luz. Essa zona estará na *sombra* (total). Fora de qualquer das zonas de sombra, isto é, na parede por cima de N_1 e por baixo de M_2, haverá uma *iluminação total*, pois quer os raios que vêm da fonte M quer os que vêm da fonte N, iluminam todos esses pontos da parede. Mas o que acontece com as zonas N_1M_1 e N_2M_2? Essas zonas estão parcialmente iluminadas. Apenas lá chegam *ou* os raios que partem de fonte colocada em M *ou* os raios que partem de fonte colocada em N. Diz-se que essas duas zonas, parcialmente iluminadas, estão na *penumbra*.

Por exemplo, quando passeando nas noites de verão passamos mais ou menos a meio entre dois candeeiros da rua, vemos duas sombras, uma à nossa frente e outra atrás de nós. É claro que a sombra à nossa frente é provocada pela intersecção do nosso corpo com os raios de luz que vêm do candeeiro atrás de nós, e a sombra de trás, pela intersecção dos raios que vêm do candeeiro do qual nos aproximamos. Na zona de sobreposição das duas sombras, não há luz (sombra total) mas os extremos das duas sombras são um pouco mais claros que a zona de sobreposição. Cada um desses extremos está (parcialmente) iluminado pela luz proveniente apenas de um dos candeeiros, ou seja, está na penumbra.

Há situações em que é necessário ter atenção à formação de sombras, como, por exemplo, nos teatros e em espectáculos nocturnos. Como, em geral, se pretende que não haja partes do palco na sombra, têm de se utilizar vários projectores, colocados em pontos estratégicos para que alguns "cubram as sombras" dos corpos em palco, que seriam provocadas pelos outros projectores. Cobrir uma sombra é, portanto, iluminar com outro projector a parte que ficaria na sombra causada pelo primeiro projector, devida, por exemplo, a uma cadeira de espaldar que se encontra no meio de uma sala e se interpõe no caminho dos raios luminosos.

Sabemos que num dia de verão, com muito Sol, é possível ver na rua "sombras" bem definidas. O que se vê é o contraste entre as zonas ao Sol, fortemente iluminadas, e as zonas debaixo das árvores, por exemplo, às quais não chega a luz vinda directamente do Sol, pois ela não consegue atravessar as copas das árvores, que são corpos opacos.

Mas nestas zonas não há uma ausência total de luz (não estão completamente negras). A elas chega uma reduzida iluminação vinda, por exemplo, da difusão da luz solar que bate nas paredes brancas de um prédio próximo. Por isso é possível, por exemplo, ver um cão debaixo de uma árvore.

Tal como as paredes difundem para os nossos olhos a luz solar que sobre elas incide – e portanto podemos ver as paredes – também a difundem em todas as direcções (o que permite que toda a gente na rua veja as paredes) chegando alguma luz difundida a toda a zona que se encontra debaixo da árvore.

Assim, o que vulgarmente se designa por *sombras* são muitas vezes apenas sombras parciais ou zonas de *penumbra*, ou seja, zonas às quais chega uma menor iluminação, vinda indirectamente através da difusão da luz por outros corpos que estão a ser iluminados por uma fonte luminosa muito intensa – o Sol.

Nos dias enevoados não se vêm sombras. Porquê?

Porque a luz solar, difundida através das nuvens, chega ao solo com uma intensidade reduzida e *vinda de todas as direcções*. Assim, tudo o que nos rodeia está como que iluminado por *milhares de projectores* (mais ou menos fracos, dependendo das nuvens serem mais ou menos espessas) *colocados em todos os pontos do espaço* acima das nossas cabeças. Havendo uma distribuição contínua de fontes de luz, não é possível haver qualquer zona mais iluminada que outra (a qual, em contraste, se poderia dizer que estava na "sombra").

Eclipses, sucessão de dias e noites

A sucessão dos dias e das noites, as fases da Lua e os eclipses da Lua e do Sol são apenas efeitos da existência de zonas iluminadas, ou não, pelo Sol, que podem ser visíveis, ou não, por observadores na Terra, e da formação de sombras de corpos que se interpõem no caminho dos raios solares.

A Terra e a Lua não são corpos luminosos. Mas podem ser iluminados pela luz que vem do Sol, um corpo luminoso. O luar é o efeito de difusão, pela Lua, da luz do Sol que nela incide.

Como a Terra é um corpo opaco, que se pode considerar aproximadamente esférico, o Sol apenas ilumina a parte da Terra que está virada para ele. Então, haverá sempre uma parte da Terra, do lado oposto à parte iluminada, que estará na sombra. Na zona em frente do Sol é *dia* e na zona do outro lado é *noite*. Como a Terra roda em torno de si própria – no seu permanente movimento de rotação com um período de 24 horas – em qualquer ponto da Terra os dias e as noites vão-se sucedendo, alternadamente.

O eixo de rotação da Terra não é perpendicular ao plano em que se pode considerar assente a sua órbita (com o Sol no centro). Como consequência, os dias e as noites não têm todos a duração de 12 horas, podendo ter durações muito diferentes nalgumas zonas da Terra. Outra consequência desta inclinação, é o facto da orientação dos raios solares em relação a qualquer zona da Terra também se alterar consoante a posição relativa da Terra e do Sol. Essa é a razão de haver uma diferença apreciável (maior nuns sítios que noutros) entre as intensidades da radiação solar recebida em cada zona da Terra em épocas diferentes, correspondentes ao Verão e ao Inverno locais. Também com base nela se explica o facto de, simultaneamente, poder ser Verão nuns locais da Terra e Inverno noutros.

Para que seja possível ver a Lua, que não é um corpo luminoso, ela tem de estar iluminada pelo Sol e os raios difundidos pela Lua têm de chegar aos olhos dos observadores na Terra.

Se a Terra se interpuser entre o Sol e a Lua, esta não poderá estar iluminada, ficando na sombra da Terra. Dizemos que há eclipse da Lua.

Se for a Lua, também um corpo opaco, que se interpõe entre a Terra e o Sol, poderá fazer com que parte da Terra fique na sua sombra. Nesse caso, os habitantes da Terra na zona que ficou totalmente na sombra da Lua não podem ver o Sol – para eles haverá um *eclipse total do Sol*. Devido às dimensões do Sol, da Lua, e da Terra e às suas distâncias relativas, em condições de eclipse do Sol haverá sempre regiões da Terra que estarão apenas na penumbra (apenas iluminadas por uma parte do Sol). Nestas zonas poderá ser visto um *eclipse parcial do Sol*. Ao mesmo tempo, noutras zonas da Terra não se observará qualquer eclipse. Estas zonas estão completamente iluminadas pelo Sol, ou seja, totalmente fora da sombra da Lua.

Para explicar todas estas noções aos alunos, aconselha-se a utilização de duas esferas de tamanhos diferentes, uma representando a Terra (caso seja possível, deverá utilizar-se um globo terrestre) e outra a Lua, e um candeeiro com um cartão opaco à frente, com um orifício (não demasiado pequeno), pelo qual sai a luz, representando o Sol. Para a representação ser mais correcta, deveria dispor-se de uma fonte de raios paralelos.

Numa sala escurecida, e, se possível, com paredes escuras – seria ideal uma câmara escura – poder-se-á:
- simular o efeito da sucessão dos dias e das noites e ilustrar a origem das suas diferentes durações em partes diversas do globo, devido à inclinação do eixo de rotação da Terra. Têm especial interesse as localidades perto dos pólos sul e norte da Terra.;
- chamar a atenção dos alunos para as diferentes inclinações dos raios solares em relação à superfície da Terra, em diferentes locais do globo, ligando-as ao facto de ser Verão ou Inverno nesses locais. Deve fazer-se notar que, por exemplo, quando é verão no Brasil é inverno em Portugal;
- simular as fases da Lua e os eclipses do Sol e da Lua. Deverá chamar-se a atenção dos alunos para o facto de o plano da órbita da Lua não coincidir com o plano da órbita da Terra. É por esta razão que não há um eclipse do Sol e da Lua todos os meses (um mês é aproximadamente o período de translação da Lua em torno da Terra).

Espelhos e reflexão da luz

Já vimos que, nas situações mais vulgares, a luz se propaga no ar a partir dos corpos luminosos ou iluminados, sendo a sua propagação rectilínea e em todas as direcções. Os raios luminosos que vêm dos corpos e entram nos nossos olhos permitem-nos vê-los. Mas há um fenómeno interessante que acontece com a luz, quando ela, vinda de um corpo luminoso ou iluminado, bate num *espelho*.

Todos sabemos o que é um espelho e os utilizamos diariamente. Considere-se então um espelho plano vulgar, e, numa sala escurecida, faça-se com que um pequeno conjunto de raios luminosos, *um feixe luminoso*, vindo de uma fonte luminosa razoavelmente intensa, bata no espelho. Verifica-se que esse feixe de raios não atravessa o espelho – o espelho é um corpo opaco – mas, em geral, desvia-se da direcção de propagação que trazia, continuando agora a propagar-se, ainda em linha recta, numa outra direcção bem definida, afastando-se do espelho. Diz-se então que *o espelho reflectiu a luz* ou que *a luz sofreu reflexão no espelho*.

Esta experiência deve ser efectuada na sala de aula escurecida, usando-se uma fonte de raios paralelos, dos quais se secciona uma pequena parte (um pequeno conjunto de raios luminosos, a que se chama *feixe luminoso*) que se faz incidir num espelho. Para uma boa visualização dos caminhos dos raios luminosos, deve colocar-se o espelho e a fonte de modo que os raios desenhem linhas sobre um papel branco colocado em cima da mesa da experiência.

Fazendo o raio luminoso (feixe de pequena abertura) incidir sobre o espelho segundo ângulos diferentes, facilmente se mostra aos alunos o conteúdo da *2ª lei da reflexão*: são iguais os módulos dos *ângulos de incidência* e de *reflexão*. Tal como a *normal* ao espelho no ponto de incidência, estes ângulos devem ser convenientemente definidos no início da experiência. Para ajudar a tirar as conclusões a que se pretende chegar, o papel branco sob a montagem pode ter linhas desenhadas, especificando vários valores angulares. É fácil mostrar que também se verifica a *1ª lei da reflexão*: o raio incidente, a normal ao espelho no ponto de incidência e o raio reflectido estão os três no mesmo plano (no plano do papel branco).

Pode aproveitar-se esta montagem para chamar a atenção dos alunos para o facto de, em condições usuais, *não vermos os raios de luz*, as linhas rectas que indicam as direcções e sentidos da sua propagação. Nesta experiência elas foram tornadas visíveis por estarem assentes no (iluminarem o) papel branco sobre a mesa. A verdade é que, embora saibamos que a luz entra pela janela, iluminando a mesa e as cadeiras de uma sala, não a vemos no espaço entre a janela e a mesa, por exemplo. Só notaremos que ela lá passa, se incidir nalgum objecto colocado no seu caminho, iluminando-o.

De facto, para visualizarmos os (o caminho dos) raios de luz é necessário que no seu trajecto estejam colocados corpos difusores, como são, por exemplo, as poeiras numa sala num dia de Sol em que temos as janelas entreabertas, o vapor de água das nuvens em determinados dias ao entardecer, quando o Sol se põe entre nuvens, ou o papel branco da nossa experiência realizada na aula. Estes corpos difusores enviam para os nossos olhos a luz que os ilumina, permitindo-nos que vejamos o caminho da luz na sua propagação rectilínea.

Objectos e imagens

Quando a luz é reflectida num espelho, o que acontece se colocarmos os olhos atrás do espelho, no caminho que a luz seguiria se o atravessasse? Nada. Não vemos senão a parte de trás do espelho. Não vemos o corpo que emitiu luz para o espelho. Como o espelho é opaco, a luz vinda do corpo não passa através dele.

Mas se tivermos os olhos na frente do espelho, na nova direcção de propagação da luz, obtemos informação sobre a fonte de luz (esta visualização "da fonte luminosa" deve ser apenas feita com uma fonte não muito intensa – uma vela, por exemplo – para não prejudicar os olhos dos observadores. Os professores têm obrigação de saber que do mesmo modo que não se deve olhar directamente para uma fonte intensa de luz, também não se deve olhar para a sua imagem!).

Mas "a vela" que observamos agora "parece-nos" estar num local diferente daquele em que se encontra o objecto luminoso inicial – parece-nos localizada por detrás do espelho! De facto estamos a ver a *imagem* da fonte de luz, dada pelo sistema óptico que é o espelho. Embora, neste caso – reflexão em espelho plano – essa imagem tenha características iguais às da própria fonte de luz, ela não está localizada na posição da fonte. Assim, é conveniente usar palavras diferentes para distinguir se nos estamos a referir à observação da própria fonte ou *objecto* (informação trazida pela luz que sai dele e entra directamente nos nossos olhos, sem passar por qualquer sistema óptico exterior a eles) ou à observação da sua *imagem* (informação trazida pela luz que entra nos nossos olhos apenas depois de ter passado pelo sistema óptico).

Para não haver confusões, a partir desta altura, quando fizermos a observação directa – olhando em linha recta para o objecto – passaremos a dizer que *vemos o objecto*. Desse mesmo objecto também sai a luz que vai incidir no sistema óptico (neste caso o espelho plano). Este, alterando a direcção de propagação da luz, forma uma *imagem* do objecto inicial. Se colocarmos os nossos olhos no novo caminho de propagação dos raios luminosos, *vemos a imagem* do objecto, dada pelo sistema óptico.

Como os espelhos planos dão de cada objecto uma imagem exactamente com as mesmas características geométricas do objecto original – embora formada num local diferente – por vezes confundimos uma imagem com a presença de um objecto e... batemos num espelho.

Todos os sistemas ópticos, ao alterar a direcção de propagação dos raios luminosos que neles incidem, formam imagens dos objectos que para eles enviam esses raios. Mas aos olhos de um observador pode chegar informação sobre essas imagens ou pode não chegar. Um observador só pode ver uma imagem dada por um sistema óptico se a luz que sai do sistema entrar nos seus olhos. Se a luz, vinda dos sistemas ópticos, não entrar nos olhos de qualquer observador, as imagens estão formadas – os raios luminosos entraram no sistema e saíram dele – embora não haja observadores em condições de observar essas imagens. É claro que o facto de não ser vistas não significa que as imagens não existam. (Se estivermos de olhos fechados, ou se não estivermos no trajecto dos raios luminosos que se deslocam em linha recta a partir dos corpos luminosos ou iluminados, também não vemos os objectos, o que não quer dizer que eles não existam!).

Imagens formadas por espelhos planos

No espelho plano, as imagens dos objectos que estão em frente do espelho, formam-se *para lá do espelho (atrás do espelho)*. A experiência anterior, efectuada na sala de aula, pode ser continuada com a utilização de um espelho semi--reflector (semi-transparente) que permite facilmente mostrar ao aluno que a imagem, por exemplo de uma vela, está exactamente à mesma distância do espelho (sempre medida na perpendicular ao espelho), que o próprio objecto, mas atrás dele.

Pode, a partir desta altura, desenhar-se a situação no quadro, em que toda a montagem é reproduzida como que vista de topo, sendo o espelho plano representado por uma linha recta.

É muito importante a introdução e compreensão do conceito de *normal ao espelho no ponto de incidência* dos raios luminosos. Além disso é fundamental mostrar aos alunos que *são necessários pelo menos dois raios luminosos* vindos de cada ponto do objecto – ou, em casos especiais, vindos apenas de alguns pontos especiais do objecto – para, através das leis da reflexão, se poderem localizar sem ambiguidades, as respectivas imagens (nos pontos de cruzamento dos raios reflectidos ou dos seus prolongamentos).

O aluno também deve perceber que, pelo facto de se considerarem *pontos* objecto e as respectivas imagens, não se perde a generalidade das conclusões a que se chegou antes. A verdade é que, caso seja necessário, o mesmo raciocínio pode ser feito sucessivamente para os vários pontos que constituem qualquer objecto com dimensões, reconstituindo-se a respectiva imagem também com dimensões.

Reflexão e difusão

Aproveita-se a oportunidade para chamar a atenção dos professores para os significados diferentes dos termos *reflectir* e *difundir*.

- *Um espelho reflecte*. Ao ser reflectida, a luz prossegue numa direcção bem definida (obedecendo às leis da reflexão) e continua a transportar informação sobre (a imagem do) o objecto de onde veio.

- Quando *um corpo difunde* a luz que nele incidiu vinda de uma fonte luminosa, ele não re-emite informação sobre a fonte original, mas sobre si próprio. A informação agora transportada propaga-se em todas as direcções (vários observadores, em diversos locais, podem ver o corpo iluminado que difunde a luz que nele incidiu).

Assim, olhando para um espelho – que *reflecte* a luz que nele incidiu – em frente do qual se encontra um candeeiro, posso ver a imagem do candeeiro com todas as características do próprio candeeiro. Mas, olhando para uma parede – que *difunde* a luz que nela incidiu – em frente da qual se encontra o mesmo candeeiro, só vejo a parede iluminada pela luz do candeeiro.

Portanto, *é incorrecto* dizer "*vejo os corpos porque eles reflectem a luz*". Vemos os corpos porque eles *difundem* a luz. Precisamente porque um espelho reflecte a luz e a sua moldura ou a parede a difundem é que não se vê o espelho; apenas se vê a moldura do espelho ou o resto da parede onde ele está inserido.

Nota: para distinguir os fenómenos da *difusão* e da *reflexão*, é correcto usar--se a terminologia *reflexão difusa*, para o primeiro, e *reflexão especular* para o segundo. Mas, numa preocupação de clareza pedagógica, deverá evitar-se utilizar a mesma palavra – frequentemente apenas o termo *reflexão* – para efeitos que têm consequências ópticas tão diferentes.

Espelhos curvos

As leis da reflexão, que já verificámos experimentalmente no caso dos espelhos planos, são válidas para qualquer tipo de espelho, portanto também para os espelhos curvos. No entanto, devido à sua geometria estes espelhos formam imagens com formas distorcidas, quando comparadas com as dos objectos originais. As imagens podem ser maiores que o objecto (ampliação de pormenores) ou menores (redução associada a um maior campo de visão – maior extensão da área visível), direitas ou invertidas. Consoante as especificidades dos espelhos e a colocação dos objectos em relação a eles, podem, por exemplo, servir de *retrovisores* em automóveis (caso em que a imagem pode ser menor que o objecto, pois o que interessa é que seja direita e o observador tenha um razoável campo de visão) ou de *espelhos de barbear* (neste caso, para além de formarem uma imagem direita, aumentam o tamanho de pormenores na imagem em relação aos mesmos no objecto original).

A melhor maneira de ilustrar estes factos é conseguida através da realização de experiências simples com os dois tipos de espelhos curvos, côncavos e convexos. Os alunos devem colocar vários objectos, luminosos ou iluminados, mais perto ou mais longe dos espelhos e anotar sistematicamente as características das imagens formadas em cada caso. Analisando os resultados, obtém-se informação sobre as características gerais das possíveis imagens dadas por espelhos destes dois tipos. Este estudo não deve ser muito pormenorizado nem muito exaustivo, devendo os alunos ficar apenas com a noção da existência de várias possibilidades e eventuais vantagens, ou desvantagens, de umas ou outras.

Dimensões de um sistema óptico e características das imagens

Quando se entendem as bases do processo físico subjacente à construção de uma imagem de um determinado objecto, dada por um sistema óptico, percebe-se que se taparmos uma parte do sistema óptico não ficaremos apenas com um pedaço de imagem. Por exemplo, tapando metade de um espelho curvo que nos está a dar a imagem de uma vela acesa não ficaremos apenas com a imagem de meia vela!

Mesmo com metade do sistema óptico tapado, *todos* os pontos da vela continuam a enviar raios luminosos para a parte destapada do sistema. Portanto, continuará a formar-se uma imagem completa da vela.

Mas então, será que ao tapar parte de um sistema óptico não há qualquer alteração nas características da imagem de um determinado objecto colocado na sua frente?

Veremos que há. De facto, nestas condições é menor a superfície do sistema à qual podem chegar os raios luminosos vindos do objecto. Então, a quantidade de raios enviada por qualquer ponto da vela, cuja direcção de propagação pode ser alterada pelo sistema, é agora menor – menos raios de luz vão contribuir para formar qualquer ponto da imagem da vela. Portanto a imagem formada nestas condições terá uma menor intensidade, isto é, parecerá menos luminosa, visto que resulta de um menor conjunto de raios enviados por cada ponto do objecto que foram reflectidos pelo espelho.

Refracção

Quando a luz a propagar-se num determinado meio material, como por exemplo o ar, encontra uma *superfície de separação bem definida* com outro meio material também transparente, em geral parte dela passará para esse segundo meio. Diz-se que a *luz foi refractada* ou sofreu *refracção*. A superfície de separação (bem definida) entre os dois meios chama-se *dioptro*. Tal como os espelhos, um dioptro pode ser plano ou curvo.

Mais uma vez a maneira mais útil de explorar o conceito de refracção da luz é através de realizações experimentais. Muitas escolas têm kits que possibilitam experiências de refracção.

Se tal não existir, qualquer caixa transparente de paredes planas mais ou menos finas pode encher-se de água e funcionar como a sucessão de dois dioptros planos. Pode utilizar-se apenas um desses dioptros, tapando a parede oposta com papel preto (colado por fora da caixa). Numa montagem sobre um papel branco, eventualmente com indicações angulares, podem facilmente medir-se vários ângulos de incidência e correspondentes ângulos de refracção (que devem ser convenientemente definidos de início). A partir de um quadro que se vai preenchendo com os resultados das medições, pode chegar-se à *2ª lei da refracção* ou lei de Snell.

Deve nesta altura definir-se o *índice de refracção*, como uma característica de cada meio opticamente transparente, que dá indicações sobre o comportamento da luz quando passa do ar para ele ou dele para o ar. A *1ª lei da refracção* também se verifica facilmente nesta experiência.

Um aspecto para o qual se deve chamar a atenção do aluno, e que se pode verificar na montagem experimental, é o facto de nem toda a luz ser refractada. Há sempre uma parte do feixe incidente que é reflectida pela superfície de separação que constitui o dioptro.

Passagem da luz através de corpos translúcidos

Deixemos aqui uma pequena nota sobre o que acontece quando a luz passa de um meio transparente para um meio translúcido, através de um processo a que se poderia chamar *refracção difusa*. É o que acontece, por exemplo, quando a luz vinda do Sol vai atravessar as nuvens antes de chegar à Terra.

Nestes casos não se podem aplicar as leis da refracção, pois não estando bem definida a superfície de separação entre os dois meios não se pode dizer que exista um dioptro. A diferença entre a *refracção difusa* e a *refracção através de um dioptro* (obedecendo às leis da refracção ou de Snell) é semelhante à que existe entre a *reflexão* da luz por um espelho e a sua *difusão* por um qualquer objecto.

Nos casos em que a luz, emitida ou difundida por um objecto, é *refractada* num dioptro, a informação que o feixe refractado transporta para o segundo meio (e, portanto, para os olhos de qualquer observador nesse meio) é a do objecto que lhe deu origem, por isso é possível formar-se uma imagem desse objecto. Por exemplo, à beira de um lago de águas claras um observador pode ver a imagem de uma pedra no fundo do lago. Mas quando a luz passa através de um meio translúcido, ela é como que *difundida através* desse meio, perdendo a informação original e passando a transportar apenas informação sobre o meio em questão.

Como vimos, esta última situação ocorre quando a luz do Sol tem de atravessar as nuvens. Quando a luz chega aos olhos dos observadores por baixo das nuvens, estes não vêm qualquer imagem do Sol. Apenas vêm as nuvens.

Reflexão total e fibras ópticas

Como consequência das leis da refracção, em condições gerais quando a luz que se propaga num meio numa determinada direcção e sentido encontra a superfície de um dioptro, parte dela vai passar para o segundo meio aproximando-se ou afastando-se da normal no ponto de incidência.

Nas suas realizações experimentais sobre a refracção, os alunos podem verificar que o índice de refracção de qualquer meio opticamente transparente – calculado em relação ao vazio ou ao ar – é sempre superior à unidade. Isso tem como consequência que *nos casos em que a luz, vinda de qualquer meio transparente, incide numa superfície de separação desse meio com o ar, ela irá passar para o ar afastando-se da normal no ponto de incidência*. Isto acontece, por exemplo, sempre que a luz vem do fundo de um lago, onde pode estar uma pedra, para os olhos de um observador na margem do lago.

Consideremos então situações como a que acabámos de descrever. Se o ângulo de incidência for já muito elevado, poderá ser impossível que a luz se afaste mais da normal ao dioptro no ponto de incidência (nunca poderá sair do meio em que se propaga, se para isso tiver de fazer com a normal um ângulo de refracção superior a 90°). Nestes casos a luz é totalmente reflectida pela superfície do dioptro – continua a propagar-se no mesmo meio mas numa outra direcção, relacionada com a de incidência pelas leis da reflexão. Se tal acontecer, diz-se que a luz está a sofrer *reflexão total*.

Atendendo à lei de Snell, o *ângulo limite* (ângulo de incidência que corresponde a um ângulo de refracção de 90°) depende do valor do índice de refracção do material transparente de onde vem a luz. Há alguns tipos de vidro, bastante comuns, para os quais o ângulo limite é um pouco inferior a 45°.

Este fenómeno físico é aproveitado nas fibras ópticas, de dentro das quais a luz que entrou por um dos seus extremos não pode sair a não ser pelo outro extremo. A figura 10.2 ilustra esta situação. Vê-se que nos extremos da fibra os ângulos definidos pelos raios incidentes e as normais às superfícies de separação dos dois meios são muito pequenos, pelo que a luz pode sair. Em qualquer ponto da superfície lateral em que a luz embata, o ângulo de incidência é demasiado elevado para que possa haver refracção. Como consequência a luz é totalmente reflectida pelas paredes da fibra, continuando a propagar-se dentro desta, sem perda de intensidade até ao outro extremo.

Este funcionamento está na base:

- da transmissão de informação a distâncias muito grandes, praticamente sem perda de intensidade da mesma – utilizam-se fibras ópticas nas telecomunicações, e
- do "encaminhamento de um feixe de luz" sem ser necessário que haja um caminho rectilíneo para a luz se deslocar entre uma fonte luminosa e um objecto que se quer iluminar – utilizam-se fibras ópticas, por exemplo, em medicina para se poder observar e fotografar o interior do estômago ou dos intestinos de qualquer ser humano.

Lentes

Uma lente é apenas uma associação de dois dioptros em que pelo menos um não é plano. Em geral, estes dois dioptros separam um determinado meio, por exemplo o vidro, do ar que rodeia a lente.

Todas as considerações recomendadas no programa para explorar o comportamento da luz quando passa através de lentes devem ter como suporte realizações experimentais. Estas devem ser efectuadas numa sala escurecida. Devem utilizar-se objectos luminosos, mas também objectos iluminados. Deve dispor-se de uma fonte de raios paralelos. Assim, a localização dos *focos* – pontos de convergência dos raios luminosos que incidem ou saem do sistema paralelos ao eixo do mesmo – e a formação de imagens maiores, menores, direitas, invertidas, e em locais diferentes (em relação à lente) consoante se localiza o objecto, devem ser ilustradas experimentalmente. Sempre que possível (por exemplo, nos casos em que se utiliza a fonte de raios paralelos) os trajectos dos raios luminosos devem ser visualizados com papéis brancos.

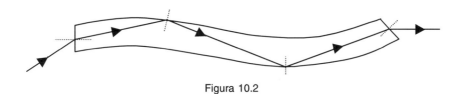

Figura 10.2

Formação de imagens em alvos

Para esclarecimento dos futuros professores, é pedagogicamente interessante abordar o processo de *formação de imagens em alvos*. As imagens reais de qualquer objecto, dadas por um sistema óptico, formam-se independentemente de se colocar ou não um alvo no sítio adequado (nos pontos de convergência dos raios luminosos que saem do sistema óptico). Por vezes é fácil, para um observador, *ver* as imagens formadas pelos sistemas ópticos. Como sabemos, para isso é necessário que os raios luminosos, que estão a dar origem à formação dessas imagens, entrem nos olhos dos observadores.

Mas consideremos, por exemplo, que se colocou um acetato escrito sobre um retroprojector ligado (de modo a estarem iluminadas, com uma certa intensidade, as letras sobre o acetato). Quando não há alvo, nem o professor nem os alunos distribuídos pela sala vêm qualquer imagem das letras. Será que esta não de formou?

Claro que se formou, pois a luz vinda das letras, bem iluminadas, entrou no sistema óptico que é o retroprojector (associação de lentes e espelhos). Mas quando essa luz saiu, fê-lo na direcção dos olhos dos observadores (os alunos e o professor)? Não. Então, nestas condições, a imagem formou-se mas os observadores não a podem ver!

A luz que sai do retroprojector propaga-se numa determinada direcção e sentido. Se colocarmos um alvo no caminho dos raios luminosos, este fica iluminado. *O alvo*, em geral com uma superfície bastante difusora, *difunde a luz que nele incide*. (Note-se que, por vezes, uma parede branca pode servir de alvo). *Se o alvo for colocado exactamente no local da formação da imagem* dada pelo retroprojector, ou seja, nos pontos de convergência dos raios que emergem (saem) do sistema óptico, ele fica iluminado com as características da imagem, com umas zonas mais brilhantes e outras menos brilhantes, e com uma distribuição de cores que reproduz a das letras que estavam no acetato (objecto). Essa informação sobre a imagem é por ele *difundida em todas as direcções*, permitindo que todos os alunos (em todos os pontos da sala) e o professor a vejam.

Atendendo a estas considerações, percebe-se que seja possível ver uma imagem (real), dada por um sistema óptico, mesmo sem se dispor de um alvo. Consideremos, por exemplo, a imagem de uma vela dada por uma lente convergente, colocada num banco de óptica. Sem alvo, apenas poderão ver essa imagem – formada pelos raios que saem do sistema óptico em causa – os observadores que colocarem os seus olhos exactamente no caminho destes raios (isto é, muito perto da linha recta que passa pela chama da vela e pelo centro da lente). Temos sempre que nos recordar que *só somos capazes de interpretar a informação transportada pelos raios luminosos que **entram nos nossos olhos**!*

Os olhos humanos e os defeitos de visão

Neste ponto deve ser feita uma breve descrição, ilustrada com acetatos ou desenhos, da composição do olho, formado essencialmente por:
- uma lente, o *cristalino*,
- inserida em meios ópticos transparentes, os *humores vítreo e aquoso*,
- uma membrana com sensibilidade nervosa no fundo do globo ocular, a *retina*,
- e um pequeno círculo frontal transparente, que permite a entrada dos raios luminosos, a *pupila*.

Deve chamar-se a atenção dos alunos para os próprios olhos e para o diâmetro das pupilas de cada um, que se altera com a intensidade dos raios luminosos no ambiente exterior ao olho. Pode sugerir-se a experiência de observar num espelho as alterações às dimensões da pupila quando a zona da sala em que se encontra o espelho e o observador estão mais iluminados e menos iluminados. Deve ainda alertar-se os alunos para o facto de ser perigosa, para os olhos, a entrada de feixes muito intensos de luz. É verdade que a pupila pode proteger o olho diminuindo a sua abertura e deixando entrar menos luz, mas esse processo de defesa tem os seus limites. Possivelmente, mais uma vez numa atitude de defesa instintiva, também já lhes aconteceu fecharem os olhos – cobri-los com as pálpebras – quando de repente passam de uma sala sombria para uma zona fortemente iluminada, ou quando se acende a luz de um "flash".

Um ponto importante sobre a nossa visão, consiste em fazer notar ao aluno que, para que obtenhamos *informação nítida* sobre os objectos que estamos a observar – para podermos dizer que *vemos bem* – é necessário que o cristalino, a lente do olho, dê origem a uma imagem formada na retina (é necessário que os raios luminosos que entram no olho convirjam todos exactamente sobre a retina).

Lembremos (eventualmente, voltando a realizar as experiências) os alunos que:
- se um objecto for colocado a distâncias diferentes em relação a uma lente, a sua imagem dada por essa lente, vai formar-se também em posições diferentes;
- se usarmos lentes diferentes – com diferentes distâncias focais – de um mesmo objecto colocado sempre no mesmo local, teremos imagens formadas em locais diferentes.

Então, é fácil aceitar que, se for possível "alterar a distância focal de uma lente", podemos ter sempre as imagens formadas no mesmo ponto, seja qual for a localização do objecto que lhes deu origem. Generalizando, informa-se que, para que os olhos funcionem adequadamente (isto é, formem imagens na retina, seja qual for a posição dos correspondentes objectos em relação ao olho) têm de ter *poder de acomodação*, ou seja, a *distância focal do cristalino tem de variar consoante a localização dos objectos a observar*.

Os alunos podem notar este esforço de acomodação efectuado através da acção de músculos quando, olhando a paisagem distante através de uma janela fechada, fixam rapidamente os olhos numa pequena mancha do vidro da janela.

É importante fazer notar que, mesmo para olhos saudáveis, há um limite para o poder de acomodação, representado pela *distância mínima de visão distinta*.

No entanto, para além dos limites impostos a todos os observadores pela distância mínima de visão distinta, é relativamente frequente os olhos apresentarem algumas deficiências e não terem o necessário poder de acomodação, podendo enfermar de diversos *defeitos de visão*. Também é do conhecimento geral que o poder de acomodação dos olhos de qualquer pessoa diminui com a idade.

Para compensar os defeitos de visão utilizam-se os *óculos*, constituídos por lentes que diferem de observador para observador, uma vez que dependem das deficiências a corrigir no sentido de ajudar o sistema óptico – que são os olhos – a formar imagens nítidas na retina para as mais variadas distâncias a que se encontram os objectos que se estão a observar.

Cores e luz branca

Como levar os alunos compreender que *a luz branca é uma sobreposição de todas as cores*? Uma maneira de o fazer é utilizar o disco de Newton. No caso da escola não dispor de um destes discos, ele é fácil de executar, por exemplo com um cartão circular com dois furos pelos quais passa uma linha fechada, de modo a poder provocar-se o movimento de rotação rápido desse cartão. Esta estrutura está representada na figura 10.3. No cartão devem estar pintadas zonas correspondentes às cores do espectro da luz visível.

Outro modo, complementar, de ilustrar a sobreposição das cores na luz branca, é colocar um espelho plano inclinado dentro de uma tina com água e fazer incidir um pequeno feixe de luz branca sobre a parte do espelho que está dentro de água. A luz tem assim de atravessar o dioptro ar/água, ser reflectida no espelho e atravessar depois o dioptro água/ar. Deve, depois, ser projectada num alvo. Todo o caminho da luz pode ser seguido com um pedaço de plástico branco tangente ao feixe, colocado parcialmente dentro de água. Os alunos verão que o feixe se "abre" dando origem à sequência das cores do espectro. Devem ser informados que a esta sequência de cores se chama o *espectro visível*.

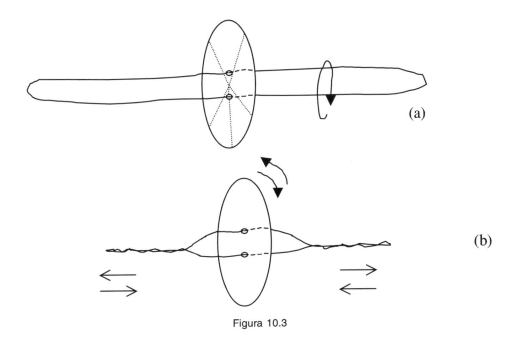

Figura 10.3

Chama-se a atenção para um cuidado a ter nesta experiência: deve evitar-se falar sistematicamente em "arco-íris": é tão forte a conotação prévia dos alunos com o termo "arco" que ao desenhar os fenómenos que estão a observar, muitos representam a sequência das cores com uma forma semi-circular!

Qualquer uma das experiências relatadas pode servir de complemento à nossa tentativa de convencer os alunos que um feixe de luz branca contém em si todas as cores do espectro visível. De facto, sobrepondo luz de todas as cores fica--se com um feixe de luz branca. Caso haja disponibilidade, podem fazer-se experiências de sobreposição de feixes luminosos correspondentes às cores fundamentais.

As cores das coisas

Tendo conseguido mostrar aos alunos que um feixe de luz branca é a sobreposição de feixes de todas as cores do espectro visível, como fazê-los agora compreender porque é que uma camisola vermelha, uma camisola branca e uma camisola verde ou amarela têm essas cores?

Os alunos já sabem que só podemos ver as camisolas se as iluminarmos, uma vez que elas não são luminosas. Em condições normais estamos a iluminá-las com luz branca, vinda do Sol ou de uma lâmpada. Porque é que uma camisola é vermelha? Porque o material de que ela é feita absorve a parte do espectro visível correspondente às outras cores, apenas difundindo a parte vermelha. Assim, a luz que vem da camisola e entra nos nossos olhos, transportando informações sobre a camisola, é apenas luz vermelha (as outras cores deixam de lhe estar sobrepostas, porque foram absorvidas pela camisola).

Um efeito semelhante acontece com todos os corpos que vemos. Iluminados com luz branca serão brancos se não absorverem qualquer componente do espectro de luz. Terão cor de acordo com a porção do espectro visível que não absorvem, e que portanto difundem para os nossos olhos. E serão pretos se absorverem todas as componentes do espectro luminoso.

E se um objecto, que é vermelho quando iluminado com luz branca, for iluminado com luz amarela? Se o objecto é vermelho quando iluminado com luz branca é porque absorve *toda* a porção do espectro da luz que não é vermelha. Só difunde a luz vermelha. Se for iluminado com luz amarela, ele absorve a luz amarela. Portanto não difunde nada. Assim, não o podemos ver ou "vê-lo-emos" como uma mancha preta num fundo amarelo, por exemplo, se ele se interpuser no caminho dos raios luminosos correspondentes à cor amarela, que estão a iluminar um alvo (que é branco quando iluminada com luz branca).

Faça-se notar aos alunos que um objecto preto é um objecto que absorve toda a luz que sobre ele incide. Não difunde qualquer componente do espectro. Assim, de facto "não vemos" um objecto preto. O que vemos é a zona em torno dele que, ao ser iluminada, difunde luz para os nossos olhos. De facto, por exemplo ao ler este texto "não vemos" as letras pretas. Vemos é o papel branco em torno delas e o nosso cérebro está treinado na identificação destes símbolos, dando-lhes o significado que atribuímos às letras. Se este mesmo texto estivesse escrito tal como está, mas fosse impresso em papel preto, não se via nada.

Pode assim concluir-se que a cor dos corpos depende deles, mas também depende da luz com que são iluminados, o que é óbvio para quem entenda bem o processo de visão – interpretação da informação que através da luz visível vem dos corpos (luminosos ou iluminados) para os nossos olhos.

11. CAMPOS DE FORÇAS. ONDAS ELECTROMAGNÉTICAS

Introdução

Nos níveis dos 7º / 8º anos do Ensino Básico, os alunos podem ficar com muitas ideias correctas sobre o modo como se vê, sem que o tema da *luz e visão* necessite de ser explorado com base na propagação de *ondas electromagnéticas*. Basta abordar o comportamento da luz a partir da interpretação de experiências simples, fundamentadas na intuição que todos temos sobre a sua propagação rectilínea (tal como foi feito na secção anterior).

No entanto, para cumprimento do programa indicado pelo Ministério da Educação para o Ensino Básico, torna-se necessário abordar alguns aspectos do comportamento ondulatório da luz. Para responder a esse desafio, propõe-se um modo de *introduzir o conceito de ondas electromagnéticas como uma extensão do resultado de algumas experiências simples, envolvendo o conceito de campo de forças*. Seguidamente, generalizando as considerações já feitas a propósito das ondas mecânicas, far-se-á uma breve abordagem ao comportamento ondulatório da luz, considerando então o espectro electromagnético. Conclui-se a secção com algumas notas sobre a dualidade onda-partícula. Estas notas têm como único fim dar aos professores uma maior segurança em temas que, por vezes, não ficaram muito claros na sua preparação inicial.

O maior ou menor detalhe nas explicações que o docente deve proporcionar aos seus alunos – sobre a realização de quaisquer experiências na sala de aula, ou sobre os seus resultados – depende do nível de aprofundamento e do contexto em que os assuntos são abordados, ou até das perguntas dos alunos. Por vezes, demasiadas explicações – quando não são solicitadas e quando ainda é elementar o nível científico dos alunos – podem mascarar a verdadeira finalidade de uma observação experimental. No entanto, é preciso ter cuidado! Não esclarecer dúvidas apresentadas por alunos ou não corrigir interpretações experimentais deficientes é pior do que não fazer as experiências.

Campo de forças

Para os alunos serem capazes de apreender, ainda que de modo superficial, o que são ondas electromagnéticas e quais as suas características, necessitam de ter ideias claras sobre o que se entende por *campos de forças*. Caso contrário terão de limitar-se a decorar algumas palavras e frases, sem realmente compreenderem o seu significado.

Neste sentido propõe-se como ponto de partida para o estudo das ondas electromagnéticas, o tratamento do conceito de campo de forças, naturalmente começando pelo de campo gravítico. Só a seguir se passará à consideração específica das ondas electromagnéticas.

Campo gravítico, peso de um corpo

O primeiro contacto com os efeitos de campos de forças – que todos os alunos já têm uma vez que todos vivemos na Terra – é precisamente através das consequências do *campo gravítico terrestre*. Possivelmente já ouviram falar em campo gravítico e associam os efeitos do campo gravítico terrestre ao peso de todos os corpos à superfície da Terra. Será interessante perguntar-lhes se eles são capazes de dizer o que é o campo gravítico: a partir do que eles disserem poderá construir-se ou sedimentar-se o conceito físico de campo.

Em Física diz-se que *numa região espacial* (conjunto de pontos numa linha, área ou volume) *existe um campo de forças* sempre que, colocado um determinado corpo em qualquer ponto dessa região, ele fica sujeito a uma força com origem numa interacção que é traduzida pelo campo em questão. Essa força a que o corpo fica sujeito

• depende de uma determinada propriedade do corpo, e também
• depende do valor do campo de forças no ponto onde se coloca o corpo.

Portanto, *um campo de forças em determinadas regiões do espaço representa uma interacção* a que um corpo fica sujeito quando colocado nessa região, *e a sua existência só pode ser detectada através* da existência (ou não) *de forças a actuar sobre os corpos colocados nos vários pontos dessa região*.

De acordo com esta definição, poderemos dizer que na sala de aula existe um campo de forças? Podemos. Porquê? Porque, colocado em qualquer ponto da sala um corpo, por exemplo um pedaço de giz, ele fica sujeito à acção do *campo gravítico (terrestre)* ou seja, à *força* que sobre ele se exerce devido a estar em interacção com a Terra, que o atrai.

À força que um campo gravítico (criado por um planeta) exerce sobre um corpo (à sua superfície) chama-se *peso do corpo*. Numa boa aproximação, podemos dizer que o peso de um corpo qualquer, perto da superfície da Terra, é constante. Esta afirmação é válida porque o valor do campo gravítico terrestre é aproximadamente constante em todos os pontos cuja altura acima da superfície da Terra se possa desprezar em comparação com o raio da Terra (um pouco maior que 6000km). É certo que o peso de um corpo é um pouco maior nos pólos que no equador, como consequência de a Terra ser achatada nos pólos. No entanto, a diferença entre os correspondentes dois valores extremos do campo gravítico terrestre à sua superfície, não chega a ser de 1%.

Como sabemos, o peso de um corpo depende
- do campo gravítico a que está sujeito – um corpo na Lua pesa menos que o mesmo corpo na Terra – e
- de uma característica do corpo, a sua massa – no mesmo ponto de um campo gravítico, corpos com menor massa têm um peso menor que outros corpos com maior massa.

O peso de um corpo (à superfície da Terra) tende a puxá-lo para a Terra. Se sobre o corpo apenas actuar o seu peso, ele cai aproximando-se da superfície da Terra. Esta queda só é interrompida se o corpo encontrar um suporte. Encontrar um suporte significa que, para além do seu peso, ele fica também *sujeito à força exercida pelo suporte*. O conjunto destas duas forças pode provocar a paragem do corpo. É o que acontece ao pedaço de giz, quando largado da mão em qualquer ponto da sala. Ele vai cair até contactar com o topo da mesa, ou até contactar com o chão.

Como poderemos saber se em todos os pontos da sala existe campo gravítico? Podemos tentar verificar o que se passa quando se abandona o pedaço de giz em qualquer ponto da sala. Em todas as situações em que o pedaço de giz fica apenas sujeito às forças do campo gravítico, ele cai. Se houver outras forças a actuar sobre o corpo (se, além da atracção gravítica, houver outros corpos a interactuar com ele, como por exemplo no caso do giz estar em contacto com a mão, ou em cima da mesa, ou no chão, ou suspenso num fio...) o seu eventual movimento depende de *todas* as forças (*da resultante de todas as forças*) que sobre ele actuam.

Olhando para qualquer ponto da sala "vê-se" o campo gravítico que existe nesse ponto? Não se "vê" nada. Os campos de forças "não se vêm". O que se vê são os efeitos dos campos de forças sobre os corpos que colocamos nas regiões em que eles existem. Por exemplo, verifica-se que existe em todos os pontos da sala um campo gravítico devido ao tipo de movimento que um corpo adquire quando lá colocado.

A Terra cria um campo gravítico por ter *massa*, M_T. Sobre o pedaço de giz, também com uma determinada *massa*, m, actua uma força, o seu peso, que traduz os efeitos desse campo gravítico.

Podemos então dizer que a *capacidade de criar campos gravíticos e de sofrer os seus efeitos está relacionada com a massa dos corpos*. Uma vez que os campos gravíticos são, em geral, muito fracos, são necessários corpos com grandes massas (a Lua, a Terra, o Sol) para que os efeitos de atracção dos campos que criam sejam sentidos pelos outros corpos. Por isso se fala apenas em campos gravíticos criados por planetas ou outros astros, que são corpos com massas muito elevadas.

Campo magnético

Um outro exemplo de campo de forças, cujo nome é familiar para os alunos, é o *campo magnético*. Talvez já tenham ouvido falar do campo magnético terrestre e da maneira como ele pode ser detectado com uma bússola. Mas o mais importante, neste contexto, é fazer considerações sobre o campo magnético criado por um pequeno magnete, praticamente pontual, como, por exemplo, o que está colado atrás de um boneco encostado à parede do frigorífico.

As experiências que se seguem devem ser feitas nas aulas. Sobre o tampo de um retroprojector (ligado, para que todos vejam) deve colocar-se um pequeno magnete (vendem-se pequenos magnetes nalgumas papelarias, para prender papéis em certos quadros metálicos). O magnete fica parado sobre o retroprojector. Designemos este magnete por magnete A. Olhando para os pontos vizinhos do magnete A, por exemplo os pontos sobre o vidro do retroprojector, não se vê nada. Será que existe um campo magnético definido nesses pontos devido à presença do pequeno magnete A? Como verificá-lo? Coloque-se um dedo sobre o magnete A fixando-o ao tampo do retroprojector. Num ponto próximo do magnete A coloque--se um outro magnete B. Se nos pontos onde esse segundo magnete é colocado existir campo magnético de intensidade razoável (criado pelo magnete A, pois, face a este efeito, o campo magnético terrestre é desprezável), o magnete B fica sujeito às forças desse campo e o seu movimento deverá evidenciá-lo. É o que se verifica se o magnete B for colocado próximo do magnete A: ele poderá ser atraído ou repelido pelo magnete A (que se deve manter fixo).

Deve chamar-se a atenção dos alunos para o facto de:
- o campo gravítico ser sempre atractivo (todos os corpos são atraídos pela Terra, todos os astros nossos vizinhos são atraídos pelo Sol,...), mas
- no caso do campo magnético ele poder ser atractivo ou repulsivo.

De facto, suponha-se que ao fazer a experiência anterior, o magnete A atraiu o magnete B. Quando se inverte a posição do magnete B, voltando para cima a parte que estava voltada para baixo, o magnete A vai repelir o magnete B. Assim se mostra que o campo magnético pode ser atractivo ou repulsivo.

Para se visualizarem melhor os movimentos do magnete *B*, considere-se a situação em que os magnetes se repelem. Colocando o magnete *B* próximo de *A*, ele é mais fortemente repelido do que no caso de se colocar o magnete *B* um pouco mais longe de *A*. Quando se coloca o magnete *B* ainda um pouco mais longe, não há qualquer movimento de *B*.

Como explicar estes diferentes movimentos?

O movimento do magnete *B* processa-se sempre a partir do repouso, situação em que é largado. Se, como no caso em que é largado mais próximo de *A*, atinge uma maior velocidade isso implica que, pelo menos nos instantes iniciais, tem uma maior aceleração. Esta só pode ser devida à resultante das forças que sobre ele actuam. Na direcção horizontal apenas actuam as forças magnéticas e o atrito. Assim (como o atrito cinético é constante, dependendo apenas do peso do magnete *B*, que é sempre o mesmo, e do estado das superfícies em contacto, que são sempre as mesmas) quando a velocidade atingida é maior, isto é, quando o movimento de afastamento do magnete é mais brusco, isso apenas se pode dever ao facto da força de repulsão magnética ser mais intensa. Ora, isto sucede quando o magnete *B* está mais próximo do magnete *A*.

No caso em que o magnete *B*, um pouco mais afastado, já não se move, isso significa que a força devida ao campo magnético criado por *A* é menor, já não conseguindo ultrapassar o valor limite da força de atrito (estático) entre a superfície do magnete e a placa do retroprojector.

Com o fim de obter melhores resultados, chama-se a atenção para alguns cuidados a ter nesta experiência. Por motivos facilmente explicáveis, o magnete *B* deve ser muito leve, e a sua superfície muito lisa. Porquê? Porque ele, para além de forças devidas ao campo magnético, está sujeito ao seu peso, à força normal que o tampo do projector exerce sobre ele e a forças de atrito que existirão sempre que as forças que actuam sobre o magnete *B* tendam a provocar movimento de deslizamento sobre o retroprojector. Como desejamos analisar qualitativamente a variação da intensidade do campo magnético criado por *A* em pontos a diferentes distâncias, através da sua contribuição para o movimento de *B*, devemos ter o máximo cuidado em diminuir as eventuais forças de atrito. Isso consegue-se, obviamente, diminuindo o coeficiente de atrito entre as duas superfícies e o valor da força normal exercida pelo tampo do retroprojector sobre o magnete; este será tanto menor quanto menor for o peso do magnete *B*.

Com estas experiências muito simples mostra-se que:
- um magnete cria um campo magnético;
- a existência desse campo magnético pode ser detectada utilizando outro magnete;
- o campo criado por um magnete é mais intenso em pontos perto do magnete criador do campo que em pontos mais distanciados.

Retirem-se os magnetes e coloque-se um acetato apenas com uma pinta preta indicando um ponto P. Sobre o acetato, não exactamente sobre o ponto P mas próximo dele, coloque-se novamente o magnete A. Pergunte-se aos alunos se em P está ou não definido um campo magnético. É relativamente fácil levar os alunos a dizer que sim. Se necessário, pode repetir-se a experiência anterior (colocando novamente em P o magnete B, que irá afastar-se ou aproximar-se de A), ou fazer a analogia com o campo gravítico, que *também não se vê, mas é fácil verificar-se experimentalmente que existe*. Quando os alunos reconhecem que em P fica definido um campo magnético desde que o magnete A esteja sobre o retropro-jector, mais ou menos próximo, entenderam os aspectos fundamentais do conceito de campo de forças.

Pergunte-se aos alunos se noutros pontos, vizinhos de P, está ou não definido um campo magnético. Deverão concluir que sim, embora com intensidades diferentes da do campo definido em P, visto que estão a distâncias diferentes.

Afaste-se agora o magnete um pouco mais de P (não deve ficar muito distanciado!). Ainda haverá campo magnético definido em P? Há. Tem a mesma intensidade que tinha antes, quando o magnete A estava mais perto de P? Não, tem intensidade menor.

Onda de campo magnético

Se, sucessivamente, se afastar e aproximar o magnete A do ponto P, *num movimento de vai-vem em torno da posição inicial*, o que se passa com o campo magnético definido em P? Estamos a criar as condições que dão origem a um campo magnético em P com um valor variável com o tempo, que ora é mais intenso, ora é menos intenso, ora mais intenso, ora menos intenso, etc., que o seu valor inicial.

Lembrando aos alunos como se origina uma onda mecânica periódica num slinky – agitando repetidamente um dos seus extremos para cima e para baixo, num movimento periódico de vai-vem em torno da posição inicial de equilíbrio – é relativamente fácil fazê-los perceber que, com o movimento de vai-vem do magnete A (na experiência sobre o retroprojector) se está a criar em todos os pontos do espaço uma *onda de campo magnético*. Isto significa que em cada ponto (e em todos os pontos) do espaço à volta do magnete A, o valor do campo magnético passa sucessivamente (com o passar do tempo) por valores maiores e menores, oscilando o seu valor em torno de um valor intermédio.

Tal como a onda mecânica, originada no slinky pela agitação das espiras iniciais, tinha a frequência do movimento de vai-vem imposto a essas espiras, também a onda de campo magnético, criada pelo movimento do magnete A, tem a *frequência* do movimento do magnete.

Campo eléctrico e produção de ondas de campo eléctrico

Há corpos que podem ter carga eléctrica. Todos os alunos já ouviram falar dos átomos, que constituem todos os corpos. Os átomos são compostos de electrões, protões e neutrões (é verdade que protões e neutrões não são partículas elementares, mas para este tratamento não é preciso considerar os seus constituintes). Os electrões têm carga negativa, os neutrões não têm carga e os protões têm carga positiva, de módulo igual ao da carga de cada electrão. Num átomo há tantos electrões como protões. Havendo no átomo igual número de cargas positivas e de cargas negativas, de módulo igual, a carga do átomo é nula.

Mas podemos considerar o que acontece a um átomo que perde um electrão; nestas condições passa a ter carga positiva, chamando-se-lhe um ião positivo. Se a um átomo se juntarem electrões, ele fica com carga negativa, constituindo um ião negativo.

Generalizando estes conceitos, os alunos poderão entender que um qualquer material – que é sempre formado por muitos átomos – pode ter falta de alguns electrões ou ter electrões a mais. Assim, podemos compreender que possa haver corpos com carga negativa e corpos com carga positiva.

Do mesmo modo que um magnete cria à sua volta um campo magnético que lhe permite repelir ou atrair outro magnete, também um corpo com carga eléctrica (positiva ou negativa) cria à sua volta um campo eléctrico que lhe permite repelir ou atrair outros corpos com carga eléctrica. Então, se considerarmos uma pequena carga eléctrica C (pequeno corpo com excesso ou deficiência de electrões) ela cria num ponto P qualquer da sua vizinhança um campo eléctrico. Como podemos saber se em P existe campo eléctrico? Se colocarmos em P outra pequena carga eléctrica D, ela é atraída ou repelida pela carga C. Então em P, e em todos os outros pontos mais ou menos próximos da carga C, existe um campo eléctrico criado pela carga C.

Fazendo oscilar, num movimento de vai-vem em torno de uma posição intermédia, a pequena carga C, cria-se em todos os pontos à sua volta *um campo eléctrico variável com o tempo*. Diz-se que *se está a emitir para todos os pontos à volta de C uma onda de campo eléctrico*.

Ondas electromagnéticas provocadas por cargas que oscilam

No entanto não é este o único efeito que se consegue quando se agita uma pequena carga eléctrica num movimento de vai-vem. Pode provar-se experimentalmente que uma *carga eléctrica em movimento* cria também um campo magnético, para além do campo eléctrico que qualquer carga cria (mesmo parada). Como podemos verificar se isso é verdade? Usando uma corrente eléctrica (como sabemos, uma corrente eléctrica é devida a um movimento orientado de cargas) podemos com ela provocar a orientação da agulha de uma bússola. Ou podemos provocar movimentos de alinhamento em pequenos pedaços de limalha de ferro (que se comportam como pequenos magnetes). Esses são efeitos característicos de qualquer magnete, devido ao campo magnético que criam à sua volta. Então, uma corrente eléctrica (cargas em movimento orientado) tem efeitos semelhantes ao de um magnete, o que significa que ambos criam um campo magnético. (A equivalência entre os comportamentos dos magnetes e das correntes eléctricas é tratada com mais pormenor numa outra secção deste livro).

Conclui-se então que, através do movimento de vai-vem de uma pequena carga, se cria em todos os pontos à sua volta – ou seja, emite-se para todos os pontos à sua volta – uma onda de campo eléctrico e uma onda de campo magnético com a mesma frequência, a de oscilação da pequena carga. A esta associação de duas ondas, criadas por uma carga eléctrica que oscila, chama-se *onda electromagnética*.

O processo descrito é o que está na base do funcionamento dos emissores de ondas de rádio através de antenas emissoras. Com um gerador de corrente eléctrica alternada introduzido num circuito fechado, pode provocar-se um movimento de vai-vem nos electrões metálicos de uma antena, o que terá como consequência a emissão de uma onda electromagnética com uma frequência igual à da corrente alternada. No entanto, este não é o único processo de produzir ondas electromagnéticas.

Características das ondas electromagnéticas

As *ondas electromagnéticas*, também denominadas *radiações*, têm propriedades muito específicas que podem ser entendidas com base nas considerações feitas até aqui sobre uma das suas possíveis origens. Assim:
- *As ondas electromagnéticas podem propagar-se no vazio* – de facto como são ondas de campo definido em pontos do espaço, onde pode ou não existir matéria, compreende-se que elas não precisem de suporte material para se propagarem (se nos lembrarmos bem, essa é uma necessidade das ondas mecânicas, que se propagam através de vibrações de zonas de um meio elástico). É até no vazio que as ondas electromagnéticas se propagam melhor, com uma *velocidade de propagação* $c \approx 300000000$m/s.
- *Existem ondas electromagnéticas com frequências diferentes*, de acordo com o modo como são produzidas. Por exemplo, se forem produzidas por oscilações de cargas, têm a frequência, f, igual à do movimento das cargas

que as produziram. Mas há muitos outros modos de produzir ondas electromagnéticas. Como vimos, a noção de frequência das ondas electromagnéticas é muito semelhante à já encontrada para as ondas mecânicas. Portanto, também no caso das ondas electromagnéticas se pode definir o *período*, T, de uma onda como sendo o inverso da sua frequência, ou seja, $T = 1/f$.

- As ondas electromagnéticas têm origens e alguns comportamentos muito diferentes dos das ondas mecânicas. No entanto, tal como elas, têm uma velocidade de propagação, v, característica dos meios em que se propagam (sempre inferior a c, a sua velocidade de propagação no vazio ou no ar) e podem ser caracterizadas pela sua frequência, f. Em consequência, também se pode calcular o *comprimento de onda*, λ, de uma onda electromagnética (tal como no caso das ondas mecânicas) através do produto do seu período, T, pela velocidade com que se propagam num meio, ou seja, $\lambda = vT = v/f$.

- Consoante as possíveis frequências, as ondas electromagnéticas podem ter comportamentos muito diferenciados. Através da apresentação aos alunos do *espectro electromagnético*, deve dar-se uma ideia da variedade de comportamentos e aplicações dos diferentes tipos de ondas electromagnéticas.

- Tal como não "vemos" um campo de forças, também "não vemos" as ondas electromagnéticas. Mas é possível detectar a existência de diferentes tipos de ondas electromagnéticas com receptores adequados. Por exemplo, qualquer aparelho de telefonia consegue captar *ondas de rádio* e transformá-las em ondas sonoras, fazendo com que possamos ouvir os sinais transportados por estas ondas electromagnéticas. Existem várias estações emissoras de rádio, que emitem radiações com frequências um pouco diferentes. Consoante os gostos de cada um, os receptores (telefonias) podem ser *sintonizados* para captar uma determinada frequência e não outra. As ondas electromagnéticas captadas pelas televisões sofrem um tratamento semelhante, havendo neste caso uma transformação dos sinais transportados em ondas sonoras e luz.

- Já sabemos que não "vemos" as ondas electromagnéticas quando se propagam no ar ou nos meios transparentes, uma vez que não é possível "ver" campos de forças. Mas no espectro das ondas electromagnéticas existem algumas – num determinado intervalo de frequências – que, ao penetrarem nos nossos olhos, fornecem informação que o cérebro humano (e o de muitos outros animais) consegue interpretar. Elas constituem a *luz* ou *radiação visível*.

Note-se que não se pode dizer que "vemos a radiação visível". O que nós vemos são os objectos, luminosos ou iluminados, que enviam radiação visível que penetra nos nossos olhos. Ao atingir a retina, a informação transportada nessa radiação (sobre os objectos – ou imagens – de onde provem) é interpretada pelo cérebro de cada um que atribui as características adequadas aos objectos (ou às suas imagens) que emitiram ou difundiram essa radiação.

Os seres humanos podem sem perigo expor-se às radiações visíveis (isso não significa que não devem ter cuidado com o intensidade de radiação visível que entra nos olhos!). De facto, a nossa vida só é possível na Terra devido às condições em que recebemos a radiação do Sol, quase toda dentro da gama visível do espectro (há também alguma radiação infravermelha e ultravioleta, sendo esta última perigosa se recebida em excesso pelo corpo humano).

Dentro da gama visível, as radiações que correspondem a *frequências diferentes* provocam a sensação de *cores diferentes*. A luz branca é a sobreposição de radiações correspondendo a todas as cores (a todas as frequências da gama visível). Como os objectos absorvem selectivamente essas radiações, a luz que vem deles para os nossos olhos faz-nos perceber cores diferentes. Digamos que o cérebro humano está sintonizado para as radiações visíveis que entram pelos olhos, podendo distinguir diferentes conjuntos de frequências através de sensações de cores diferentes.

- A fonte de luz visível que mais utilizamos no nosso dia a dia é o Sol. No Sol as ondas electromagnéticas são produzidas como resultado de reacções nucleares, possíveis a temperaturas como a do Sol, de cerca de 6000°C. O Sol emite radiação numa distribuição contínua de frequências correspondentes às gamas ultravioleta, visível e infravermelha. De entre estas, os nossos olhos só detectam o visível.

Também é possível produzir ondas electromagnéticas na gama visível, isto é, luz, com outros corpos a temperaturas elevadas. Por exemplo, a lenha a arder numa lareira, para além de radiação infravermelha – a qual, ao ser recebida pelo nosso corpo, eleva localmente a temperatura – produz luz visível, embora de pouca intensidade, com predominância de frequências correspondentes à cor vermelha.

É também possível produzir luz visível com um fio metálico incandescente – é o que acontece nos filamentos das lâmpadas eléctricas acesas. Quando são atravessados por correntes eléctricas, os filamentos (fios metálicos muito finos) dentro das lâmpadas eléctricas ficam com temperaturas elevadas (por efeito de Joule) e emitem luz visível – em geral com todas as frequências visíveis, o que corresponde à luz branca – e infravermelhos. Os nossos olhos não detectam os infravermelhos, mas o nosso corpo pode sentir a alteração de temperatura que uma lâmpada acesa provoca.

- Vimos que a *energia* transportada pelas ondas mecânicas está relacionada com a sua amplitude, de modo que aumentando a amplitude de vibração dos pontos do meio onde estas ondas se propagam, aumenta-se a energia que transportam. Também vimos que receber nos nossos ouvidos ondas sonoras com energia superior a determinado valor poderia ser perigoso para a saúde. *No caso das ondas electromagnéticas, a energia transportada aumenta com a frequência*, diminuindo portanto com o comprimento de onda. No espectro electromagnético, as ondas que transportam maior energia são os raios gama, seguidos dos raios X e dos raios ultravioleta. Todos estes tipos de ondas electromagnéticas são perigosos para o corpo humano (visto que transportam demasiada energia que, ao ser comunicada ao corpo, provoca reacções químicas e físicas adversas). Portanto é necessário que o corpo humano se proteja delas.
- Nem todos os meios são transparentes à propagação de todo o tipo de ondas electromagnéticas. Como sabemos, a luz não pode passar através dos corpos opacos, como, por exemplo, o corpo de uma pessoa. No entanto os raios X – outra gama de radiações electromagnéticas – passam através de quase todos os materiais (exceptua-se o chumbo) tendo uma maior ou menor dificuldade em passar através de alguns (por exemplo, é-lhes mais fácil atravessar tecidos humanos moles do que ossos). Este comportamento permite que se utilizem raios X nos hospitais, em fábricas e em laboratórios de investigação. Como a manipulação destas radiações tem de ser feita com cuidado, os técnicos ou cientistas que as utilizam com frequência devem ter a preocupação de não se exporem a elas. Isto é conseguido com protecções adequadas como, por exemplo, as roupas especiais com protecções de chumbo usadas pelos técnicos que nos hospitais fazem as radiografias. Durante uma radiografia, processo no qual os raios X passam através do nosso corpo e vão bater numa chapa fotográfica onde deixam as suas marcas, sofremos apenas uma pequena exposição calculada para não afectar a nossa saúde.
- Todos os objectos emitem ondas electromagnéticas, ou radiação, cuja frequência depende da temperatura a que se encontram. Para emitirem luz visível a sua temperatura tem de estar acima dos 1000°C. Às temperaturas vulgares a que nos encontramos habitualmente, inferiores a cerca de 40°C, os objectos emitem radiação infravermelha. É por isso que, em condições normais, os objectos precisam de ser iluminados para se tornarem visíveis.
É, no entanto, possível utilizar processos de transformar os infravermelhos emitidos por objectos a temperaturas diferentes, em sinais visivelmente distinguíveis. Este facto está na base da "visão nocturna" que na total ausência

de luz permite distinguir as posições de objectos a temperaturas diferentes, por exemplo uma parede à temperatura ambiente de 20°C e um corpo humano à temperatura de 36°C.

Partículas ou ondas?

Falámos até aqui das *ondas electromagnéticas* das quais a luz faz parte. Mas, a propósito destas ondas também se fala de *fotões*. O que são os fotões? São partículas? Afinal a luz é constituída por partículas ou ondas?

É óbvio que este assunto nunca deverá ser abordado nos níveis de 7º / 8º anos de escolaridade, e se o for no Ensino Secundário, essa abordagem deve ser feita com muito cuidado. É essencial que o professor esteja muito consciente e esclarecido sobre os conceitos e teorias envolvidas nesta questão, para ser capaz de responder às eventuais dúvidas dos seus alunos.

A noção de *partícula*, bem como a noção de *onda*, são noções criadas pelos cientistas para fundamentar as suas teorias sobre o comportamento da natureza. Quando observamos o comportamento de corpos macroscópicos (de dimensões que os nossos olhos conseguem ver), parece muito óbvia a diferença entre as ideias associadas ao termo "partícula" e as ideias associadas ao termo "onda". Dizemos então, sem que isso nos levante dúvidas, que uma pequena pedra pode ser considerada uma *partícula*, e que o efeito provocado na superfície das águas de um lago, quando para elas se atira a pedra, se propaga através de *ondas mecânicas*.

Quando se fizeram as primeiras considerações científicas sobre o comportamento da luz, Newton propôs uma teoria de acordo com a qual a luz seria formada por *pequenas partículas* ou *corpúsculos* – pequenas esferas – tão pequenas que não se podiam ver. A reflexão da luz num espelho (como vimos na secção anterior, uma lei empírica facilmente verificada numa experiência) podia ser explicada como um fenómeno semelhante ao de uma bola de bilhar, que se atira contra uma tabela (borda) da mesa e que sofre um efeito geometricamente idêntico ao da reflexão da luz.

Mais ou menos na mesma altura, Huyghens, baseado no facto de dois feixes de luz que se sobrepõem, poderem, dependendo das circunstâncias, dar origem a uma *luz mais intensa* ou a uma *luz menos intensa* – comportamento experimental que é difícil de explicar com base numa teoria corpuscular – propôs um *modelo ondulatório* para o comportamento da luz.

Nessa altura conhecia-se bem o comportamento das *ondas mecânicas*. Atendendo ao conceito de onda mecânica – oscilação que se propaga a todos os pontos de um meio elástico – era fácil perceber que, em determinadas condições, a sobreposição de duas ondas podia provocar um efeito resultante nulo. Isso acontece em todas as zonas de um meio elástico em que frentes de onda formadas por pontos de elongação máxima se sobrepõem sempre a outras frentes de onda com a mesma amplitude, formadas por pontos de elongação mínima (máxima negativa). Ou seja, quando se sobrepõem no mesmo meio elástico movimentos ondulatórios idênticos, mas em oposição de fase. Ora, este era exactamente o comportamento evidenciado pela luz na sua propagação.

No entanto, o próprio conceito de ondas mecânicas implica a necessidade de um meio material para se propagarem. Em função disso era, naquele tempo, muito difícil sustentar uma teoria ondulatória para a luz, sabendo que ela se propaga entre o Sol e a Terra – já nesta altura havia estudos que levavam à conclusão que a atmosfera acima da Terra tinha uma altura limite e que tudo indicava que o espaço acima desse limite até ao Sol seria um espaço vazio. Sendo assim, nele não se poderia propagar qualquer *movimento ondulatório (mecânico)*.

Quando foi possível medir experimentalmente a velocidade de propagação da luz em meios materiais, os resultados experimentais levaram os cientistas a optar pelo modelo ondulatório para a propagação da luz – ainda que se sentissem forçados a "supor um suporte" para as ondas de luz, através da hipótese da existência de um gás praticamente sem massa, o éter, que "encheria o espaço entre o Sol e a Terra".

Esta "necessidade do éter" para a propagação da luz só foi posta de lado mais tarde, após o desenvolvimento da teoria de Maxwell, segundo a qual as ondas de luz são de facto apenas devidas à propagação de campos eléctricos e magnéticos associados – as *ondas electromagnéticas*. Quando os físicos interiorizaram o conteúdo das leis de Maxwell, perceberam que este tipo de ondas poderia facilmente propagar-se no vazio.

As leis de Maxwell explicam então cabalmente a *propagação da luz* e de qualquer outro tipo de radiação. Podemos dizer que, enquanto se propagam, o comportamento das radiações é perfeitamente explicado por um modelo ondulatório de ondas electromagnéticas.

Mas, quando se estudam as *interacções da radiação com a matéria*, há situações experimentais que um comportamento ondulatório – tal como o que se baseia nas equações de Maxwell – não consegue explicar. Uma destas situações é o efeito fotoeléctrico.

Suponhamos que se faz incidir uma radiação monocromática sobre um determinado metal. De acordo com o modo como então se entendia um modelo ondulatório, a quantidade de energia transferida para os electrões do metal deveria depender da amplitude da onda incidente, portanto da intensidade do feixe de radiação utilizado. Assim, para qualquer frequência do feixe incidente devia ser possível libertar electrões do metal (efeito fotoeléctrico) fazendo variar a intensidade desse feixe. Ora, tal não se verifica experimentalmente.

Por outro lado – mesmo para feixes não muito intensos – verificou-se que o efeito que possibilitava a libertação dos electrões estava relacionado com um limiar (um valor mínimo) de frequência da radiação incidente. Então, era forçoso concluir que *a energia transferida para os electrões do metal dependia, não da intensidade do feixe incidente, mas da sua frequência*. De facto:

- Se a frequência fosse a adequada, uma maior ou menor intensidade apenas faria com que a corrente electrónica provocada fosse mais ou menos intensa (havia mais ou menos electrões libertados).
- Um feixe com uma frequência menor (energia menor) do que a frequência (energia) limite, não produziria qualquer efeito, fosse qual fosse a sua intensidade.

Servindo-se de uma ideia semelhante à proposta nos trabalhos de Planck, Einstein apresentou uma explicação para este resultado através do seguinte argumento:

- Os feixes de radiação, com determinada frequência, transportam energia "em pacotes", tendo cada "pacote" uma energia com um valor múltiplo dessa frequência.
- Se os feixes forem muito intensos, isso significa que transportam muitos "pacotes" com essa energia.
- Se forem pouco intensos transportam poucos "pacotes".

A cada *"pacote" de energia* chamou-se *fotão*. Um fotão é, portanto, uma unidade indivisível (um quantum) de energia, proporcional à frequência do feixe de radiação electromagnética a que pertence.

- Um feixe que interactua com um metal (ou com outro corpo qualquer) só lhe pode fornecer um ou mais destes "pacotes" de energia, isto é, só pode transferir para o corpo com que interactua "partículas" de energia, ou fotões.
- Se a frequência, *f*, da radiação incidente for baixa, de modo que o respectivo quantum de energia

$$E = hf \qquad (h \text{ é a constante de Planck}) \qquad (11.1)$$

não é suficiente para libertar qualquer electrão, por mais intenso que seja o feixe ele não consegue libertar electrões do metal. Ou seja, o feixe tem muitos quanta de energia, mas nenhum desses quanta tem energia suficiente para libertar um electrão. Com esta proposta Einstein conseguiu explicar totalmente o efeito fotoeléctrico dos metais.

Em resumo, tem de concluir-se que só recorrendo a um **comportamento dual** se consegue simultaneamente explicar a *propagação das radiações* (transporte de energia electromagnética) *e os seus efeitos* (transferência de energia electromagnética), quando estas interactuam com a matéria. Ou seja,
- enquanto se propagam, as radiações comportam-se como ondas electromagnéticas,
- quando interferem com a matéria as radiações comportam-se como "partículas" (de energia), os quanta ou fotões.

Esta associação de comportamentos constitui a *dualidade onda-partícula*.

Poucos anos depois Luís de Broglie propôs que não seriam só as radiações – que até ao início do século XX eram consideradas como ondas – que tinham um comportamento dual. Também, por exemplo, os electrões ou os protões – que até ao início do século XX eram considerados como partículas – poderiam sofrer efeitos de difracção ou interferência, construtiva ou destrutiva, quando, por exemplo, passassem através de qualquer sólido. Como sabemos, estes são comportamentos típicos das ondas que já na altura eram bastante utilizados no estudo dos materiais cristalinos através da difracção de raios X.

No entanto, para sofrer efeitos de difracção pelos cristais era necessário que electrões ou neutrões estivessem em condições de ser equivalentes a radiações com comprimentos de onda adequados. De Broglie propôs a equação que permitia relacionar o módulo do momento linear, $p = mv$, de qualquer "partícula" de massa m e velocidade de módulo v, com o comprimento de onda, λ, das "ondas" que lhe poderiam ser associadas:

$$\lambda = \frac{h}{p} \qquad (11.2)$$

em que h é a constante de Planck.

Cerca de vinte anos mais tarde realizaram-se experiências que comprovaram totalmente as previsões de Luís de Broglie. Foi possível acelerar electrões de modo a adquirirem momentos lineares tais, que os comprimentos de onda calculados através da expressão de de Broglie, equação (11.2), tinham a ordem de grandeza das dimensões das redes cristalinas ($\approx 10^{-10}$ m). Nas experiências realizadas com "feixes de electrões" (e também com "feixes de neutrões") verificou-se que as montagens utilizadas e os padrões de difracção obtidos quando feixes adequados de quaisquer destas "partículas" atravessavam uma amostra cristalina, obedeciam à lei de Bragg – exactamente a mesma que explica os padrões de difracção de raios X, quando estes atravessam um sólido cristalino.

ÍNDICE

RAZÕES PARA ESCREVER UM LIVRO 7

PARTE I
NECESSIDADE DE UMA PREPARAÇÃO ESPECÍFICA
DOS PROFESSORES QUE LECCIONAM FÍSICA

Introdução 9
Papel dos professores de Física dos Ensinos Básico e Secundário 11
Afinal, o que é a Física? 11
A sala de aula e o triângulo didáctico 13
Os alunos 14
Os professores 17
O conteúdo da Física 19
Professor-aprendiz 20
Desenvolvimento curricular, avaliação, situações de ensino / aprendizagem 21
Utilização das palavras no ensino e na aprendizagem da Física 22
Pré-concepções cientificamente incorrectas dos alunos: como conhecê-las? Como tentar corrigi-las? 26
As aulas de laboratório e os trabalhos de investigação 30

PARTE II
CONTRIBUTOS PARA A PREPARAÇÃO ESPECÍFICA DE PROFESSORES DE FÍSICA

Introdução 33

1. MOVIMENTOS 37
   Introdução 37
   Posição 38
   Deslocamento 40
   Velocidade média 41
   Espaço percorrido 42
   Rapidez 43
   Velocidade, velocidade escalar 43
   Funções variáveis e funções constantes 44
   Escalares e vectores 45
   Pontos materiais e corpos com dimensões 46
   Gráficos e análise de resultados experimentais 47
   Trajectórias e gráficos x(t) 51

Movimentos acelerados e movimentos retardados: "velocidades negativas?!" 52
Aceleração 54
Movimentos acelerados e retardados 55
Movimentos curvilíneos 57
Considerações dinâmicas sobre o movimento de looping 58

2. INTERACÇÕES E MOVIMENTOS 61
Introdução 61
Movimentos de translação de corpos rígidos 61
Velocidade e aceleração 63
Compreensão do conteúdo das leis de Newton 64
Publicidade confusa 69
Uma proposta para fazer o estudo dos movimentos de translação dos corpos e das forças
    que os influenciam 70
Resultante de forças 72
Lei da inércia, massa de inércia 72
Forças impulsivas e movimento de graves 74
Movimentos de translação e de rotação 76
Referenciais de inércia e forças fictícias 78

3. EFEITOS DE ATRITOS 83
Introdução 83
Comportamento empírico das forças de atrito de deslizamento 84
Cuidados com a linguagem 87
Corpos com rodas utilizados em experiências 88
Automóvel parado numa ladeira 89
Sentido das forças de atrito de deslizamento 91
Origens das forças de atrito de deslizamento 92
Efeito das forças de atrito em movimentos de translação 93
Efeitos de atrito de deslizamento em movimentos de rotação 94
Exemplo de movimentos de rolamento; marcação de forças de atrito de deslizamento 98
Atrito de rolamento 100
Exemplo de aplicação: aceleração e travagem de um automóvel 104
As forças de atrito de deslizamento, que fazem com que seja possível pôr os automóveis
    em movimento, são estáticas ou cinéticas? 106
Em que condições se consegue uma aceleração maior? Com atrito estático ou cinético? ... 106
Se as forças de atrito sobre as rodas motrizes apontam para a frente e sobre as rodas não
    motrizes apontam para trás, será que o carro anda ou os dois efeitos se anulam? 107
Como se trava um automóvel? 107
Qual a maneira mais eficaz de travar, isto é, se for necessário, por razões de segurança,
    fazer uma travagem brusca, como se consegue que o carro pare num menor percurso? .. 108
Desperdiçar energia? 109

4. EFEITOS DO CAMPO GRAVÍTICO 111
Introdução 111
Peso de um corpo; campo gravítico de um astro 112
Peso de um corpo: escalar ou vector? 113

Campo gravítico e lei da atracção universal	113
Esta força de atracção actua entre dois corpos quaisquer? Ou apenas entre astros?	115
Força de atracção universal e campo gravítico	116
Peso de um corpo na Terra: valor constante ou variável?	116
Que valor indica uma balança?	118
Como relacionar o valor indicado pela balança com o peso do corpo pousado sobre ela?	119
Corpos sobre balanças colocadas em elevadores	121
Salto para o chão	122
Imponderabilidade	124

5. CONSIDERAÇÕES SOBRE ENERGIA 127

Introdução	127
Sólidos rígidos	127
Modelo do ponto material	128
Teorema da energia cinética ou do trabalho-energia	129
Um corpo rígido pode ser tratado, em termos de energia, como um ponto material?	131
Princípio da conservação da energia	132
Enunciado do princípio da conservação da energia	132
Energia própria de um corpo	134
Energia potencial interna	134
Energia cinética interna e sua relação com a temperatura do sistema	135
Energia interna	136
Energia cinética de translação	136
Energia cinética de rotação	137
Possibilidade de explosões	137
Considerações gerais sobre o princípio da conservação da energia	138
Exemplos de aplicação: fronteiras do sistema	139
Corpo em queda livre	140
Considerações sobre a escolha do sistema corpo-Terra	142
Esfera (infinitamente) rígida que rola por um plano inclinado	143
Cubo que escorrega por um plano inclinado	144
Um bloco cai no chão e pára	148
Uma pessoa salta no chão	150
Sistemas mecânicos e sistemas termodinâmicos	152
Modelo do ponto material e pseudo-trabalho das forças de atrito	153

6. FORÇAS E MOVIMENTOS DE SÓLIDOS EM FLUIDOS 157

Introdução	157
Pressão num fluido	158
Impulsão sobre um corpo sólido mergulhado num fluido: princípio de Arquimedes	160
Massas volúmicas e movimento vertical de um sólido num fluido	161
Densidade	161
Módulos das forças de impulsão nos líquidos	162
Módulos das forças de impulsão nos gases	162
Porque flutua um barco de ferro?	163
Distribuição da carga num barco	164
Movimentos de corpos sólidos em fluidos	166
Forças de resistência de fluidos (forças de atrito?) e viscosidade	166

Exemplos 169
Nadar, mover um barco sobre a água 169
Vantagens dos "ailerons" dos automóveis 170
Porque sobe um avião? 172
Efeitos no movimento de uma bola de futebol 174

7. FENÓMENOS ELÉCTRICOS: CORRENTES CONTÍNUAS 175
Introdução 175
Massa e carga de um corpo 175
Existência de pré-concepções incorrectas 177
Distribuição de cargas atómicas e corpos neutros 177
Ligações atómicas e cargas móveis 178
Corpos com carga 178
Circuitos e correntes eléctricas 179
Fios metálicos e corrente eléctrica (contínua) 180
Resistência eléctrica; associação de resistências 182
Intensidade de corrente, regime de corrente contínua 183
Diferença de potencial e diferença de energia potencial 185
Alteração da energia potencial eléctrica das cargas móveis 186
Geradores de corrente contínua 187
Características dos geradores 188
Lâmpadas, interruptores, circuitos abertos e curto-circuitos 189
Lei de Joule e princípio da conservação da energia 190
Aparelhos de medida 192

8. FENÓMENOS ELÉCTRICOS: CORRENTES VARIÁVEIS. ELECTROMAGNETISMO 195
Introdução 195
Correntes alternadas 195
Electromagnetismo 197
Campo magnético 198
Origem das propriedades magnéticas dos corpos 198
Momentos magnéticos atómicos 199
Momentos magnéticos orbital e de spin 200
Magnetização de um material 202
Electroíman 204
Funcionamento do amperímetro 205
Motor eléctrico de corrente contínua 206
Indução electromagnética 207
Produção de corrente eléctrica 209
Fontes de energia 211
Distribuição da corrente eléctrica 213
Transformadores 214

9. ONDAS MECÂNICAS. SOM E AUDIÇÃO 217
Introdução 217
Ondas mecânicas 217
Ondas transversais e ondas longitudinais 219

Velocidade de propagação	220
Ondas sucessivas	221
Ondas periódicas	221
Período	222
Amplitude	223
Frequência	223
Frentes de onda, comprimento de onda	224
Relação entre o comprimento de onda, a velocidade de propagação e o período ou a frequência	225
Energia transportada num movimento ondulatório	225
Reflexão	226
Considerações finais sobre ondas mecânicas	227
Som e audição – introdução	228
Propagação do som	229
Velocidade de propagação do som	231
Emissão (origem) de sons, percepção (detectores) de sons, sons agudos e sons graves	231
Intensidade do som e surdez	233
Timbre dos instrumentos musicais, sons musicais e ruídos	234
Eco	235
Difracção do som	236
Comprimento de onda das ondas sonoras	238
10. LUZ E VISÃO (ÓPTICA GEOMÉTRICA)	239
Introdução	239
Porque é que se vê?	240
Corpos luminosos e iluminados	241
Visão	241
Propagação rectilínea da luz, raios de luz	242
Corpos transparentes, opacos e translúcidos	243
Velocidade de propagação da luz	244
Sombras	245
Eclipses, sucessão de dias e noites	248
Espelhos e reflexão da luz	249
Objectos e imagens	251
Imagens formadas por espelhos planos	252
Reflexão e difusão	252
Espelhos curvos	253
Dimensões de um sistema óptico e características das imagens	254
Refracção	254
Passagem da luz através de corpos translúcidos	255
Reflexão total e fibras ópticas	256
Lentes	257
Formação de imagens em alvos	257
Os olhos humanos e os defeitos de visão	259
Cores e luz branca	260
As cores das coisas	261
11. CAMPOS DE FORÇAS. ONDAS ELECTROMAGNÉTICAS	263
Introdução	263

Campo de forças 264
Campo gravítico, peso de um corpo 264
Campo magnético 266
Onda de campo magnético 268
Campo eléctrico e produção de ondas de campo eléctrico 269
Ondas electromagnéticas provocadas por cargas que oscilam 269
Características das ondas electromagnéticas 270
Partículas ou ondas? 274